國家社科基金重大委托項目“《子海》整理與研究”成果

山東省社科規劃重大委托項目成果

子海精華編

主編 王承略 副主編 聶濟冬

太玄闡秘

（清）陳本禮 撰 劉保貞 點校

鳳凰出版社

圖書在版編目（CIP）數據

太玄闡秘 / (清) 陳本禮撰 ; 劉保貞點校. -- 南京:
鳳凰出版社, 2017.10（2024.10重印）
（子海精華編 / 王承略主編）
ISBN 978-7-5506-2538-9

Ⅰ. ①太… Ⅱ. ①陳… ②劉… Ⅲ. ①經學②《太玄》—研究 Ⅳ. ①B234.995

中國版本圖書館CIP數據核字(2017)第245952號

書名	太玄闡秘
著者	(清)陳本禮 撰　劉保貞 點校
責任編輯	汪允普
責任監製	程明嬌
出版發行	鳳凰出版社(原江蘇古籍出版社) 發行部電話025-83223462
出版社地址	江蘇省南京市中央路165號,郵編:210009
照排	江蘇鳳凰製版有限公司
印刷	唐山楠萍印務有限公司 河北省唐山市蘆臺經濟開發區場部
開本	890毫米×1240毫米　1/32
印張	8.75
字數	182千字
版次	2017年10月第1版
印次	2024年10月第2次印刷
標準書號	ISBN 978-7-5506-2538-9
定價	89.00圓

(本書凡印裝錯誤可向承印廠調换,電話:022-69381996)

國家社科基金重大委托項目“《子海》整理與研究”成果之一

《子海精華編》

執行編纂（按姓氏筆畫排列）：

王成厚　王　娜　尹思琦　曲娟娟　李　兵　宋恩來

苗　露　柏　雲　柳湘瑜　張雨霏　賈　兵　蘇運蕾

編　　務：張　櫻　劉　端　孫紅苑　沈　虎

本書審稿專家：西山尚志

《子海精華編》出版説明

“子海”，即“子書淵海”的簡稱。“《子海》整理與研究”課題係國家社科基金重大委托項目、山東省社科規劃重大委托項目。該課題分《珍本編》、《精華編》、《研究編》、《翻譯編》四個版塊，力圖把子部珍稀文獻、精華文獻進行深層次的整理、研究和譯介，挖掘子部文獻的價值，促進子學研究的發展。

山東大學向來以文史見長。古籍整理與子學研究，是其中的傳統研究方向。“《子海》整理與研究”，是在山東大學前輩學者高亨先生積30年之力陸續做成的《先秦諸子研究文獻目録》的基础上，由已故著名古籍整理與研究專家董治安先生參與策劃、設計的大型綜合研究課題。課題立項後，得到了中宣部、教育部、財政部、山東省政府和山東大學的大力支持，學界同仁踴躍參與。《精華編》的整理研究團隊近200人，來自海内外48所高校和研究機構。在組織管理上，《精華編》努力探索傳統文化研究協同創新的新體制、新機制，現已呈現出活力和實效。

華夏文明是由多元文化構築而成的。中國古代子部典籍，以歷代士人個性化作品的形式，系統性地展示了華夏民族的世界觀和方法論，立體性地反映了中華民族對世界文明發展的貢獻。其中，無論是宏篇大論，還是叢殘小語，都激蕩著歷史的聲音,閃爍著智慧的光芒,構成中國古代思想、藝術、科技和生活方式的主體内容。《精華編》通過對子部最优秀的典籍的整理,一方面擷英取粹,爲華夏文明的傳播提供可靠的資源和文本;另一方面以古鑒今,爲當下社會的發展提供智力支持和精神支撑。并希望進而梳理中華傳統文化的多元結構,繼承中華優秀傳統文化的一貫文脈。

根據漢代以後子學發展和子部典籍的實際情況,參照官私目録的分類與著録,《精華編》選取先秦諸子、儒學、兵家、法家、農家、醫家、曆算、術數、藝術、雜家、小説家、譜録、釋道、類書等十四個類目的要籍幾百種,編爲目録,作爲整理的依據,而在成果展現上則不出現具體的類目。爲統一體例,便於工作,《精華編》編有詳細的《整理細則》,并有簡明的《整理要則》,供整理者遵循使用。

《精華編》整理原則是,對每種子書的整理,突出學術性、資料性和創新性,力求吸納已有的整理成果,推出更具參考價值、更方便閱讀的整理文本。所採用的整理方式,大體有三種:一、部頭較大且前人未曾整理者,採用標點、校勘的方式整理;二、前人曾經標點、校勘者,或採用抽换更好或别具學術特色底本的方式整理,或採用集校、集注的方式整理,或採用校箋、疏證的方式整理,或綜合使用以上方式;三、前人已有較好的注本者,則採用集注、彙評、補正等方式整理。

《精華編》採用五次校審、遞進推動的管理程式,即:一、初校全稿。子海編纂中心組織碩、博研究生,修改文稿錯别字,規範異體字,調整格式,發現并標明校點中的不妥之處。二、初審文稿。子海編纂中心的編纂人員根據情況,解決初校時發現的問題,并判斷書稿的整體質量。三、匿名評審。

聘請資深教授通審全稿,全面進行學術把關,消滅硬傷,寫出審稿意見。四、修改文稿。子海編纂中心及時把專家審稿意見反饋給整理者。整理者根據審稿意見修改,做出新文稿。五、終審文稿。待新文稿返回子海編纂中心後,總編纂作最後的學術質量把關。五步程序完成後,將文稿交付出版社。

五次校審的目的是爲了保證學術質量,提高整理水平,減少錯訛硬傷。但校書如掃塵埃落葉,隨掃隨有,《精華編》雖經多道程序嚴加把關,仍難免有錯,懇請方家不吝指教。子海編纂中心將及時總結經驗,吸取教訓,把工作做得更好,以實現課題設計的初衷。

目 録

① 原本《目録》中"方圓一氣圖"後有"説附"二小字，正文中無，今删去。

整理説明

陳本禮，字嘉會，號素村，江都（今江蘇江都市）人。生於乾隆四年（1739），卒於嘉慶二十三年（1818）。監生。仕履不詳。善詩文，著有《瓠室詩抄》。又曾立詩社於江都城南古通化里清平坊角里莊，一時名流多所酬唱，編爲《南村鼓吹集》。幼即喜典籍，致仕後，築"瓠室"爲藏書樓，貯書十餘萬卷，善、秘本尤多，可與范氏"天一閣"、毛氏"汲古閣"、馬氏"玲瓏山館"等相媲美。陳氏著述除《太玄闡秘》十卷、首一卷、附編一卷、外編一卷外，尚有《瓠室四種》（《屈辭精義》六卷、《漢樂府三歌箋注》三卷、《急就探奇》一卷、《協律鈎玄注》四卷外集一卷）、《漢詩統箋》四卷、《焦氏易林考正》等。觀其所著書名可知，探賾索隱、顯微闡幽是其治學之一大傾向。

揚雄以作賦成名，繼之又以大賦"欲諫反勸"而輟不復爲，擬《易》作《太玄》，象《論語》作《法言》，以安貧守賤、清淨無爲自標，卻又於《法言》中贊美"安漢公"、於莽篡後獻《劇秦美新》，因而後世毁譽互見。譽之者擬之於聖，毁之者目之爲媚莽佞臣。陳氏是編，力辨《太玄》爲刺莽而作，其注十卷，於疏通《太玄》字義之餘，深挖其刺莽主旨，卷首及附編、外編，則力證揚雄於莽篡後委曲求全，不赴漢難而死，符合聖人不及其禄不踐其難之權變大旨。然揚子不可復生，《太玄》本義究之爲何，見仁見智，難有定説。

是編創始於嘉慶二十二年(1817)初，歷十月而成，初名《太玄靈曜》，後改今名。未及刊刻而陳氏卒，其子逢衡曾將手稿托付書商匯川黄某，冀其刻而傳之，未果。光緒四年(1878)，書稿流落於市，爲儀徵汪鋆購得。光緒二十八年(1902)貴池劉世珩得而刻之，後編入其《聚學軒叢書》第四集。據《中國古籍總目・子部》(中華書局、上海古籍出版社，2010 年 12 月版)，是書現有兩種稿本和一種刻印本存世，即國家圖書館藏稿本(卷一、卷二配清陳逢衡抄本)、北京大學圖書館藏稿本(清陳逢衡校，六卷，附録一卷)和清光緒四年刻朱印本。按:此著録恐有誤。光緒四年汪鋆始得此書稿本，未聞其有刻書事。又據劉世珩《聚學軒叢書刻書緣起》可知，光緒十九年(1893)、二十一年(1895)、二十三年(1897)，每隔兩年劉氏即刻印一集叢書。最初三集分别名爲《聚學軒叢書》(八種)、《繼盦叢刻》(九種)、《兩間書屋叢鈔》(十五種)，以後每年續有所刻，至光緒二十九年(1903)，乃“合前後各刻，分編釐訂之，統曰《聚學軒叢書》”。《太玄闡秘》在《聚學軒叢書》第四集中，刊刻時間當在光緒二十三年(1897)之後。疑北大所藏朱印本即光緒二十八年(1902)劉氏所刻之初印本。乃版刻初成，先以朱色印刷數部，分贈師友，不爲出售也。

然據筆者所見，現自稱爲《聚學軒叢書》第四集之《太玄闡秘》即有二種，一爲上海古籍出版社 2002 年版《續修四庫全書》影印本(簡稱“續四庫本”)，一爲廣陵書社(其前身江蘇廣陵古籍刻印社)系列本(簡稱“廣陵本”)，二者相似但又絶不相同，如每卷起首之“聚學軒叢書”之“聚”字，字形及在版中位置均不同：廣陵本作“聚”形，與次行“貴池劉世珩校刊”之“劉”字略齊，續四庫本作“聚”形，與次行之“池”字略齊；再如外編第一行續四庫本之“歎”字，廣陵本作“嘆”，第二行續四庫本之“鎮”字，廣陵本作“鎭”；外編末續四庫本有“太玄闡秘外編”六字，廣陵本無；外編後之陳本禮跋文，續四庫本頂格刻寫，廣陵本皆空一格；跋文末“時年七十有九”六字，續四庫本字號不變，廣陵本小一號；續四庫本最末爲“劉世珩跋”，文中第三行“世珩”二字字號不變，廣陵本“跋”字作“識”，且文中“世珩”二字小一號。二者區别之處尚多，在此不一一例舉。

明清以來，逐利之徒每每翻刻他人易售圖書以謀利，即今所謂之“盜版”。據傳《聚學軒叢書》原版現藏江蘇揚州廣陵書社，其前身江蘇廣陵古籍刻印社1982年曾據以重印。然北京泰和嘉成拍賣有限公司2012年春季藝術品拍賣會又拍賣劉世珩所刻之《聚學軒叢書》原版348枚，爲第二集中部分圖書。拍品存《尚書隸古定釋文》書版五十四塊（較原書佚去十七頁），影刻《尚書》及影宋刻書版計二百八十四塊，共計三百四十八片（雙面計六百八十餘面）。① 以常理推之，雕版不易，劉氏當無重復爲之之理，則其一恐爲盜版。兩種《太玄闡秘》，其一亦爲盜版歟？俟君子詳考之。

本次整理以續四庫本爲底本，參考北京大學圖書館所藏稿本（簡稱稿本）和廣陵書社2009年影印《聚學軒叢書》本（簡稱廣陵本），遇有窒礙難通之處，則又參校他書，如《文淵閣四庫全書》所收諸書（簡稱四庫本）、上海涵芬樓影印常熟

---

① http://auction.artron.net/showpic.php? picid=art0013440225

瞿氏鐵琴銅劍樓藏北宋景祐刊本《漢書》(簡稱景祐本)、清阮元刻《十三經注疏》(簡稱阮刻本)等。唯各本之間,序、跋、外編、附編次序互有不同,今參考原本目録和山東大學圖書館所藏《聚學軒叢書》本(屬廣陵本),重新予以條理,將"目録"置於最前,並於目録和正文中添加部分篇題,以醒眉目。識有短長,錯誤難免,方家正之。

2015年3月25日於山大文史樓

素村陳先生太玄闡秘序

楊子雲作《太玄》以準《易》，後世覃心于《易》者無不兼治《太玄》，極深研幾，文不虛立，稱之者無間言，宋衷、陸績、范望、司馬公諸家之注，亦十得八九矣。邗上素村陳先生復推尋子雲所歷時變，原其忠義憤鬱之微旨，窮思殫慮，輯成一書，題曰"闡秘"。先生之言曰："吾於漢室孤臣得三人焉，史游之《急就》也，焦贛之《易林》也，子雲之《太玄》也。《急就》諷元帝，《易林》悲世亂，《太玄》刺權奸，詞雖不同旨，然其苦心忠於王室一也。故於《急就》則探其奇，於《易林》則正其訛，於《太玄》則著其靈。"先生之於書，真可謂好學深思、心知其義者矣。今夫聖人之爲言也，必規時審務，權天下之變，以籌一身之所處，別治亂之統，紀禍福之朕兆。立一時，觀萬世，視之樊如，推之廓如，未有悠悠然不當於身世之故而泛立閎議，概舉叢説，以自托于垂教後世者也。玉門演《易》，孔子實之以文王與紂之事，周公繫爻于箕子之貞、岐山之享，明白指示，以發其凡。孔子作《春秋》，誅亂賊，一本大《易》扶陽抑陰之義，著其旨于《文言》，曰"非一朝一夕之故"，皆是物也。子雲是書，發憤而作，蓋亦托于蒙難艱貞之旨焉，而豈徒揆日星、察時序、明歷紀、列善敗，爲占筮之資而已哉！然則《闡秘》之成，實仰窺前聖著書之心法，不第爲子雲一人言之也。

至於辨黨惡之誣，綜始終之行，以不及其禄，不踐其難之義，[1]明子雲可以無死，[2]則又執聖人之權，持群論之平，可以爲子雲定讞者也。武進後學李兆洛序。

① "踐其"，原脱，據清道光二十三年活字印二十四年增修本李兆洛《養一齋集·文集》卷三補。

② "雲可"，原重，衍，據清道光二十三年活字印二十四年增修本李兆洛《養一齋集·文集》卷三和廣陵本删。

汪鋆序[1]

陳本禮字嘉會，號素村，江都人，先世由西鄉陳家集遷郡城南之角里莊。幼好學詩文，吐棄一切，雅好書籍，收藏至十餘萬卷，所著有《屈辭精義》、《漢樂府三歌注》、《協律鈎元》、《急就探奇》，曰《瓠室四種》。其未刻者，《焦氏易林考正》及此書也。《續彙刻書目》亦謂未刻，而載其名。案：素村先生是書大抵博引各家注釋，而精擇其有義理者一一發明，又於先賢所繪諸圖中復究精義，製《方圓一氣圖》，並附《筮儀》、《集説》及《漢書・雄傳》、《年考》，力爲雄白其《太玄》之作刺奸邪也。曲體子雲之心，而抉幽摘伏，爲此《闡秘》一書，素村先生之本意也。書成於嘉慶二十二年，先生七十九矣。另紙存李申耆先生一序。次年先生卒，未及刻，其子逢衡字穆堂，江都老明經，曾著《竹書紀年集證》、《逸周書補注》等多種。保愛先人手澤，舟車南北，未嘗暫離。迨穆堂既老且貧，又無子，舉以付匯川黄生，冀黄可以刻之也。蓋匯川曾購《册府元龜》版以印書牟利，而兹書想是因其太冷而終置之。咸豐癸丑之亂，匯川死於難。越廿餘年，此稿流落於市。光緒四年三月，鋆適見之，以番蚨買歸，并將另紙李序

---

① 題目爲整理者所加。

録於卷首，姑爲什襲存，俟博雅慷慨君子閔而刻之，未始非闡發幽光之一事也。鋆益有厚望焉。光緒四年四月初七日儀徵汪鋆謹識。

卷首

自序

史稱揚子雲好學博覽，覃深精思，家無儋儲，晏如也。漢成帝時奏賦爲郎，迨事哀平，值大盗移國，漢室丘墟，雄以一執戟郎，既不克剸刃賊腹以抒忠憤，又不獲脱身歸隱，高揖松、喬，於是托草《玄》以諷刺，推皇極之曆運，述陰陽之消長，俾知大寶不可以妄干，天誅之所必殛，爰特艱深其辭，隱晦其義，以避忌諱，使人不知其爲刺莽也。諸儒不識，咸以僭經非之，即同時博洽如劉歆，尚有覆瓿之誚，宜雄笑而不應也。自侯芭受業以來，譽《玄》者固多，而毁之者亦復不少，總緣未悉知人論世之旨，泥於卦爻術數之説，以致義愈晦而旨愈隱矣。惟宋高似孫曰："子雲之意，其疾莽而作者乎？哀平失道，莽輒亂常。子雲推天人終始順逆之理，正君臣上下進退之分，以爲違天咈人賊臣戒。"其説切中作者意。甚矣解人之難遇也。夫以《玄》之精深博大、古質簡奥，而世人往往苦其難讀，即間有一二高明之士，亦一覽而置之，何《玄》之遠人若是哉！曩讀司馬文正公《集注》，略識大概，未窺其藴，今春獲讀范望《解贊》，及葉子奇《本旨》，嫌其冗贅，不能有所發明，爰不揣固陋，徵諸史册，準乎《洪範》，參之大《易》，考正其難讀之字，折衷於諸家之説,庶二千年來未白之幽衷,一旦豁然天壤,諒亦士君子所樂觀而心許也。至其理與《易》合,詞與《詩》合,其議論書法又皆與《春秋》合,後儒未能闡發其秘,置於諸子之列,良可慨嘆。雖然,子雲之文章卓越兩漢,載在史册,固無論已。然予獨於其出處大略,不能不爲之辯焉。史稱雄恬於勢利,好古樂道,與董王同列,莽、賢爲三公,權傾人主,所薦莫不拔擢,而雄三世不徙官,則其平素不奔競於權勢之門可知矣。更讀其丹轂赤族之文,與夫"炎炎者滅,隆隆者絶"等語,皆諷刺當時,豈腆顔忍恥作符命之人哉!揆其所以不早引退者,當莽篡殺之始,降封孺子嬰爲定安公,邑萬户,地方百里,時天下雖稱新,焉知異日不能如少康之一成一旅,滅浞誅澆,而祀夏配天耶?是孺子一日未死,漢統一日未絶,莽固不得稱建國元年也。雄以三世舊臣,且精於術數,知莽不久必敗,漢當復興,故聊且依隱玩世,將拭目以觀天下之變,一俟大逆授首於漸臺耳。事之逆料不可知,然觀其校書天禄,於國破君亡之日,猶手抱漢代遺書而校録之,足見其心之不忘漢矣。當被收時,莽並代白其枉,曰:"雄素不與事。"讀此則不但符命事無雄,而雄之"不居其位,不謀其政"亦明矣。後儒紛紛責其畏死不去。嗟乎!士君子當國家革命危難之秋,其進退存亡固有難於表白者。昔孔子稱殷有三仁,而微、箕不死,未嘗不在仁人之目。晏子不死齊莊之難,夷吾不恥堂阜之囚。古大臣臨危授命,其志各有在,豈若匹夫匹婦之爲諒,自經於溝瀆者耶?況《玄》文語皆刺莽,後儒不能知人論世,輒欲苛責其不死,一腔忠憤付諸覆盆。《綱目》"莽大夫"之書,亦士君子之不幸也夫。嘉慶甲戌仲冬下澣邗江耕心老農素村陳本禮漫識,時年七十有六。

例言

一、子雲作《玄》，義在刺莽，非擬《易》也，其托諸玄何？玄，天也。天道彰善癉惡，其機緘之發，八卦甲子，神謀鬼藏，日星耀魄，水火爭靈，好還之報，感召甚速。當莽擅權造逆之始，子雲手無寸鐵，心有神鋒，故覃深精思，草爲《太玄》，欲以辟邪佞，警權奸，而寒篡賊之膽也。是時也，莽焰正熾，故特艱深其辭，曲諱其義，以避禍也。

一、《太玄》以陰陽爲關鍵，以五行爲消息，以日星爲運度，以晝夜爲吉凶，其數始於三而終於九，極九九之數，成八十一首，贊辭亦每首九贊，其成七百二十九贊，推而衍之，則有三方九州二十七部八十一家之分，以盡世運人事之變，托象以明理，觀物以知化，大而君臣父子，細而草木蟲魚，明則察乎天地，幽則極乎鬼神，此《太玄》所以能彰往察來，與大《易》同旨。漢儒謂其義合五經，良有以也。

一、《太玄》以九成數者，蓋始於"河洛"。案《洪範》五行：一曰水，二曰火，三曰木，四曰金，五曰土。《太玄》起例每首亦各案五行生剋值世任事，一六爲水，二七爲火，三八爲木，四九爲金，中五爲土。五行用事者王，所生者相，故王廢，勝王者囚，王所勝死，此皆天地一定之理，出乎先天者也。

一、贊辭以初一、次二、次三爲思，次四、次五、次六爲福，次七、次八、上九爲禍。案《洪範》五事：其一曰思，思曰睿，睿作聖。五福：一曰壽，二曰富，三曰康寧，四曰攸好德，五曰考終命。六極：一曰凶短折，二曰疾，三曰憂，四曰貧，五曰惡，六曰弱。《太玄》八十一首七百二十九贊，皆以思福禍三項平列而該之，蓋天下人事莫不由於思起而禍福隨之。《書》曰：“惠迪吉，從逆凶。”《孟子》曰：“禍福無不自己求之者。天作孽，猶可違，自作孽，不可活。”此皆《太玄》托諷之微文也。猶恐未盡其變，故又創爲旦筮夕筮、日中夜中等占，蓋欲以當暮鼓晨鐘，震醒權奸之癡夢耳。

一、子雲仕漢歷成哀平，三世不徙官，與莽、賢同立，及莽篡立，始以耆老久次轉爲大夫。其仕莽也，固毋庸爲子雲諱，後儒爲雄訟冤，每拟年歲不符，或以未及仕莽，紛紛代辯。案雄《家牒》，公生於成帝甘露元年，年七十一卒，蓋是莽天鳳六年己卯，非五年戊寅也。史册並誤，故特爲創立年考，俾公年歲及公一生出處大略稍有可考。

一、《玄》文本有《玄圖》、《玄告》等篇，其圖不傳，至宋邵子始有《準易圖》，王薦有《日星節候圖》，元儒胡一桂有《方州部家圖》，明儒葉子奇有《一玄都覆三方圖》，皆不過紀其三方次序耳，无甚精義。今予既采集諸家，特另製《方圓一氣圖》，俾圓者合天，方者應地，其中五行生尅之理，陰陽變化之道，胥于是乎在。且于先後天流行對待之數，知往者順，知來者逆，可與大《易》並行不悖矣。

一、先儒論説《太玄》，自漢以來，代有其書，人各異詞，其譽之者則以爲勝老子，方仲尼，毁之者則曰僭聖經，屋下架屋，覆醬瓿，更有謂以艱深文淺易者，是皆未得其平。夫雄之草《玄》，蓋欲以代斧鉞之誅，俾篡賊凛君臣之大義，畏天命之好還，稍以弭其梟獍之逆謀，亟以斂其滔天之險惡也。一腔孤憤，生無人明其志，死無人白其衷，致使沈淪不明於世，此亦士林汲古者之過也。

一、《太玄》古本相傳有宋氏衷、陸氏績、范氏望、王氏涯、宋氏惟榦、吴氏秘、司馬温公《集注》本，近世惟范氏《解贊》、温公《集注》本行世，然字有不同，句或各異。今据各本訂其衍文别字，另集《考異》一編於左。

一、博引各家注釋，皆采其有關於義理者，並冠以某氏，不敢掠美。其間有冗蔓者，略爲删截。若與本文毫無發明者，概不濫及。

一、《太玄》稱經，猶之《離騒》，皆後人所加。《離騒》，漢武曾命淮南王安作傳，迄今傳辭亡而名猶存。《太玄》亦經也，惜無有爲作傳者。然奇文奥旨，非傳不明。前賢於首辭雖間有一二發明，皆不中肯綮。余既創爲纂述，於每首下另撰小傳，不但子雲心迹眉張目舉，并益見八十一首之聯貫次第相生，語無泛設。昔淮南王爲《離騒傳》曰："《國風》好色而不淫，《小雅》怨誹而不亂，若《離騒》者，可謂兼之矣。"余亦曰："《易》奇而法，《詩》正而葩，《春秋》謹嚴，《左氏》浮夸，若《太玄》者，可謂兼之矣。"海内巨眼，當不以余言爲謬也。

一、子雲於八十一首外，復設有《玄沖》、《玄錯》、《玄攡》、《玄瑩》、《玄數》、《玄文》、《玄棿》、《玄圖》、《玄告》等九篇之文，有與八十一首之辭相發明者，有創爲玄法起例者，有直擬《易》之《文言》、《繫傳》者，然其中實多寓諷之辭，如創立罔直蒙酋冥等，直是感憤罵世，何嘗解《玄》？讀者毋爲其所欺可也。

一、《闡秘》之注，非余阿其所好，蓋以表幽忠也。余於漢室孤臣得三人焉：史游之《急就章》也，焦贑之《易林》也，子雲之《太玄》也。《急就》諷元帝，《易林》悲世亂，《太玄》刺權奸，詞雖不同旨，然其苦心忠於王室則一也。自漢迄今，歲幾二千，曾無一人爲之抉其隱而摘其伏也。九原不作，則三子者將抱恨於終天矣。故余於《急就》則探其奇，於《易林》則正其訛。今又爲《太玄》著其靈，俾三子之亮節幽衷，朗照中天，可以質諸鬼神而無疑，百世以俟聖人而不惑。非敢自信，惟以闡微表幽，幸海内同志諒焉。

一、此書自初春以至冬末，凡十閲月，雖疾病酷暑寒冰，未敢輟手。特恐老拙識鈍，不獲盡探其奇，爰自發憤詮成此注，實多前人未發之旨。非敢好奇表異，竊以《太玄》文字簡奥，寄喻幽深，似古箴銘，若古繇諺，海内素心，定多欣賞。特憶此書注成疇昔之夜，夢得句云"半江春月照梅花"，不知何謂也。

《漢書》列傳班固　截録

揚雄字子雲，蜀郡成都人也。少而好學，不爲章句，訓詁通而已，博覽無所不見。爲人簡易佚蕩，口吃不能劇談，默而好深湛之思，清静亡爲，少嗜欲，[①]不汲汲於富貴，不戚戚於貧賤，不修廉隅以徼名當世。家産不過十金，乏無儋石之儲，晏如也。自有大度，非聖哲之書不好也；非其意，雖富貴不事也。顧嘗好辭賦。先是，蜀有司馬相如，作賦甚宏麗温雅，雄心壯之，每作賦，擬之以爲式。又怪屈原文過相如，至不容，作《離騷》，自投江而死，悲其文，讀之未嘗不流涕也。以爲君子得時則大行，不得時則龍蛇，遇不遇命也，何必湛身哉！乃作書，往往摭《離騷》文而反之，自岷山投諸江流以弔屈原，名

① "嗜"，景祐本《漢書》作"耆"，下文"嗜酒"之"嗜"同。

曰《反離騷》。孝成帝時,客有薦雄文似相如者,上方郊祠甘泉泰畤、汾陰后土,以求繼嗣,召雄待詔承明之庭。正月,從上甘泉,還奏《甘泉賦》以風。甘泉本因秦離宮,既奢泰,而武帝復增通天、高光、迎風。宫外近則洪厓、旁皇、儲胥、弩陆,遠則石闕、封巒、枝鵲、露寒、棠黎、師得,游觀屈奇瑰瑋,非木摩而不雕,牆塗而不畫,周宣所考,盤庚所遷,[①]夏卑宫室,唐虞棌椽三等之制也。且其爲已久矣,非成帝所造,欲諫則非時,欲默則不能已,故遂推而隆之,上比於帝室紫宫,若曰此非人力之所能,黨鬼神可也。又是時趙昭儀方大幸,每上甘泉,常法從,在屬車間豹尾中。故雄聊盛言車騎之衆,參麗之駕,非所以感動天地,逆釐三神。又言"屏玉女,卻虙妃",以微戒齊肅之事。賦成奏之,天子異焉。其三月,將祭后土,上乃帥群臣横大河,湊汾陰。既祭,行游介山,回安邑,顧龍門,覽鹽池,登歷觀,陟西岳以望八荒,迹殷周之虚,眇然以思唐虞之風。雄以爲臨川羨魚不如歸而結罔,還,上《河東賦》以勸。其十二月羽獵,雄從。以爲昔在二帝三王,宫觀臺榭、[②]沼池苑囿、林麓藪澤財足以奉郊廟,御賓客,充庖厨而已,不奪百姓膏腴穀土桑柘之地。女有餘布,男有餘粟,國家殷富,上下交足,故甘露零其庭,醴泉流其唐,鳳凰巢其樹,黄龍游其沼,麒麟臻其囿,神爵栖其林。昔者禹任益虞而上下和,草木茂;成湯好田而天下用足;文王囿百里,民尚以爲小;[③]齊宣王囿四十里,民以爲大:裕民之與奪民也。武帝廣開上林,南至宜春、鼎胡、御宿、昆吾,旁南山而西,至長楊、五柞,北繞

① "盤",景祐本《漢書》作"般"。

② "觀",景祐本《漢書》作"館"。

③ "民尚以爲小",景祐本《漢書》作"民以爲尚小"。

黄山，瀕渭而東，周袤數百里。穿昆明池象滇河，營建章、鳳闕、神明、馺娑，漸臺、泰液象海水周流方丈、瀛洲、蓬萊。游觀侈靡，窮妙極麗。雖頗割其三垂以贍齊民，然至羽獵、田車、戎馬、器械、儲偫、禁禦所營，尚泰奢麗誇詡，非堯、舜、成湯、文王三驅之意也。又恐後世復修前好，不折中以泉臺，泉臺，魯莊公築，至文公毀之，今雄以宮觀之盛，非成帝所造，當以泉臺折中焉。故聊因《校獵賦》以風。明年，上將大誇胡人以多禽獸，秋，命右扶風發民入南山，西自褒斜，東至弘農，南驅漢中，張羅罔罝罘，捕熊羆豪豬虎豹狖玃狐菟麋鹿，載以檻車，輸長楊射熊館。以罔爲周阹，縱禽獸其中，令胡人手搏之，自取其獲，上親臨觀焉。是時，農民不得收斂。雄從至射熊館，還，上《長楊賦》以風。哀帝時丁、傅、董賢用事，諸附離之者或起家至二千石。時雄方草《太玄》，有以自守，泊如也。或謿雄以玄尚白，而雄解之，號曰《解謿》。雄又以賦言極麗靡之辭，①閎侈巨衍，頗似俳優淳于髡、優孟之徒，非法度所存，於是輟不復爲。而大潭思渾天，參摹而四分之，極於八十一。旁則三摹九据，極之七百二十九贊，與《泰初曆》、《顓頊曆》相應。擬之以三策，開之以休咎，②絣之以象類，播之以人事，文之以五行，擬之以道德仁義禮知。無主無名，要合五經，苟非其事，文不虛生。爲其泰曼漶而不可知，故有《首》、《沖》、《錯》、《測》、《攡》、《瑩》、《數》、《文》、《掜》、《圖》、《告》十一篇，皆以解剥玄體，離散其文。然觀之者難知，③學之者難成。

① 此句前後有省略。
② "開"，景祐本《漢書》作"關"。
③ 此句前後有省略。

客有難《玄》大深，衆人之所不好也，①雄作客難以解之，②號曰《解難》。雄見諸子各以其知舛馳，大氐詆訾聖人，即爲怪迂，析辯詭辭，以撓世事，言諸子之書皆非毁周孔之教，爲巧辯異辭以攪亂時政也。雖小辯，終破大道而惑衆，③使溺於所聞而不自知其非也。及太史公記六國，歷楚漢，訖麟止，不與聖人同，是非頗謬於經。故有問雄者，常用法應之，象《論語》，號曰《法言》。

贊曰：雄之自序云。初，雄年四十餘，自蜀來至游京師，大司馬車騎將軍王音奇其文雅，召以爲門下史，薦雄待詔，歲餘，奏《羽獵賦》，除爲郎，給事黄門，與王莽、劉歆並。哀帝之初，又與董賢同官。當成、哀、平間，莽、賢皆爲三公，權傾人主，所薦莫不拔擢，而雄三世不徙官。及莽篡位，談説之士用符命稱功德獲封爵者甚衆，雄復不侯，以耆老久次轉爲大夫，恬於勢利乃如是。實好古而樂道，其意欲求文章成名於後世，以爲經莫大於《易》，故作《太玄》；傳莫大於《論語》，作《法言》；史篇莫善於《倉頡》，作《訓纂》；箴莫善於《虞箴》，作《州箴》；賦莫深於《離騷》，反而廣之；辭莫麗於相如，作四賦：皆斟酌其本，相與放依而馳騁云。用心於内，不求於外，於時人皆曶之；唯劉歆及范逡敬焉，而桓譚以爲絶倫。王莽時，劉歆、甄豐皆爲上公，莽既以符命自立，即位之後欲絶其原以神前事，而豐子尋、歆子棻復獻之。莽誅豐父子，投棻四裔，辭所連及，便收不請。時雄校書天禄閣上，治獄事使者來，④欲

---

① 景祐本《漢書》無“所”字。
② 景祐本《漢書》無“作客難以”四字。
③ “惑”，景祐本《漢書》作“或”。
④ 景祐本《漢書》無“事”字。

收雄,雄恐不能自免,乃從閣上自投下,幾死。莽聞之曰:“雄素不與事,何故在此?”間請問其故,乃劉棻嘗從雄學作奇字,雄不知情。有詔勿問。京師爲之語曰:“惟寂寞,自投閣;爰清靜,作符命。”雄以病免,復召爲大夫。家素貧,嗜酒,人希至其門。時有好事者載酒肴從游學,而鉅鹿侯芭常從雄居,受其《太玄》、《法言》焉。劉歆亦嘗觀之,謂雄曰:“空自苦!今學者有禄利,然尚不能明《易》,又如《玄》何?吾恐後人用覆醬瓿也。”雄笑而不應。年七十一,天鳳五年卒,侯芭爲起墳,喪之三年。時大司空王邑、納言嚴尤聞雄死,謂桓譚曰:“子常稱揚雄書,豈能傳於後世乎?”譚曰:“必傳。顧君與譚不及見也。凡人賤近而貴遠,親見揚子雲禄位容貌不能動人,故輕其書。昔老聃著虛無之言兩篇,薄仁義,非禮學,然後世好之者尚以爲過於五經,自漢文景之君及司馬遷皆有是言。今揚子之書文義至深,而論不詭於聖人,若使遭遇時君,更閱賢知,爲所稱善,則必度越諸子矣。”諸儒或譏以爲雄非聖人而作經,猶春秋吴楚之君僭號稱王,蓋誅絶之罪也。自雄之没至今四十餘年,其《法言》大行,而《玄》終不顯,然篇籍具存。

漢給事黄門郎揚雄生卒年考

附載漢事,俾讀《玄》者知雄所处之时,所言之事,可以論其世而知其人也。繫之以漢者,見公之草《玄》始終以漢臣節終也。

漢孝宣帝甘露元年

帝諱詢,武帝曾孫,戾太子孫也。年十六即位,在位二十五年,凡七改元:本始、地節、元康、神爵、五鳳、甘露、黄龙。

戊辰

公年一歲。史稱公之先出自周伯僑者,以支庶食采於晋之揚,因氏焉。揚在河、汾之間。周衰,揚氏或稱侯。會晋六卿爭權,侯逃於楚巫山,因家焉。至雄五世祖名季者,官廬江太守,漢元鼎間處峄山之陽曰郫,有田一廛,有宅一區,世世以農桑爲業。自季至雄,五世惟傳一子。

己巳

庚午　皇孫驁生。鳳皇集新蔡。

辛未　改元黄龍元年。三月,有星孛于王良閣道,入紫微宫。帝寢疾。以史高爲大司馬,蕭望之爲前將軍,周堪爲光禄大夫,受遺詔輔政。冬十二月,帝崩。太子即位。

孝元帝初元元年

帝諱奭,年八歲立爲太子,在位十六年,凡四改元:初元、永光、建昭、竟寧。帝優柔寡斷,有善不能用,有惡不能去。史高以外戚領尚書,弘恭、石顯以宦寺典樞密,釀成漢禍,天下事不可與有爲矣。

壬申

癸酉　夏大疫。秋九月,關東大水,饑。

甲戌　隴西地震。關東饑。秋七月,地復震。冬十二月,蕭望之自杀。以石顯爲中書令。

乙亥　夏旱。

丙子

丁丑

戊寅　改元永光元年。三月,雨雪隕霜殺桑。大饑。

公年十歲。

己卯

庚辰　冬十一月,地震雨水。

辛巳　六月晦,日食。大中大夫張猛自殺。

壬午　秋，潁川大水。河決。

癸未　改元建昭元年。春正月，隕石於梁。

甲申　秋，殺魏郡太守京房。冬，齊楚地震，大雨雪。

乙酉

丙戌　藍田地震，山崩，壅霸水。安陵岸崩，壅涇，水逆流。

丁亥　夏六月晦，日食。是年王莽生。

戊子　改元竟寧元年。五月，帝崩。六月，太子即位。尊皇太后曰太皇太后，皇后曰皇太后。以元舅王鳳爲大司馬大將軍，領尚書事。《發明》云："元舅未有書而此書之者，所以著外氏得權之始，新莽篡竊之漸爾。"

公年二十歲。

孝成帝建始元年

帝諱驁，在位二十六年，凡七改元：建始、河平、陽朔、鴻嘉、永始、元延、綏和。帝湛於酒色，委政王氏，寵飛燕、合德，使諸舅日熾，國勢日衰，天災地變，史不勝書。帝素無疾病，晨起不能言，推治起居，合德自殺。禍水滅火，其言驗矣。

己丑　春正月，石顯以罪免歸故郡，道死。有星孛於營室。夏四月，黄霧四塞。秋八月，有兩月相承，晨起見東方。

庚寅　夏大旱。

辛卯　秋，大雨四十日。京師民訛言大水至，老弱號呼，長安城中大亂。冬十二月朔，日食，夜地震。未央宫殿中詔舉直言極諫之士。越巂山崩。

壬辰　正月，隕石於亳四，於肥纍二。夏四月，雨雪。復召直言極諫之士詣白虎殿對策。秋，桃李實。河決東郡金堤，凡灌四郡三十二縣。

癸巳　改元河平元年。夏四月晦，日食。詔百官陳過失。

甲午　沛郡鐵官冶鐵飛。夏，楚國雨雹。悉封諸舅爲列侯，外戚之禍由此盛。

乙未　二月，犍爲地震，山崩，壅江，水逆流。秋八月晦，日食。河復決。

丙申　三月朔，日食。山陽火生石中。

丁酉　改元陽朔元年。春二月晦，日食。時大將軍王鳳專政，下京兆尹王章獄，殺之，妻子徙合浦。自是公卿見鳳側目而視。

戊戌　夏四月，以王音爲御史大夫，於是王氏愈盛，郡國守相刺史皆出其門。王氏一姓乘朱輪華轂者二十二人。大將軍秉事用權，五侯驕奢僭盛，並作威福。劉向謂陳湯曰："今災異如此，而外家日盛，其漸必危劉氏。吾幸得以宗室遺老歷事三主，吾而不言，孰當言者。"遂上封事極諫。書奏，天子見向嘆息，悲傷其意，曰："君且休矣，吾將思之。"然終不能用其言。秋，關東大水。

公年三十歲。

作《反離騷》。《傳》稱公"怪屈原文過相如，至不容"云云，乃作《反離騷》，自岷山投諸江流，以弔屈原，蓋憤王氏擅權之作。

己亥　春三月，隕石於東郡八。秋八月，大將軍鳳卒，以王音爲大司馬車騎將軍。詔王譚位特進，領城門兵。

庚子　夏四月，雨雪。

辛丑　改元鴻嘉元年。帝始微行，從期門郎及私奴，或乘小車，或單騎，出入市里郊野，遠至旁縣，鬥雞走馬，常自稱富平侯家人。富平侯者，侍中張放也。寵幸无比，故假稱之。

壬寅　春三月，飛雉集未央宫承明殿。五月，隕石於杜郵三。

癸卯　夏大旱。王氏五侯有罪，赦不誅。召趙飛燕及女弟合德入宫。博士淖方成曰："此禍水也，滅火必矣。"

甲辰　秋，河水溢。王譚卒，詔王商位特進，領城門兵。

乙巳　改元永始元年。五月，封太后弟子莽爲新都侯。莽見《綱目》始此。《書法》云："書太后弟子何？病太后也。"莽之篡，太后成之。九月，黑龍見東萊。是月晦，日食。

丙午　春正月，大司馬車騎將軍音卒。二月，星隕如雨。是月晦，日食。三月以王商爲大司馬衛將軍。

丁未　三月晦，日食。十一月，故南昌尉梅福上書，不報。

戊申　夏大旱。秋七月晦，日食。

公年四十歲。史稱公游京師，大司馬驃騎將軍王音奇其文雅，召以爲門下史。案：音卒於永始二年，則雄之至京當在永始之前，年固未及四十。史稱四十餘者，約辭也。宋祁《漢書注》以音爲根，而後儒從其説，誤矣。何義門謂公丁未年四十，少算一年，《四庫書目》亦訛算一年。

己酉　改元元延元年。正月朔，日食。夏四月，無雲而雷。有流星東南行，四面如雨。秋，有星孛於東井。冬十二月，大司馬衛將軍商卒，以王根爲大司馬驃騎將軍。故槐里令朱雲諫，言事觸上怒，欲誅之，以辛慶忌諫獲免。

庚戌　春正月，行幸甘泉，郊泰畤。三月，行幸河東，祠后土。十二月羽獵。

奏《甘泉賦》。孝成帝時，客有薦雄文似相如者，上方郊祀甘泉泰畤、汾陰后土，以求繼嗣，召雄待詔承明之庭。正月，從上甘泉還，奏賦以諷。《西漢年紀》曰："元延二年春，正月，帝行幸甘泉。甘泉本秦離宫，既奢泰，而武帝復增通天、高光、迎風，游觀屈奇瑰偉。且其爲已久，非帝所造。揚雄欲諫則非時，欲默則不能已，還奏《甘泉賦》以諷。"何義門曰："案：子雲生在宣帝甘露元年戊辰，至成帝永始三年丁未爲四十歲。班書贊中言年四十餘，自蜀來游京師，王音薦之待詔。此賦爲四年所上无疑也。然長楊事在元延二年庚戌。"又案李善《文選注》曰："雄《答劉歆書》曰：雄作《成都城四隅銘》。蜀人有楊莊者爲郎，誦之於成帝，以爲似相如。雄遂以此得見。"

奏《羽獵賦》。雄待詔歲餘，奏《羽獵賦》，除給事爲郎。何義門曰："正月奏《甘泉》，十二月奏《羽獵》，明年上《長楊》。"

辛亥　春正月，岷山崩，壅江三日，江水竭。

上《長楊賦》。賦序曰："明年，上將大誇胡人以多禽獸。秋，命右扶風發民入南山，西至褒斜，東至弘農，南驅漢中。張羅綱罝罘，捕熊羆、豪猪、虎、豹、狖玃、狐、兔、麋鹿，載以檻車，輸長楊射熊館。以網爲周阹，縱禽獸其中，令胡人手搏之，自取其獲。上親臨觀焉。是時，農民不得收斂。雄從至射熊館，還，上《長楊賦》以諷。"李善注曰："明年，謂作《羽獵賦》之明年也。"

奉召作《趙充國頌》。《漢書》曰："成帝時，西羌嘗有警。上思將帥之臣，追美充國，乃召黄門郎揚雄即充國圖畫而頌之。"

作《酒箴》。《漢書·陳遵傳》曰："黄門郎揚雄作《酒箴》以諷諫成帝。其文爲酒客難法度士，譬之於物，曰'子猶瓶矣'云云。"

壬子　春，隕石於關東二。

癸丑　改元綏和元年。冬十月，大司馬根病免。十一月，以王莽爲大司馬，時年二十八。史稱莽侈口蹷頞，露眼赤睛，大聲而嘶，長七尺五寸，好厚履高冠，以氂裝衣，反膺高視，瞰臨左右。時有待詔謂莽鴟目虎吻，豺狼之聲，能殺人，亦當爲人所殺。

甲寅　春二月，熒惑守心。丞相方進自殺。三月，帝崩。帝素強，无疾病。昏夜平善，鄉晨欲起，不能言而崩。趙昭儀自殺。太子即位。九月地震。

孝哀帝建平元年

帝諱欣，元帝庶孫，定陶王子也。在位六年，改元二：建平、延壽。帝知王氏五侯驕恣，欲收攬威權，奈才德不振，復爲傅太后所制。孔光、朱博等小人用事，致有中山東平之獄，王嘉、鄭崇、鮑宣之死，天下冤之。更寵董賢，欲法堯禪舜，其何以成君乎！

乙卯　春正月，隕石於北地十六。秋九月，隕石於虞二。十二月甲子夜，光武生於濟陽縣舍。

丙辰　春正月，有星孛於牽牛。

丁巳　春三月，有星孛於河鼓。冬十一月，無鹽危山土起。瓠山石立。

戊午　春正月，大旱。關東民訛言行籌。賜董賢爵關内侯。秋八月，封董賢爲高安侯。諫大夫鮑宣上書不聽。

公年五十歲。

上書《諫匈奴單于請來朝》。建平四年,匈奴單于請朝。五年,時帝被疾,欲勿許。單于使辭去,未發,公上書諫。天子寤焉,召還匈奴使者,更報其書而許之。

草《太玄》。史稱公常學《易》於嚴君平。君平爲人談《易》,人有邪惡則爲正言利害,與人子言孝,與人弟言順,與人臣言忠,各因勢導之於善。子雲襲其師之意而演爲《玄》,正所以告人以忠孝節義之大道,俾惡者改過從善,奸者洗心變忠,勿謂鬼神无靈而天道幽渺也。迴狂瀾於既倒,障百川而東之。公之《玄》文,在當時實可謂中流之砥柱也。

作《解嘲》。史稱哀帝時,丁、傅、董賢用事,諸附離之者或起家至二千石。時雄方草《太玄》,有以自守泊如也。或嘲雄以玄尚白,而雄解之,號曰《解嘲》。案:《玄》文八十一首,七百二十九贊,非作於一時,亦非指一物一事。蓋莽之在當時,其穢迹多矣,史册不能盡書。雄目擊其奸,故徵事立言,意在誅心。其曰"炎炎者滅,隆隆者絶,高明之家鬼瞰其室",語皆刺莽之威權赫赫也。又曰"有建蕭何之律於唐虞之世,則悖矣;有作叔孫通儀於夏殷之時,則惑矣;有建婁敬之策於成周之世,則繆矣;有談范蔡之説於金張許史之間,則狂矣"等語,皆自痛恨不能有爲於時之詞也。

作《解難》。客有難《玄》太深,爲衆人之所不好也。雄解之曰:"大味必淡,大聲必希。師曠之調鐘,俟知音者之在後也;孔子作《春秋》,幾君子之前睹也。老聃有遺言,貴知我者希。此非其操歟!"

撰《法言》。雄見諸子各以其舛馳,雖小辯終破大道而惑衆,使溺於所聞而不自知其非也。及太史公記六國,歷楚漢,訖麟止,不與聖人同,是非頗謬於經,故人有問雄者,常用法應之,爲十三卷,號曰《法言》。

著《方言》。《方言》,《爾雅》類也。雜記各國土俗名物,可以通殊俗,廣見聞。郭璞曰:"可不出户庭而坐照四表,不勞疇咨而物來能名。

考九服之逸言，標六代之絶語，真洽見之奇書，不刊之碩記也。”案：公《答劉歆書》曰：“雄爲郎之歲，自奏少不得學，而心好沈博絶麗之文。願不受三歲之奉，且休脱直事之繇，得肆心廣意以自克就。有詔可不奪奉，令尚書賜筆墨錢六萬，得觀書於石渠，遂得盡意。天下上計孝廉及内郡衛卒會者，雄常把三寸弱翰，齎油素四尺，以問其異語，歸即以鉛摘次之於槧。二十七歲於今矣。嘗以此示張伯松。伯松曰：‘是縣諸日月不刊之書也。’”

己未　改元元壽元年。春正月朔，日食。下丞相新甫侯王嘉獄，殺之。秋七月，下司隸鮑宣獄，髡鉗之。冬十二月，以董賢爲大司馬衛將軍。

庚申　夏四月晦，日食。六月，帝崩。太皇太后聞帝崩，即日駕之未央宫，收取璽綬，使馳召莽。詔尚書，諸發兵符節，百官奏事，中黄門、期門兵皆屬焉。董賢以罪罷，即日自殺。太皇太后以王莽爲大司馬，領尚書事。秋七月，迎中山王箕子爲嗣。八月，廢孝成孝哀皇后，就其園，皆自殺。九月，中山王箕子即位，時年九歲。太皇太后臨朝，大司馬秉政，百官總己以聽。

孝平帝元始元年

帝初名箕子，後改名衎，元帝庶孫，中山孝王子也。在位五年，號元始，爲王莽所殺。

辛酉　二月，以孔光爲太師，王舜爲太保，甄豐爲少傅，王莽爲太傅，號安漢公。夏五月朔，日食。拜帝母衛姬爲中山孝皇后。莽恐帝外家衛氏奪其權，白太后，遣使拜帝母衛姬爲中山孝王后，賜帝舅寶、玄爵關内侯，皆留中山，不得至京師。

壬戌　大蝗，旱。隕石於鉅鹿二。秋九月晦，日食。太師光等咸稱莽功德比周公，宜告祠宗廟。

癸亥　春，聘安漢公莽女爲皇后。安漢公莽殺其子宇，滅中山孝王后家，殺敬武公主及泛鄉侯何武、故司隸鮑宣等數百人，海内震焉。北海逢萌挂冠，浮於海。

甲子　二月，遣大司徒宫等迎皇后如未央宫。加安漢公莽號宰衡。升宰衡位在諸侯王上。

乙丑　夏五月，加安漢公莽九錫。冬十二月，安漢公莽臘日進椒酒，置毒酒中，殺帝。太皇太后詔徵宣帝玄孫。又詔莽居攝踐祚。

孺子嬰居攝元年

《綱目》於居攝上冠以孺子嬰者，不予莽以踐祚位也。

丙寅　春正月，王莽祀南郊。三月，立宣帝玄孫嬰爲皇太子，號曰孺子嬰。廣戚侯勛之孫，顯之子也。年甫二歲，托以爲卜相最吉，立之。夏四月，安衆侯劉崇起兵討莽，不克，死之。五月，太皇太后詔莽朝見稱假皇帝。冬十月朔，日食。

作《州箴》。是時，雄見莽居攝踐祚，寖寖乎有篡奪漢祚之勢，故作《州箴》十二首，布告州牧，以冀其勤王之意。其《冀州牧箴》曰："三后攸降，列爲侯伯。陪臣擅命，天王是替。"《兖州牧箴》曰："有國雖久，必畏天咎。有民雖長，必懼人殃。箕子歔欷，厥居爲墟。"《青州牧箴》曰："嗟兹天王，附命下土。失其法度，喪其文武。"《徐州牧箴》曰："姜姓絶苗，田氏攸都。事由細微，不慮不圖。禍如丘山，本在萌芽。"《揚州牧箴》曰："夫差一誤，太伯無祚。周室不匡，句踐入霸。"《豫州牧箴》曰："陪臣執命，不慮不圖。王室陵遲，喪其爪牙。"其他州諸箴語皆類此。

作《百官箴》。是時，滿朝賊臣皆莽黨羽，无有一人忠於漢者，於是又作《百官箴》十六首以警之，使其顧名思義，如《宗正箴》曰"高作秦祟，而扶蘇被凶，宗廟荒墟，魂靈靡附"等語，是皆激勵當時在廷諸臣共扶王室，如後世狄仁傑、張柬之等反周爲唐之意，无如諸臣不悟，後儒亦无有述之者，余故表而出之。

丁卯　秋九月，東郡太守翟義起兵討莽，不克，死之。

戊辰　改元初始元年。春，地震。十一月太皇太后詔莽號令奏事毋言攝。十二月，梓潼人哀章作銅匱以獻莽。莽至高廟，拜受金匱神禪，御王冠，謁太后。還，坐未央宫，即真天子位，建有天下之號曰"新"。更號太皇太后爲新室文母太皇太后。莽使安陽侯王舜向太皇太后請璽。

公年六十歲。是時莽初登真即位，一切法令從嚴。性多疑忌，天下无有敢忤其意而逆其鱗者，況公之在蜀，揚惟一姓，五世單傳，至雄亦有一子名童烏，此公之所以不敢潔身而去者，去則必觸其忌而宗祀不保矣。夫守節以全名，孰若守身以全孝？二者之間，公籌之熟矣。且以公之仕漢，秩不過執戟一郎耳，即一死亦無補於漢。昔殷之亡也，微子去之，箕子爲之奴，比干諫而死。孔子曰："殷有三仁焉。"比干死得其所，微、箕不死，亦未始不爲仁人之目也。宋儒好苛論，每謂三代後无完人。然二帝北狩，宋臣之死於節義者幾人哉？是要得知人論世之旨，然後可以尚論古人也。

新莽始建國元年

《綱目》書新莽始建國元年者，蓋以前三年猶以居攝言也。莽在位凡十四年，改元者三，曰：建國、天鳳、地皇。後二年則漢劉玄即位稱更始年號矣。

己巳　春正月，莽廢孺子爲定安公，封以萬户，地方百里。孺子下殿北面稱臣，百僚陪位。定安第置門衛使者監領。敕阿乳母不得與語。常在四壁中，至長大不能名六畜。按金匱封拜其黨與，爲四輔、三公、四將，凡十一公。夏四月，徐鄉侯劉快起兵討莽，不克，死之。莽禁不得買賣王田及奴婢。秋，遣五威將王奇等十二人班符命四十二篇於天下。王侯官吏，外及蠻夷，皆更授新印綬。五威將乘乾文車，駕坤六馬，背負鷩鳥之毛，每一將各置五帥。將持節，帥持幢。東至夫餘，南歷益州，西至西域，北至匈奴庭。冬雷，桐華，大雨雹。

庚午　春二月，莽廢漢諸侯王爲民。立五均司市錢府官。令民各以所業爲貢。榷酒酤。冬，罷漢廟及諸劉爲吏者。更號定安太后曰黄皇室主。十二月雷。更作寶貨。禁挾五銖錢。莽將軍甄豐自殺，遂殺劉棻、甄尋等數百人。起八風臺。

公投天禄閣。莽既以符命自立，即位之後，欲絶其原以神前事，而豐子尋、歆子棻復獻之。莽誅豐父子，投棻四裔，辭所連及，便收不請。

時雄校書天禄閣上，治獄使者來，欲收雄。雄恐不能自免，乃從閣上自投下，幾死。莽聞之，曰："雄素不與事，何故在此。"間請問其故，乃劉棻嘗從雄學作奇字。雄不知情，有詔勿問。

公以病免，復召爲大夫。以病免者，爲投閣故，恐其跌仆傷，免其朝拜也。復召爲大夫者，殆是嘉其素不與此事也。如是則時人之語曰："爰清静，作符命；惟寂寞，自投閣。"其覆盆之枉可以白於後世矣。

作《劇秦美新》。考班書不載此文，故後儒疑其僞。馬元成以爲劉棻作，不知何所本。予案此文，固不必爲公諱。是時莽既稱新，誅殺任意。上書頌莽者多至四十八萬人，何在乎子雲美新一頌。觀其序首稱諸吏中散大夫，自是謝其復召爲大夫之命也。至論其詞之溢美，與《新室文母誄》同。《文母誄》載在班書。若以此爲僞，然則文母之誄亦僞耶？昔有責子雲進不能辟戟丹墀，亢辭鯁議，退不能草玄虚室，頤性全真，而反露才以耽寵，詭情以懷禄。嗟乎！此豈真知子雲者哉！夫子雲之被命爲大夫，不得已也。此時如鳥在籠，如獸在檻，欲脱身而無所，不得不曲爲之辭，以爲苟全性命之計耳。後儒固毋庸代其回護，亦毋庸代其澡雪也。嘗讀班固《典引》曰："相如《封禪》，靡而不典；揚雄《美新》，典而亡實。""亡實"二字盡之矣。

辛未　匈奴諸部分道入寇，殺守尉，略吏民。州郡兵起。瀕河郡蝗生。河決魏郡。

壬申　西南夷殺牂牁大尹周歆。貉人入邊。

癸酉　春，太皇太后王氏崩。不書新室文母者何？不絶之於漢也。焉耆殺莽都護但欽。十一月，彗星出。

作《元后誄》。孝元皇后，莽之姑母也。莽篡漢，更命太皇太后爲新室文母，年八十四崩。莽詔大夫揚雄作誄。後儒謂《元后誄》及《劇秦美新》文出於劉歆、甄豐輩，假托以取媚者，非也。案：《元后誄》明載班書。朱超之責班書多舛誤，亦非也。

甲戌　改元天鳳元年。三月晦，日食。夏四月，隕霜殺草木。六月，黄霧四塞。秋七月,大風雨雹。莽置萬國。北邊大饑,人相食。莽與匈奴和親。益州蠻夷殺其大尹。

乙亥 春,民訛言黄龍死。五原代郡兵起。邯鄲以北大雨水出,深者數丈。

丙子 春二月,地震。大司空王邑以地震乞骸骨,莽不許。大雨雪,深一丈,竹柏或枯。長平岸崩,壅涇水。秋七月晦,日食。

丁丑① 秋,鑄威斗,以五色藥石及銅爲之,長二尺五寸,若北斗狀,欲以厭勝衆兵。司命負之,出在前,入在旁。臨淮瓜田儀、琅邪吕母及荆州緑林兵起。

戊寅 莽孫宗自殺。琅邪樊崇、東海刁子都等兵起。莽法令煩苛,民摇手觸禁,不得耕桑,於是並起爲盜賊。

公年七十歲。史稱公卒於莽天鳳五年,年七十一歲。今以甲子考之,蓋公非卒於戊寅,乃己卯歲也。班史誤,《綱目》亦誤。

己卯 關東饑,旱。

公卒。是年公始七十一歲。卒葬於成都郫縣城西二十里,弟子侯芭爲起墳,喪之三年。有宅一區在錦官西郭隘巷,有著書墨池存焉。後人追思景慕,建有準易堂、解嘲庭、吐鳳軒,至明范淶又建有草玄堂、子雲亭,諸遺迹在焉。夫人不知誰氏,有子一,曰童烏。雄卒,大司空王邑、納言嚴尤聞雄死,謂桓譚曰:“子嘗稱揚雄書,豈能傳於後世乎?”譚曰:“必傳,顧君與譚不及見也。凡人賤近而貴遠,親見子雲禄位容貌不能動人,故輕其書。揚子之書文義至深,論不詭於聖人,若使遭遇時君,更閲賢智,爲所稱善,則必度越諸子矣。”

庚辰 改元地皇元年。秋七月,大風毁莽王路堂。大雨六十餘日。鉅鹿男子馬適求等謀誅莽,不克,死。

辛巳 春正月,莽妻死。太子臨謀殺莽,事覺自殺。秋,隕霜殺菽。關東大饑,蝗。莽毁漢高廟,惡其神靈也。南郡秦豐兵起。

---

① “丁”,原脱,據廣陵本補。

壬午　春，關東人相食。夏四月，樊崇兵起，自號赤眉。蝗飛蔽天。流民入關者數十萬人。秋七月，荆州平林兵起。赤眉破廉丹，誅之。漢宗室劉縯及弟秀起兵春陵，興復帝室，新市、平林兵皆附之。下江兵與莽荆州牧戰，大破之。冬十一月，有星孛於張。

漢帝玄更始元年

帝諱玄，春陵戴侯買之曾孫，在平林兵中號更始將軍。時漢兵已十餘萬，諸將議己兵多，無所統一，欲立劉氏，以從人望。二月朔，設壇於淯水上，玄即皇帝位，大赦改元。置公卿，以縯爲司徒，秀爲太常偏將軍。

癸未　春正月，漢兵攻莽守將甄阜、梁丘賜，誅之。又破嚴尤、陳茂於淯水上。三月，劉秀徇昆陽，定陵郾，皆下之。莽遣其司徒王尋、司空王邑大發兵會嚴尤、陳茂。夏五月，圍昆陽，徵諸明兵法者六十三家，以備軍吏。以長人巨無霸爲軍纍尉。又驅諸猛獸虎豹犀象之屬，以助威武。州郡各選精兵，牧守自將，定會者四十二萬人，號百萬。五月，出潁川，欲尤、茂合。漢諸將見莽兵盛，皆反走入昆陽。時城中唯有八九千人。秀使王鳳、王常守昆陽，夜與李軼等十三騎出城南門，於外收兵。時莽兵到城下者且十萬，尋、邑縱兵圍昆陽數十重，列營百數，鉦鼓之聲聞數十里。或爲地道，沖輣撞城，積弩亂發，矢下如雨。鳳等乞降，不許。尋、邑自以功在旦夕，不以軍事爲憂。秀至郾、定陵，悉發諸營兵。六月朔，秀自將步騎千餘爲前鋒，去大軍四五里而陳。尋、邑亦遣兵數千合戰。秀奔之，斬首數十級。秀復進。尋、邑兵卻。諸部共乘之，斬首數百千級。連勝，遂前。秀乃與敢死者三千人從城西水上沖其中堅。尋、邑易之，自將萬餘人獨迎，與漢兵戰，不利，陳亂。漢兵乘鋭崩之，遂殺尋。城中亦鼓噪而出。中外合勢，震呼動天地。莽兵大潰，走者相騰踐，伏尸百餘里。會大雷風，屋瓦皆飛，雨下如注，滍川盛溢。虎豹皆股戰。士卒溺死以萬數，水爲不流。邑、尤、茂輕騎逃去，盡獲其軍實輜重。關中震恐，海内豪傑翕然響應，皆殺其牧守，自稱將軍，用漢年號，以待詔命。旬月之間，遍於天下。秀徇潁川，馮異以五縣降。玄殺大司徒縯，以秀爲破虜大將軍。

秋，莽將軍王涉、國師劉秀自殺。成紀隗囂起兵應漢。公孫述起兵成都。劉望稱帝於汝南，玄遣兵擊之，殺望，誅嚴尤、陳茂。更始遣王匡攻洛陽，申屠建、李松攻武關，三輔震動。析人鄧曄於匡起兵應漢。莽憂不知所出，乃率群臣至南郊，陳具符命本末，仰天大哭。氣盡，伏而叩頭。諸生小民旦夕會哭，甚悲哀者，除以爲郎。曄開武關迎漢兵，以弘農椽王憲爲校尉，將數百人北渡渭，至瀕陽，所過迎降。松、曄引軍至華陰，而長安旁兵四會城下，爭欲先入城。衆兵發掘莽妻子父祖冢，燒其棺椁及九廟、明堂、辟雍，火照城中。九月朔，兵入。明日，城中少年燒作室門，火及掖庭。黄皇室主曰："何面目以見漢家。"自投火中而死。莽避火宣室前殿，火輒隨之。莽紺袀服，持虞帝匕首。天文郎按式於前。莽旋席隨斗柄而坐，曰："天生德於予，漢兵其如予何！"又明日，群臣扶莽之漸臺，欲阻池水。衆共圍之。下餔時，衆兵上臺，殺莽，斬首。軍人分莽身，節解臠分之，傳莽首詣宛，縣於市。百姓共提擊之，或切其舌。

年考終。

自子雲卒後於兹五載矣，所以備書莽之死及劉氏之興者，蓋以見天道之好還，善惡之感召，有纖毫不爽者，益以見子雲之神明燭照，早已預知其如此，非僅以空文擬《易》，假作欺世盜名語也。且子雲嘗作三賦以諷其君矣，又作《州箴》十二、《官箴》十六以諷其臣矣，無如成哀不悟，寵用非人，以至禍胎於寺宦，害起於椒房。彼莽賊者，直是王氏一無賴子弟耳。襲四父歷世之權，又得喪家老媪爲之宗主，故得肆其奸慝，誦六藝以文奸言，假符命以愚海内，遂至毒流諸夏，害延蠻貊。自書傳所載，考其禍敗，未有如莽賊之甚者也。當時史遷已故，班書未出。竊嘗窺子雲著書之意，蓋亦欲勒成一代信史，藏之名山。惜其志弗克就，僅成《太玄》，然已斥其爲國之賊、國之孽，大書特書，不一而足。使子雲若無此書，則莽惡不著，而被枉於莽大夫之一書，真決四海之水不能洗其冤矣。故特爲之搜抉伏隱，纂輯年考，庶讀者有以考其不死之故，而得其知人論世之一助云。

邗江逸叟陳本禮纂輯
男逢衡校

筮儀

擇地潔處爲蓍室，南户，置案于室中央。蓍凡三十有六策，韜以纁帛，貯以皂囊，納之櫝中，置于案北。櫝以竹筒、或堅木、或布漆爲之，圓徑三寸，如蓍之長，半爲底，半爲蓋，下别爲臺，函之使不偃仆。設木格于櫝南。居案二分之北，置香爐一于格南，香合一于爐南。日炷香致敬。將筮，則洒掃拂拭，滌研一注水及筆一、墨一、黄漆版一于爐東東上。筮者齊潔衣冠，北向，盥手焚香致敬。筮者北向，見《儀禮》。若使人筮，則主人焚香畢，少退，北向立。筮者進，立於牀前，少西南向，受命。主人直述所占之事，筮者許諾，主人右還，西向立，筮者右還，北向立。兩手奉櫝蓋，置于格南爐北。出蓍于櫝，去囊解韜，置于櫝東。合三十六策，兩手執之，熏于爐上。命之曰："假爾《太玄》孚貞，假爾《太玄》孚貞，爰質所疑于神于靈，休則逢陽，星時數辭從，咎則逢陰，星時數辭違。神靈之，神靈之，曜會卓越。"乃取三十有六策，虚三别一，以挂于左手之小指中。分其餘，以三搜之，并餘於艻。一艻之後，而數其餘，七爲一，八爲二，九爲三。逢有下中上。下，思也。中，福也。上，禍也。思福禍又各有下中上，以晝夜别其休咎焉。逢陽家則一三五七九爲晝，二四六八爲夜。逢陰家則一三五七九爲夜，二四六八爲晝。逢晝則吉，逢夜則凶也。筮畢，韜蓍，襲以囊，入櫝，加蓋，斂筆研墨版，再焚香致敬而退。如使人筮，則主人焚香揖筮者而退。

圖説[1]

擬卦日星節候圖此宋王薦所作

首擬卦名横看	中（中孚）	周（復）	礥（屯）	閑（屯）	少（謙）
贊配日星 一	晝一日 冬至十一月中 牛一蚯蚓結	夜	晝十日 女二	夜	晝十九日 女十一
二	夜	晝六日 牛六度	夜	晝十五日 女七	夜
三	晝二日 牛二度	夜	晝十一日 女三	夜	晝二十日 女十二
四	夜	晝七日 牛七	夜	晝十六日 小寒十二月 女八雁北鄉	夜
五	晝三日 牛三度	夜	晝十二日 女四	夜	晝二十一日 虛一 鵲始巢
六	夜	晝八日 牛八	夜	晝十七日 女九	夜
七	晝四日 牛四度	夜	晝十三日 女五	夜	晝二十二日 虛二
八	夜	晝九日 女一度	夜	晝十八日 女十	夜
九	晝五日 牛五度	夜	晝十四日 女六	夜	晝二十三日 虛三

① “圖説”，原無，據《目録》補。

戾	上	干	狩	羡	差	童
睽	升	升	臨	小過	小過	蒙
夜	晝二十八日 虛八	夜	晝三十七日 危七	夜	晝四十六日 立春正月危十六 東風解凍	夜
晝二十四日 虛四	夜	晝三十三日 危三	夜	晝四十二日 危十二	夜	晝五十一日 室四 蟄蟲始振
夜	晝二十九日 虛九	夜	晝三十八日 危八	夜	晝四十七日 危十七	夜
晝二十五日 虛五	夜	晝三十四日 危四	夜	晝四十三日 危十二	夜	晝五十二日 室五
夜	晝三十日 虛十	夜	晝三十九日 危九	夜	晝四十八日 室一	夜
晝二十六日 虛六 雉始雊	夜	晝三十五日 危五	夜	晝四十四日 危十四	夜	晝五十三日 室六
夜	晝三十一日 大寒十二月中 危一 鷄始乳	夜	晝四十日 危十	夜	晝四十九日 室一	夜
晝二十七日 虛七	夜	晝三十六日 危六 鷙戾疾	夜	晝四十五日 危十五	夜	晝五十四日 室七
夜	晝三十二日 危二	夜	晝四十一日 危十一 水澤腹堅	夜	晝五十日 室三	夜

增（益）	銳（漸）	達（泰）	交（泰）	耎（需）	傒（需）	從（隨）
晝五十五日 室八	夜	晝六十四日 壁一	夜	晝七十三日 奎一	夜	晝八十二日 奎十 倉庚鳴
夜	晝六十日 室十三	夜	晝六十九日 壁六	夜	晝七十八日 奎六	夜
晝五十六日 室九 魚上冰	夜	晝六十五日 壁二	夜	晝七十四日 奎二	夜	晝八十三日 奎十一
夜	晝六十一日 雨水正月中 室十四獺祭魚	夜	晝七十日 壁七	夜	晝七十九日 奎七	夜
晝五十七日 室十	夜	晝六十六日 壁一 鴻雁來	夜	晝七十五日 奎三	夜	晝八十四日 奎十二
夜	晝六十二日 室十五	夜	晝七十一日 壁八 草木	夜	晝八十日 奎八	夜
晝五十八日 室十一	夜	晝六十七日 壁四	夜	晝七十六日 奎四	夜	晝八十五日 奎十三
夜	晝六十三日 室十六	夜	晝七十二日 壁九	夜	晝八十一日 奎八	夜
晝五十九日 室十二	夜	晝六十八日 壁五	夜	晝七十七日 驚蟄二月 奎五桃始華	夜	晝八十六日 奎十四

進	釋	格	夷	樂	爭	務
晉	解	大壯	大壯	豫	訟	蠱
夜	晝九十一日 婁三	夜	晝一百日 婁十二	夜	晝一百九日 胃九	夜
晝八十七日 奎十五 鷹化鳩	夜	晝九十六日 婁八	夜	晝一百五日 胃五	夜	晝一百十四日 胃十四
夜	晝九十二日 春分二月中 婁四乙鳥至	夜	晝一百一日 胃一	夜	晝一百十日 胃十	夜
晝八十八日 奎十六	夜	晝九十七日 婁九 雷乃發聲	夜	晝一百六日 胃六	夜	晝一百十六日 昴一
夜	晝九十三日 婁五	夜	晝一百二日 胃二 始電	夜	晝一百十一日 胃六	夜
晝八十九日 婁一度	夜	晝九十八日 婁十	夜	晝一百七日 胃七 清明二月	夜	晝一百十六日 昴二
夜	晝九十四日 婁六	夜	晝一百三日 胃三	夜	晝一百十二日 胃十二 田鼠化鴽	夜
晝九十日 婁二	夜	晝九十九日 婁十一	夜	晝一百八日 胃八	夜	晝一百十七日 昴三 虹始見
夜	晝九十五日 婁七	夜	晝一百四日 胃四	夜	晝一百十三日 胃十三	夜

事	蠱	晝一百十八日 昴四	夜	晝一百十九日 昴五	夜	晝一百二十九日 昴六	夜	晝一百二十一日 昴七	夜	晝一百二十二日 昴八 萍始生
更	革	夜	晝一百二十三日 昴九	夜	晝一百二十四日 昴十	夜	晝一百二十五日 昴十一	夜	晝一百二十六日 畢一	夜
斷	夬	晝一百一十七日 畢二 鳴鳩拂羽	夜	晝一百二十八日 畢三	夜	晝一百二十九日 畢四	夜	晝一百二十日 畢五	夜	晝一百二十一日 畢六
毅	夬	夜	晝一百三十二日 畢七 戴勝降桑	夜	晝一百三十三日 畢八	夜	晝一百三十四日 畢九	夜	晝一百二十五日 畢十	夜
裝	旅	晝一百三十六日 畢十一	夜	晝一百三十七日 立夏四月 畢十二 螻蟈鳴	夜	晝一百二十八日 畢十三	夜	晝一百一十九日 畢十四	夜	晝一百四十日 畢十五
衆	師	夜	晝一百四十一日 畢十六	夜	晝一百四十二日 觜一 蚯蚓出	夜	晝一百四十三日 觜二	夜	晝一百四十四日 參一	夜
密	比	晝一百四十五日 參二	夜	晝一百四十六日 參三	夜	晝一百四十七日 參四 王瓜生	夜	晝一百四十八日 參五	夜	晝一百四十八日 參六

		1	2	3	4	5	6	7	8	9
親	比	夜	晝一百五十日 參七	夜	晝一百五十一 參八	夜	晝一百五十二日 參九	夜	晝一百五十二日 小滿五月 井一 苦菜秀	夜
斂	小畜	晝一百五十四日 井二	夜	晝一百五十五日 井三	夜	晝一百五十六日 井四	夜	晝一百五十七日 井五	夜	晝一百五十八日 井六 靡草死
彊	乾	夜	晝一百五十八日 井七	夜	晝一百六十日 井八	夜	晝一百六十一日 井九	夜	晝一百六十二日 井十	夜
睟	乾	晝一百六十三日 井十一 小暑至	夜	晝一百六十四日 井十二	夜	晝一百六十五日 井十三	夜	晝一百六十六日 井十四	夜	晝一百六十七日 井十五
盛	大有	夜	晝一百六十八日 井十六 堂郎生	夜	晝一百六十九日 井十七	夜	晝一百七十日 井十八	夜	晝一百七十一日 井十九	夜
居	家人	晝一百七十二日 井二十	夜	晝一百七十二日 井二十一 鵙始鳴	夜	晝一百七十四日 井二十二	夜	晝一百七十五日 井二十三	夜	晝一百七十六日 井二十四
法	井	夜	晝一百七十七日 井二十五	夜	晝一百七十八日 井二十六 反舌无聲	夜	晝一百七十九日 井二十七	夜	晝一百八十日 井二十八	夜

應 咸	迎 咸	遇 姤	竈 鼎	大 豐	廓 豐	文 渙
晝一百八十一日 井二十九	夜	晝一百九十日 柳一	夜	晝一百九十九日 柳十	夜	晝二百八日 星四 鷹學習
夜	晝一百八十六日 鬼一	夜	晝一百九十五日 柳六	夜	晝二百四日 柳十五	夜
晝一百八十二日 井三十	夜	晝一百九十一日 柳二	夜	晝二百日 柳十一	夜	晝二百九日 星五
夜	晝一百八十七日 鬼二	夜	晝一百九十六日 柳七	夜	晝二百五日 星一	夜
晝一百八十三日 夏至五月中 井三十一 鹿角解	夜	晝一百九十二日 柳三	夜	晝二百一日 柳十二	夜	晝二百十日 星六
夜	晝一百八十八日 鬼三 蜩始鳴	夜	晝一百九十七日 柳八	夜	晝二百六日 星二	夜
晝一百八十四日 井三十二	夜	晝一百九十三日 柳四	夜	晝二百二日 柳十三	夜	晝二百十一日 星七
夜	晝一百八十九日 鬼四	夜	晝一百九十八日 柳九 溫風至	夜	晝二百七日 星三	夜
晝一百八十五日 井三十三	夜	晝一百九十四日 柳五	夜	晝二百三日 柳十四 蟋蟀居壁	夜	晝二百十二日 張一

禮（履）	逃（遯）	唐（遯）	常（恒）	度（節）	永（節）	昆（同人）
夜	晝二百十七日 張六	夜	晝二百十六日 張十五	夜	晝二百十五日 翼六	夜
晝二百十三日 張二	夜	晝二百二十二日 張十一	夜	晝二百二十一日 翼二	夜	晝二百四十日 翼十一
夜	晝二百十八日 張七	夜	晝二百二十七日 張十六	夜	晝二百二十六 翼七	夜
晝二百十四日 張三 腐草化螢	夜	晝二百四十五日 張十二	夜	晝二百四十三日 翼三	夜	晝二百四十一日 翼十二
夜	晝二百十九日 張八 土潤溽暑	夜	晝二百二十八日 張十七	夜	晝二百二十七日 翼八	夜
晝二百十五日 張四	夜	晝二百二十四日 張十三 大雨時行	夜	晝二百二十三日 翼四	夜	晝二百四十二日 翼十三
夜	晝二百二十日 張九	夜	晝二百二十九日 立秋七月 張十八涼風至	夜	晝二百三十八日 翼九	夜
晝二百十六日 張五	夜	晝二百二十五日 張十四	夜	晝二百三十四日 翼五 白露降	夜	晝二百四十三日 翼十四
夜	晝二百十一日 張十	夜	晝二百二十日 翼一	夜	晝二百三十九日 翼十 寒蟬鳴	夜

減	唫	守	翕	聚	積	飾
損	否	否	巽	萃	大畜	賁
晝一百四十四日 處暑翼十五 鷹祭鳥	夜	晝一百五十三日 軫六	夜	晝一百六十二日 軫十五	夜	晝一百七十一日 角七
夜	晝一百四十九日 軫二 天地始肅	夜	晝一百五十八日 軫十一	夜	晝一百六十七日 角三	夜
晝一百四十五日 翼十六	夜	晝五十四日 軫七 禾乃登	夜	晝一百六十三日 軫十六 乙鳥歸	夜	晝一百七十二日 角八
夜	晝一百五十日 軫三	夜	晝一百五十九日 白露八月 軫十二鴻雁來	夜	晝一百六十八日 角四 群鳥養羞	夜
晝一百四十六日 翼十七	夜	晝五十五日 軫八	夜	晝一百六十四日 軫十七	夜	晝一百七十三日 角九
夜	晝一百五十一日 軫四	夜	晝一百六十日 軫十三	夜	晝一百六十九日 角五	夜
晝一百四十七日 翼十八	夜	晝一百五十六日 軫九	夜	晝一百六十五日 角一	夜	晝一百七十四日 秋分角十 雷收聲
夜	晝一百五十三日 軫五	夜	晝一百六十一日 軫十四	夜	晝一百七十日 角六	夜
晝一百四十八日 軫一	夜	晝一百五十七日 軫十	夜	晝一百六十六日 角二	夜	晝一百七十五日 角十一

疑（賁）	視（觀）	沉（歸妹）	內（歸妹）	去（无妄）	晦（明夷）	瞢（明夷）
夜	晝二百八十日 亢四	夜	晝二百八十九日 氐四	夜	晝二百八十八日 氐十三	夜
晝二百七十六日 角十二	夜	晝二百八十五日 亢九	夜	晝二百九十四日 氐九	夜	晝三百三日 房三
夜	晝二百八十一日 亢五	夜	晝二百九十日 寒露九月 氐五鴻雁來賓	夜	晝二百九十九日 氐十四	夜
晝二百七十七日 亢一	夜	晝二百八十六日 氐一	夜	晝二百九十五日 氐十雀入大水化蛤	夜	晝三百四日 房四
夜	晝二百八十二日 亢六	夜	晝二百九十一日 氐六	夜	晝三百日 氐十五 菊有黃華	夜
晝二百七十八日 亢二	夜	晝二百八十七日 氐二	夜	晝二百九十六日 氐十一	夜	晝三百五日 霜降房五 豺祭獸
夜	晝二百八十三日 亢七	夜	晝二百九十二日 氐七	夜	晝三百一日 房一	夜
晝二百七十九日 亢三	夜	晝二百八十八日 氐三	夜	晝二百九十七日 氐十二	夜	晝三百六日 心一
夜	晝二百八十四日 亢八 水始涸	夜	晝二百九十三日 氐八	夜	晝三百一日 房二	夜

窮（困）	割（剥）	止（艮）	堅（艮）	成（既濟）	闕（噬嗑）	失（大過）
晝三百七日 心二	夜	晝三百十六日 尾六	夜	晝三百二十五日 尾十五 地始凍	夜	晝三百三十四日 箕六
夜	晝三百十二日 尾二	夜	晝三百二十一日 尾十一	夜	晝三百三十日 箕二 雉入大水化蜃	夜
晝三百八日 心三	夜	晝三百十七日 尾七	夜	晝三百二十六日 尾十六	夜	晝三百三十五日 小雪 箕七 虹藏不見
夜	晝三百十三日 尾三	夜	晝三百二十二日 尾十二	夜	晝三百三十一日 箕三	夜
晝三百九日 心四	夜	晝三百十八日 尾八	夜	晝三百二十七日 尾十七	夜	晝三百三十六日 箕八
夜	晝三百十四日 尾四	夜	晝三百二十三日 尾十三	夜	晝三百三十二日 箕四	夜
晝三百十日 心五	夜	晝三百十九日 尾九	夜	晝三百二十八日 尾十八	夜	晝三百三十七日 箕九
夜	晝三百十五日 尾五 蟄蟲咸俯	夜	晝三百二十四日 尾十四	夜	晝三百三十三日 箕五	夜
晝三百十一日 尾一	夜	晝三百二十日 尾十 水始冰	夜	晝三百二十九日 箕一	夜	晝三百三十八日 箕十

劇（大過）	馴（坤）	將（未濟）	難（蹇）	勤（蹇）	養（頤）	踦	嬴
夜	晝三百四十三日、斗四	夜	晝三百五十二日、斗十三	夜	晝三百六十一日、斗二十二、荔挺出	一半日之半四分度之一	二半日 半度
晝三百三十九日、箕十一	夜	晝三百四十八日、斗九	夜	晝三百五十七日、斗十八	夜		
夜	晝三百四十四日、斗五	夜	晝三百五十三日、斗十四	夜	晝三百六十二日、斗二十三		
晝三百四十日、斗一、天氣騰地氣降	夜	晝三百四十九日、斗十	夜	晝三百五十八日、斗十九	夜		
夜	晝三百六十五日、斗六、閉塞成冬	夜	晝三百六十四日、斗十五	夜	晝三百六十三日、斗二十四		
晝三百四十一日、斗二	夜	晝三百五十日、斗十一	夜	晝三百五十九日、斗二十	夜		
夜	晝三百四十六日、斗七	夜	晝三百五十五日、斗十六	夜	晝三百六十四日、斗二十五		
晝三百四十二日、斗三	夜	晝三百五十一日、斗十二、大雪、十一月	夜	晝三百六十日、斗二十一	夜		
夜	晝三百四十七日、斗八	夜	晝三百五十六日、斗十七	夜	晝三百六十五日、斗二十六度半		

《太玄曆》曰："養九之末，天度氣餘，猶有六十分二十四秒。踦當四十分十六秒，贏當二十分八秒。"

太玄方州部家八十一首圖

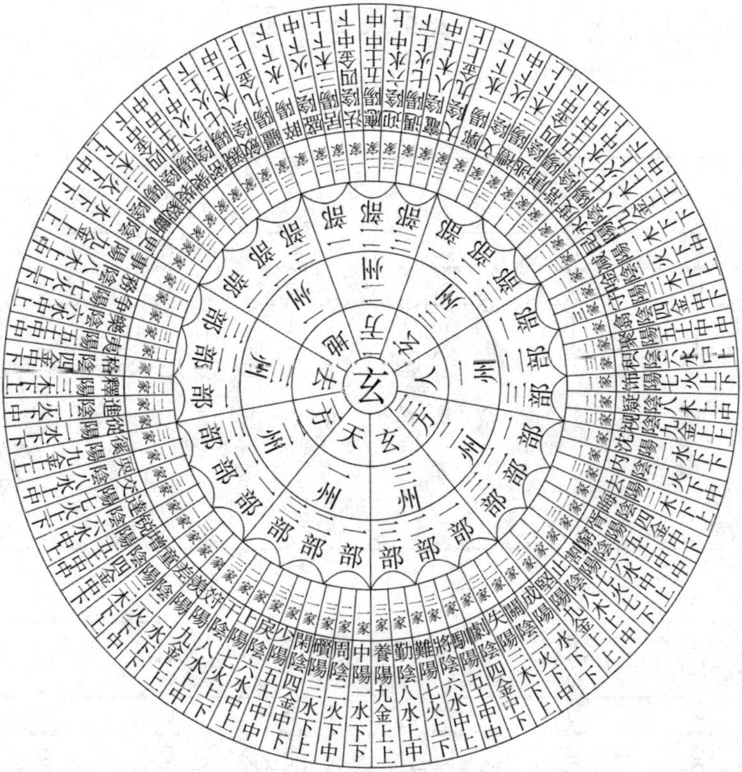

八　圖

《玄圖》曰："一玄都覆三方，方同九州，枝載庶部，分正群家。"此則自内而外生也。

天玄　中周礥　閑少戾　上干狩　羡差童　增鋭達　交耎傒　從進釋　格夷樂　爭務事

地玄 更斷毅 裝衆密 親斂彊 睟盛居 法應迎 遇竈大廓文禮 逃唐常 度永昆

人玄 減唫守 翕聚積 飾疑視 沈内去 晦瞢窮 割止堅成闕失 劇馴將 難勤養

一玄都覆三方圖

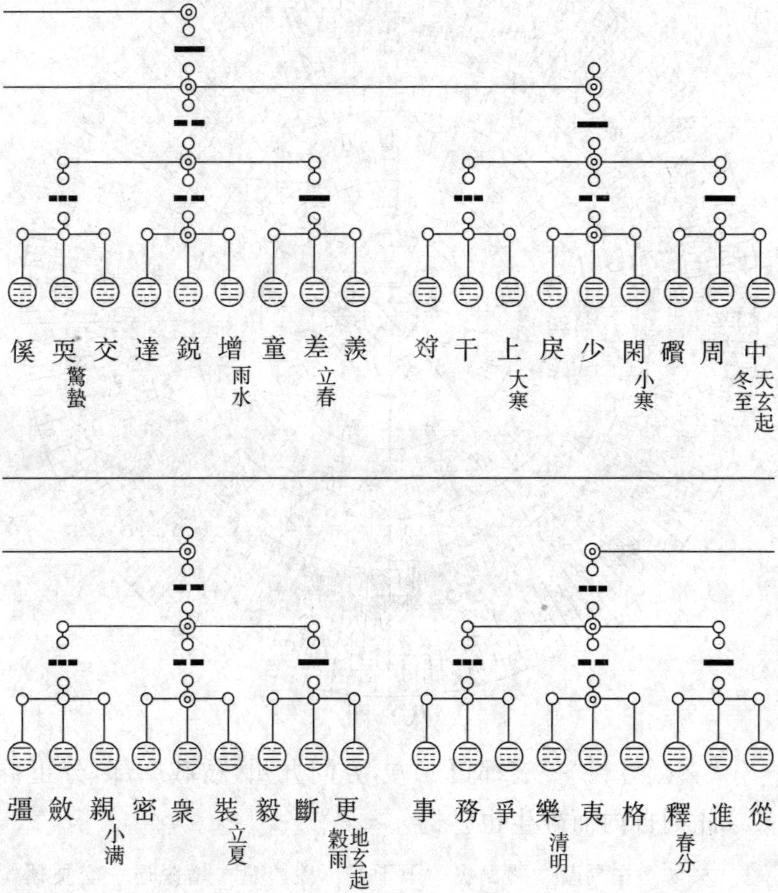

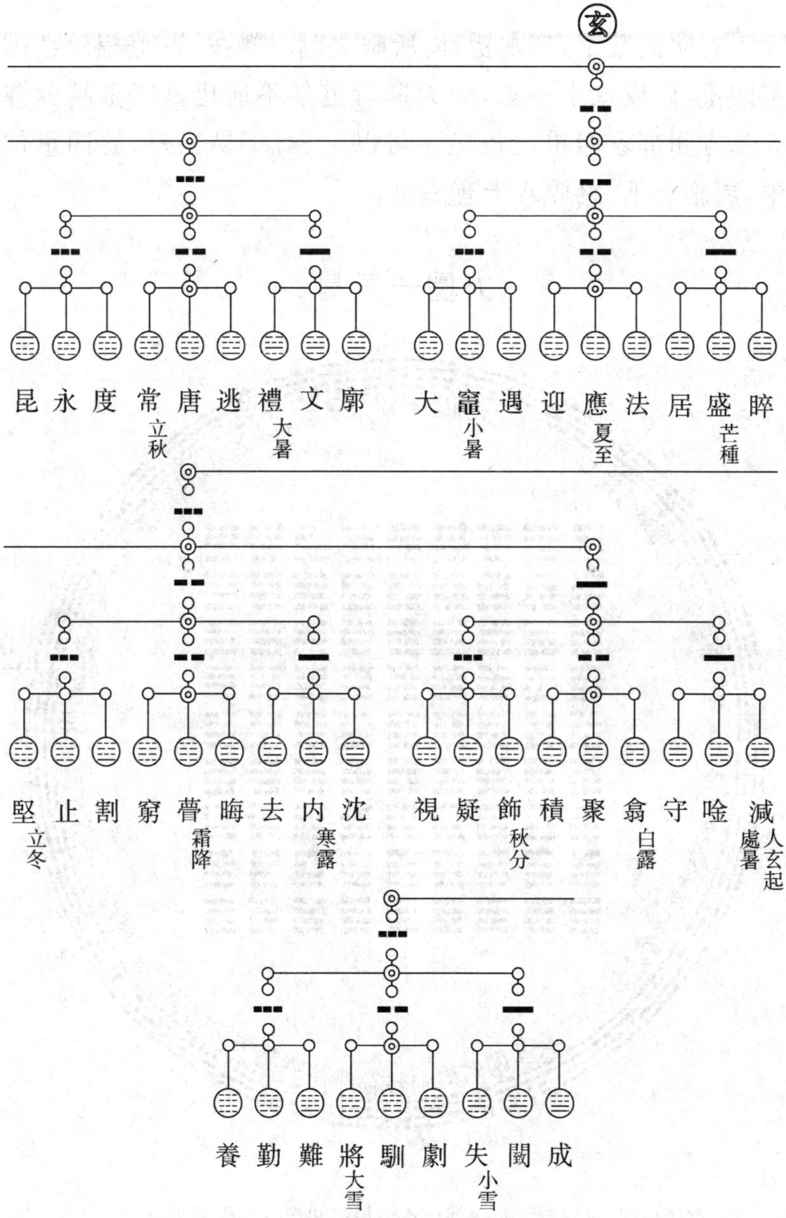
玄
睟 盛 居 法 應 迎 遇 竈 大
芒種
夏至
小暑
廓 文 禮 逃 唐 常 度 永 昆
大暑
立秋
減 唫 守 翕 聚 積 飾 疑 視
人玄起
處暑
白露
秋分
沈 内 去 晦 瞢 窮 割 止 堅
寒露
霜降
立冬
成 闞 失 劇 馴 將 難 勤 養
小雪
大雪

此自上而下生也。

右明儒葉子奇《本旨》内所載之圖。禮按:晋范望曰:“圖畫四重,以成八十一家,如天運行道無不通也。四重謂分渾天爲方州部家四重之位也。畫以三表,一易三畫,於四重位中,周施上下,終於八十有一也。

方圓一氣圖①

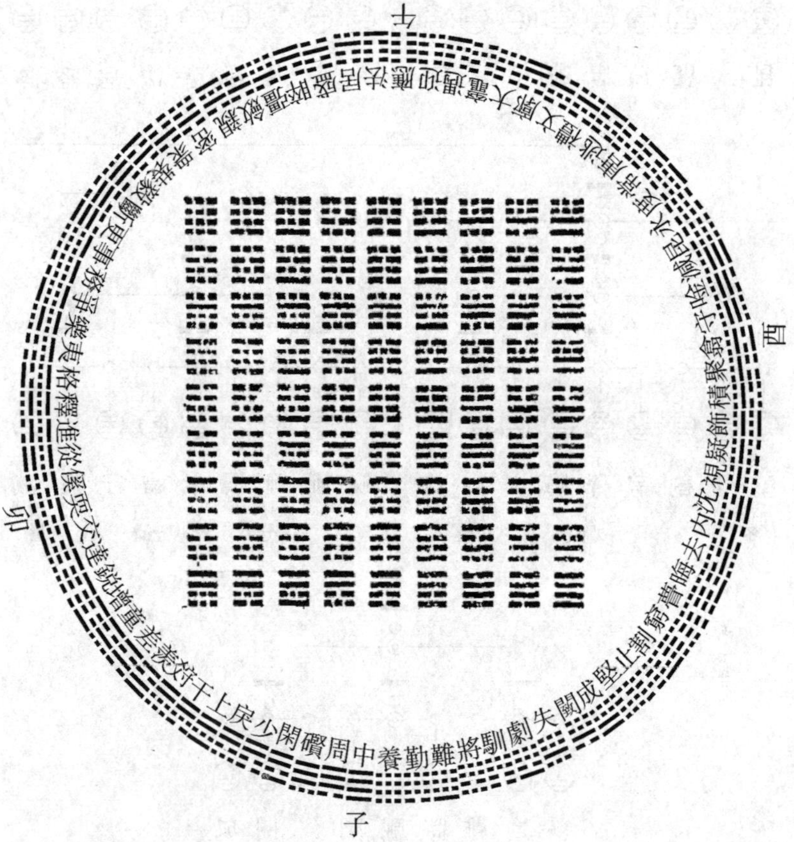

① 此篇原在《筮仪》篇前,今據底本《目録》和廣陵本移至此。

中則陽始,應則陰生。西北亥位,陽生於子而盡於亥;東南巳位,陰生於午而盡於巳。養首无對,界於陰極陽生之中,以爲吉凶動静之機,君子小人於此判焉。

禮按:宋衷、陸績古注本只有方州部家四畫,載於每首之下,而无所謂圖者。後儒因子雲《玄圖》之文有"一玄都覆三方,方同九州,枝載庶部,分正群家"之語,遂製有圓圖、横圖及日星卦氣等圖,不過排纂日星、分配卦氣而已,而於子雲隱而未發之旨,固未能探索而闡明之也。間嘗細繹中首之詞,曰"陽氣潛萌於黄宫。信无不在其中",土爲宫姓,其色黄,故言潛萌於黄宫。水色玄,玄爲天,天在地外,天玄地黄,是以爲經之首。又初一之贊詞曰:"昆侖旁薄,幽。"昆侖,天之象。旁薄,地之形。天渾淪而包乎地,地彭魄而位乎中。則是子雲草《玄》之始,已具有此圖之義於胸中,特未畫而傳之於世耳。考《易本義》首載希夷所傳《宓羲方圓圖》云:"其圓布者,乾盡午中,坤盡子中,離盡卯中,坎盡酉中。陽生於子而極於午,陰生於午而極於子。其陽在南,其陰在北。方布者,乾始於西北,坤盡於東南。其陽在北,其陰在南。"理與《太玄》恰合。因竊取其義,製爲斯圖。其圓布於外者,始於中首,終於養首。以冬至起牽牛初度,以夏至節交井宿三十一度。七宿軫轉,六甲内馴。一氣流行,終而復始。此《太玄》之所以鴻綸天元,婁而拑之於將來者乎!其方布於中者,西北亥位,亥爲十月,卦氣屬坤。午雖陰生而陽尚壯,至亥則純陰而陽氣盡矣。東南巳位爲四月,卦氣屬乾。子雖陽生而陰氣尚盛,至巳則純陽而陰氣盡矣。故西北東南爲乾坤消息之方。況以圓包方,圓爲天,方爲地,天地正位,則君臣大義以明。象數既呈,則吉凶之克應不爽。蓋陰陽造化之妙,盈虚消息之理，一毫不能以人力勉強，彼亂臣賊子豈能攘奪篡竊於其間耶！特爲補撰此圖，以發作者未泄之秘。

集説

《漢紀》：雄好賦頌，晚節以爲無益而止，乃依《易》著《太玄經》，其文五十萬，義合五經。

桓譚曰：揚雄作《玄》，以爲玄者，天也，道也，言聖賢制法作事，皆引天道以爲本統，而因附續萬類，王政人事法度，故宓犧氏謂之易，老子謂之道，孔子謂之元，而揚子謂之玄。《玄經》三篇，以紀天地人之道。立三體，有上中下，如《禹貢》之陳三品。三三而九，九而九之，故爲八十一首名，以三十五蓍揲之。所著《法言》、《太玄》，漢興以來未之有也。

張衡曰：觀《太玄》，知子雲殆盡陰陽之數也，非特傳記之屬，實與五經相擬。

葛洪曰：揚雄著《太玄》，夢吐白鳳皇集其頂上而滅。又曰：揚雄酒不離口，而《太玄》乃就。

宋維幹曰：揚子欲贊明易道，乃大覃思渾天，而作《太玄》。蓋玄生於一而極於三，天地人各有九重，三而變，故有二十七部。天取其一，地取其二，人取其三，自下相重，三位成列，各以其數成方州部家，因而革之，推而蕩之，謂之三表。由是廣其三材，統成九位，行陰陽進退之氣，窮日星經緯之機，以九州統二十七部，以二十七部統八十一家，自家至州，統之於伯，是以三材備而萬物生。乃以三材配屬於一家，以三家配屬於一部，以三部配屬於一州，以三州配屬於一方，以三方配屬於一歲，莫不推之以宿度，佐之以五行。首以準卦，贊以類爻,表以會象,玄以明易。運則通,久則極,極則變。變也者,周而復始之謂也。易象設位,自下而生。玄道位分,自北而運。運則能覆,生則能載。覆載交泰,動變在中,而吉凶休咎見矣。其用自中孚推六十四卦陰陽之度數,律曆之紀綱,九九大運之終始也。天之氣五日一移,七日一節。地之氣五日一應,七日一易。進退有度,出處有時,所以能經緯天下。其防也在乎微,其杜也在乎漸。二分二至,履霜堅冰,戒懼之至也。所謂《太玄》之作,其知幾乎?若夫天道左行,日月右迎,天象昭列,經緯時成,陰陽相交,睟魄相感,陰陽氣盛,感而下達。地氣右動,山澤相通,陰陽相交,睟魄相感,陰陽氣盛,感而上通。天地氣交,水火相薄,風雷相蕩,剛柔相摩,寒暑生焉,變化行焉,四時成焉,萬物立焉。精氣爲物,游魂爲變。變也者,各有所歸。聖人以之乎彰往察來,窮微知化,極天下之理之深,無不研其幾而探其賾,非覃思之至精,其孰能與乎此!

邵堯夫曰:揚雄作《玄》,可謂見天地之心者也。

司馬温公曰:予少時聞《玄》之名而不獲見,及長學《易》,苦其幽奥難知,以謂《玄》者,賢人之書,校於《易》,其文義必淺,故願先從事於《玄》。於是求之積年,乃得觀之。初則溟涬漫漶,略不可入。乃研精易慮,屏人事而讀之數十過,參以首尾,稍得窺其梗概,然後置書喟然嘆曰:嗚呼!揚子真大儒者耶!孔子既殁,知聖人之道者,非揚子而誰!觀其書,昭則極於人,幽則盡於神,大則包宇宙,細則入毛髮。合天地人之道以爲一,刮其根本,以示人所出,胎育萬物而爲之母。若地履之而不可窮也,若海挹之而不可竭也。天下之道,雖有善者,其蔑以易此矣。考之渾元之初而玄已生,察之於當今而玄非不行，窮之於天地之末而玄不可亡。叩之以萬物之情而不漏，測之以鬼神之狀而不違，概之以六經之言而不悖。藉使聖人復生，視《玄》必釋然而笑，以爲得己之心矣。乃知《玄》者，所以贊《易》也。何歆、固知之之淺而過之之深也。先儒爲《玄》解者多矣，然揚子爲文既多，訓詁指趣幽邃，而又其難知者也，故予疑先儒之解未能盡契揚子之志，世必有能通之者，比老終且學焉。

朱震曰：曆元始於冬至，卦氣起於中孚，其書本於夏后氏之《連山》。子雲通達陰陽之數，故《太玄》之作，發明《連山》之旨，以準《周易》爲八十一卦。凡九分共二卦，一五隔一四。細分之，則四分半當一日，準六十卦，一卦六日七分也。日月之行有離合，陰陽之數有盈虛。踦贏二贊，有其辭而無其卦，而附之於養者，以閏爲虛也。踦，火也，日也。贏，水也，月也。日月起於天元之初，歸其餘也。蓋定四時成歲者，以其閏月，再扐而後挂者，由於歸奇。六日七分必加算焉，以三百六十五日四分之不齊也。坎、離、震、兑四正之卦也，二十四爻周流四時，《玄》則準之。日右斗左，乘巡六甲，東西南北，經緯交錯，以成八十一首也。一月五卦，侯也，大夫也，卿也，公也，辟也。辟居於五，謂之君卦。四者雜卦也。故一玄象辟，三方象三公，九州象九卿，二十七部象大夫，八十一首象元士，其大要則曆數也。律在其中，體有所循，而文不虛生也。

晁公武曰：揚子雲撰《玄》，當時誚其艱深，或以爲吴楚僭王，或以爲度越老子，大抵譽之者過其實，毁之者失其真。夫《玄》雖準《易》，然自復姤而爲乾坤十有二卦，皆以陰陽之消長分居十二月，謂之辟卦，固有序矣。其餘一月而四卦之序云何耳？如中孚、頤何以爲一日之卦也？曰：公、卿、大夫、侯者，何謂也？其所謂屯正於丑，間時而左行，蒙正於寅，間時而右行者，其旨可得聞歟？又一陽一陰者，《玄》相錯之法也，然養爲陽而中不爲陰。水火木金土者，《玄》相傳之法也，然爲金而羡不爲土。其自相戾類，豈得無説哉！

高似孫曰：子雲亦有得於《易》之學而欲自神其用者，其曰"天以不見爲玄，地以不形爲玄，人以腹心爲玄"，此子雲之所以神者也。子雲之意，其疾莽而作者乎？哀平失道，莽輒亂常，子雲酌天時行運、盈縮、消長之數，推人事進退、存亡、成敗之端，存之於《玄》而成八十一首，七百二十九贊，明天人終始順逆之理，正君臣上下去就之分，順之者吉，逆之者凶，以爲違天咈人、賊臣盜國之戒，子雲之意也。

晁説之曰：予在嵩山，得温公《太玄集解》讀之，益知揚子雲初爲文王《易》而作《玄》，姑托基於高辛及《太初》二曆。此二曆之斗分強弱不可下通於今，亦無足議。温公又本諸《太初曆》而作玄曆，其用意加勤焉，然簡略難明。繼得康節先生《玄圖》，布星辰，辨氣候，分晝夜，而《易》、《玄》相參，於中爲極悉矣。復患其傳寫駢委易亂，[1]歲月斯久，莫知其躅，手欲釋而意不置，乃朝維夜思，[2]取曆於圖，[3]合而譜之。於是知子雲以首準卦，非出於其私，蓋有星候爲之機括，不得不然。古今諸儒之失則多矣，如羡準小過，而以準臨則失之。是時水澤腹堅已終於臨上六，而小過初六用事矣。或以羡準解，尤非是。夷準豫，而以準大壯則失之。是時始電，終於大壯

① "寫"，四庫本《景迂生集》卷十七作"焉"。
② "維"，四庫本《景迂生集》卷十作"讀"，卷十七作"算"。
③ "於"，四庫本《景迂生集》卷十作"與"。

上六，而豫初六用事矣。應準咸而非離，沈準觀而非兑。震、離、兑、坎是謂四正，《易》所不用，則《玄》亦不能準。《玄》既不準坎、震，而乃獨準離、兑邪？永準同人而非恒，先此涼風至，常已準恒，繼之以白露降度，乃準節，今永當寒蟬鳴，應準同人，豈可汩亂後先，乃復準恒於後邪？疑準賁而非巽，蓋鴻雁來而翕準巽，玄鳥歸而聚準萃，群鳥養羞而積準大畜，雷乃收聲而飾準賁矣。疑當蟄蟲培户，則又可汩亂後先，乃復準巽邪？或以疑準震，尤非。是此難與諸家口舌辯也。睟準乾而在地中，則無當於乾，沈準觀而在人中，則無當於觀，守再準否而無當於否，馴準坤而星窮候盡，則無當於坤，將準未濟而析木之已終，星紀之未見，則火不能降以濟水，水不能升以濟火，此《玄》又以明《易》之陰陽進退盈虚之幾者也。惟坤既無當於卦，則無當於爻，以示爲用者八十，而一則虚也。虚一即虚五也。《易》天地五十五之數，與夫大衍四十九之數，復七日之數，其所以虚而无用者，坤以藏之也。陰虚无用而運行无疆，陽則始終變化而不息，故強準乾而爲冬至之終，睟又再準乾而爲夏至之始，與馴之準坤者不同也。《易》乾坤之闢闔，以頤、中孚爲一氣，《玄》則始之於中，終以養，通而候之，則《易》之歲功建。中先乎周，以明中孚之生復，迎先乎遇，以明咸之生姤，而《易》之月紀乃正。《易》以爻直日，而夜藏其用。《玄》以贊分晝夜而用事，則《易》之日法乃全。日中、日更、日減，是謂三玄，而乃與三易相蕩。凡此若《玄》之異乎《易》者，然於《易》極深研幾之功則大矣。如養爲陽而中不爲陰，竢爲金而羡不爲土之類，又若《玄》之自相詭異者，然變化正於是乎在，學者可按譜而考焉。

趙秉文曰：《易》有人物而五行萬事在其中，《玄》則列之以三才，本之以五行，表之以陰陽，推之以律曆，而天下萬事之理具。要其歸，爲道義而作也。卦用八蓍用六，《玄》則首用九蓍用六，互彰之也。《易》在道數象義。説《易》者言道義則遺象數，言象數則遺道義。《玄》則兼之，其於聖經不爲无助。昔人譏屋下架屋，不猶愈於章句一偏之學乎？後之言術數，孰與張平子？以平子不敢輕議《太玄》，而後儒非之，恐幾率易。僕因范注誤以九首之狩陽家陽晝，至十首羨之初一又爲陽家陽晝，則晝多於夜，禍福淆亂，其説時有不通。又經云："旦筮用經，夕筮用緯。"舊注以旦用一五七，夕用三四八，日中夜中用二六九。蘇氏攻之，以爲中夕筮吉凶雜，至旦筮非大吉則大凶，是吉凶雜終不可得而遇也。揚子擬聖，不應尚誤。此殆歲久失傳。及考玄數，五爲中央。注："土行所在，經緯雜用。"旦筮有三表：一二三，一表也；四五六，一表也；七八九，一表也。表取其一以爲占，旦筮用一與七，皆取其初遇，至於四爲緯，五則經緯雜，无已則用六矣。一六七吉凶雜，與日中夜中夕筮同。況睟首一六七皆吉，而唫首一六七皆凶，亦有時而純吉純凶矣。恐旦筮當用一六七，夕筮當用三四八，日中夜中用二五九。二爲經，九爲緯，五雜用之也。筮有四，星時數辭。注：星若於一度也，時謂旦中夕也，數謂首數之奇耦，辭若九贊之辭也。時若旦筮遇陽家，其數自奇，辭目多吉，是時數辭皆吉，何以别之？予竊意星，二十八宿是也。又有四方之宿，各分配日月五星。數有干支之數，律曆之數，玄算之數，與策數雜用之，此揚子所以知漢二百載而中天，平子所以知"漢四百載，玄其興乎"之驗也。玄有《文》、《告》等十一篇，宋、陸及王氏辨之詳矣，兹不復云。獨首贊與晝夜不合，及首贊之辭與首之名義亦當如六十四卦卦義相合,而注間有不悟,輒以他義釋之,恐有未妥,理當釐正,庶幾粗明萬一耳。

張行成曰:子雲作《太玄》,用心亦勤矣。後世之士,好之者寡,排之者衆,豈非玄學深奥,通之者難,非之則易乎?自温公集注首贊,而玄之義理始焕然明白矣。邵子雖言玄數,要而未詳。行成輒拾其遺意,委曲解釋,以明律曆之原,以探用數之旨,併取晁説之《星紀譜》而是正之,命曰《翼玄》,庶幾觀者知《玄》不徒作,於《易》誠有大功,而非贅疣也。

卷　一

江都陳本禮纂述　貴池劉世珩校刊

玄首總序

馴乎玄，渾行无窮正象天。不言天而言玄者，取天玄之義也。馴，純也。馴乎玄，言玄之理即天之理也，故曰渾行无窮正象天也。陰陽坒參，坒，比也。參，三也。太極生陰陽，陽中有陰，陰中有陽，比而參之，故成三也。三三相乘爲九，乃能盡乎玄之理，而天下萬事萬物之情見矣。以一陽乘一統，萬物資形。范望曰：資，取也。陰陽相參，以成三方。一陽統一方，三統相承，以生萬物，故萬物咸取形於是也。〇司馬温公曰：一陽謂冬至也。太初上元十一月甲子朔旦冬至，无餘分。後千五百三十九歲，至甲辰朔旦冬至，无餘分。復還至甲子冬至，无餘分。凡千五百三十九歲爲一統，三統爲一元。一統朔分盡，一元六甲盡。方州部家，三位疏大也。成。温公曰：揚子名首之四重爲方州部家者，取天下之象言也，故以一玄都覆三方，方同九州，枝載庶邦，分正群家。玄者，天子之象也。方者，方伯之象也。州者，州牧之象也。部者，一邑之象也。家者，一家之象也。上以統下，寡以制衆，而綱紀定矣。三位，一二三也。以一二三錯布於方州部家，而八十一首成矣。曰陳其九九，以爲數生。陸績曰：玄數起於三，爲方州部家，轉而相乘，以成八十一首七百二十九贊之數也。贊上群綱，乃綜乎名。贊，九贊也。群綱，諸首之名也。〇温公曰：揚子以七百二十九贊漫漶難知，故以八十一首各舉其名，區別其誼，若網之在綱，有條而不紊，故曰"贊上群綱，乃綜乎名"也。八十一首，歲事咸貞。葉子奇曰：八十一家統七百二十九贊，二贊當一日，凡三百六十四日半，備一歲之日數，故歲事皆得其正也。

玄測總序

盛哉日乎！丙明離章，五色淳光。丙明離，文。淳，粹也。〇陸曰：《玄》於篇首而述日者，謂行於七百二十九贊之中，爲晝夜休咎之徵也。日含五行之精以爲光明，故稱淳。〇温公曰：晝夜循環，寒暑運行，以生殺萬物，成立歲功，皆日之所爲也。物之五色，非日不彰，故以爲序測之端。夜則測陰，晝則測陽。一日兩贊，前贊爲晝，後贊爲夜。晝夜之測，或否或臧。否，不善。臧，善也。陽推五福《洪範》五福：壽、富、康寧、攸好德、考終命。以類升，《書》曰："惠迪吉，從逆凶。"故以類升也。陰幽六極《洪範》六極：凶短折、疾、憂、貧、惡、弱。以類降。温公曰：晝爲陽，夜爲陰，陽爲出，陰爲入，陽爲顯，陰爲隱，陽爲善，陰爲惡，陽爲福，陰爲禍，故各以類應也。升降相關，大貞乃通。葉曰：九贊之位，在陽家以一、三、五、七、九爲晝，二、四、六、八爲夜，陰家以一、三、五、七、九爲夜，二、四、六、八爲晝。旦占遇陽家得晝則吉，遇陰家得夜則凶，故晝夜之測，有臧否也。臧得陽，故福以類升，否得陰，故極以類降。升中有降，降中有升，二者相關，大正之道乃通也。經則有南有北，緯則有西有東。葉曰：在天南北爲經，東西爲緯。《玄》以一、三、五、六、七爲經，旦筮用焉，二、四、八、九爲緯，夕筮用焉。日中、夜中雜用二經一緯，二、六、九也。假如旦筮用經，當九贊之一、五、七也，遇陽家則一、五、七並爲晝，是爲一從、二從、三從，始、中、終皆吉；遇陰家則一、五、七並爲夜，是謂一違、二違、三違，始、中、終皆凶。若夕筮用緯，當九贊之三、四、八也，遇陽家始休，中、終否。遇陰家反是。日中、夜中雜用二經一緯,當九贊之二、六、九也,遇陰家始、中休,終咎。遇陽家反是。巡行六甲,與斗相逢。歷以紀歲,而百穀時雍。葉曰:此言日之行乘六甲而與斗相旋,各一周天。日在牽牛初度,斗建子位,是相逢而成一歲之事,故百穀告成,而時和年豐也。

太玄經首

☰

一方一州一部一家。中。天玄起。陽家,一,水,下下。日舍牽牛,斗建子,律中黄鐘,冬至節應,卦準中孚。〇已下四十一首屬陽,故辭皆以陽爲首。

陽氣潛萌於黄宫,信无不在其中。每首各按時令,備具書法字法,可名爲《月令春秋》。

傳:此首辭也,贊之綱領也。冬至陽氣潛萌地中。黄宫,黄鐘之宫,歷元也。信者,一歲二十四氣七十二候盈虚之消息也。〇世祖生於哀帝建平元年,正公草《玄》之時,故借天元大運隱喻世祖龍潛藩邸,其間雲龍會合之奇,悉寓於八十一家七百二十九贊之内,故曰信无不在其中也。

初一　水,晝。昆同渾。侖同淪。旁薄,幽。此贊辭也。首辭總括其理,贊辭散著其事,測辭發揮旁通情也。昆侖象天无不包,旁薄猶彭魄,象地无不載,幽者狀其理之幽深玄遠。一爲太極初分之始,天一生水,金水内明,猶人心之明德,虚靈不昧,能測深及遠。天地且不能隱其情,況萬類乎!〇凡首屬陽家,則贊逢一、三、五、七、九爲晝,辭皆吉,二、四、六、八爲夜,①辭多凶。陰家反是。《測》曰:昆侖旁薄,思諸貞也。冬至陽生之始,生則動,此思之所由起也。貞,正也。思之之始,不雜人欲,故正。大忠大佞,大奸大惡,皆由於思之一念所由生也。思諸

---

① “六”,原脱,依例補。

貞,欲人謹之於微也。〇《洪範五行傳》曰:“思不睿,是謂不聖,厥咎雺,厥罰恒風,厥極凶短折。”

次二　火,夜。神戰于玄,其陳去聲。陰陽。地二生火,生即遇克,火被水克,不讓,故戰。神也者,陰陽之靈氣也。玄也者,窈冥沖漠之府也。陳者,未戰而排列其卒伍也。陰陽者,善惡分爭之象也。《易》曰:“剛柔始交而難生。”故戰於玄。〇范曰:二,火也。在中爲心,心藏神内爲玄。陰陽爭爲戰。兩敵稱陳。陽當消陰,陰陽相克,故戰。〇《坤》之上六曰:“龍戰於野,其血玄黄。”陰盛之極至與陽爭,兩敗俱傷。此則火遇水克,有兩不相讓之勢,故戰。《測》曰:神戰於玄,善惡并也。并,奪也。〇《玄文》曰:“神戰於玄,何爲也?小人之心雜,將形於外,陳陰陽以戰其吉凶者也。陽以戰乎吉,陰以戰乎凶。風以識虎,雲以知龍,賢人作而萬物同。”

次三　木,晝。龍出於中,首尾信,同申。可以爲庸。天三生木,木爲青龍,故稱龍。龍在水中,蛟龍得水則能興雲雨,膏下土。首尾申者,正出潛離隱,大有爲之時也。庸,法也。龍之潛見飛躍,能各因乎其時,故可法也。此正陽之龍,在下爲九二,在上爲九五,皆具有中德,故可法。《測》曰:龍出於中,見其造也。造,作也。有大人之德,然後能變化有爲,故《易》曰“聖人作而萬物睹”。

次四　金,夜。庳音卑。虚无因,大受性命,否。地四生金,金在水世,水泄金氣,故庳虚也。无因,无所承也。語云:“爲高必因山陵,爲下必因川澤。”高不因山陵必崩,下不因川澤必竭。四以庳虚无因之人,而欲妄希大受,必致性命否也。《測》曰:庳虚无因,不能大受也。因者。如舜受堯禪,禹受舜禪,皆非无因而得者也。今莽以一外戚无賴,遂欲妄希非分而干天位,豈可得乎!

次五　土,晝。日正於天,利以其辰作主。天五生土,五爲陽首之主。日,君象,如人主君臨天下。正於天者,天子當陽,如日臨午辰時也。五居中體正,得位當晝。有大人之德,故能“時乘六龍以御天”,爲天下萬國黎民之主也。〇哀平之世,正天下大亂之時,焉得日正於天耶?

迨後世祖中興，鄗南即位，方是利辰作主。《法言》曰："漢興二百一十載而中天，其庶矣乎？"《測》曰：日正於天，貴當位也。天統明而群陰退避也。跋扈者不敢肆其僥倖之心，陰謀者不敢逞其簒逆之志，所以然者，貴當位也。

次六　水，夜。月闕其慱，同團。不如開明於西。六爲盛極，極則虧，此戒小人之盛滿也。開明者，哉生明也。闕慱者，哉生魄也。闕則寖消而至於晦，不如開明於西之漸盈也。〇《玄》以此贊當冬至夜子之半正陽生之時，陽生則陰退，故月闕其慱。《測》曰：月闕其慱，明始退也。日中則昃，月滿則虧。明始退者，君漸昏暗，國政日非，小人之佞者、奸者日漸盈於朝也。

次七　火，晝。酋酋，火魁頤，水包貞。二爲火之廢，故戰於玄，水火相克也。七爲火之王而在禍始。酋，渠長、魁帥也。酋酋者，火性猛烈而炎上，無以濟之，勢將爲寇。頤，養也。幸值天一之水，浮天載地，又值斗正建子，子爲陽水。陽伏陰中，火育水腹，水火相交，各得其用，以成既濟之功，故曰水包貞。〇酋酋字已見其猛烈，一魁字更見其氣焰薰天。《測》曰：酋酋之包，任臣則也。則，法也。君之克濟，必資於臣。養之者，水之力，調和鼎鼐者，臣下之功勛，故曰任臣則也。《玄文》曰："酋酋之包，何爲也？仁疾乎不仁，誼疾乎不誼。"不仁不誼，指酋酋火魁而言也。又曰："君子寬裕足以長衆，和柔足以安物。"此指頤水包貞而言也。其云"天地无不容也，不容乎天地者，其惟不仁不誼乎"，此則直言刺莽，不啻大聲而疾呼之矣！

次八　木，夜。黄不黄，覆秋常。八爲地木，陰木也，雖居中得位，然陰邪性成，時值秋令，木葉宜黄而不黄，直欲炫奇表異以欺世盜名，不復顧秋常之覆也。《測》曰：黄不黄，失中德也。中，美德也。木當黄而不黄，與不黄而黄皆非常道。此刺莽也。史稱莽自謂黄帝後，郊祀黄帝以配天，黄后以配地，改正朔，易服色，配德上黄，使節旌旛皆用純黄。今日黄不黄者，蓋譏其遥遥華胄，冒認祖宗，不知有玷於倫常之序，故曰失中德也。

上九　金，書。顛靈，氣形反。九爲陽之窮，數之終也。禍由於下逢周首之火，以衰金遇壯火，火旺則金死，故魂登於天，魄歸於地，其靈顛矣。《測》曰：顛靈之反，時不克也。此殆預卜莽避兵漸臺，隨斗柄而坐之時也。

☲

一方一州一部二家。周。陰家，二，火，下中，次入。日舍婺女，卦準復。

陽氣周神而反乎始，物繼其彙。

傳：地二生火，故周屬火。周者，復之義。《易》曰："復，其見天地之心乎！"陰不極，陽不生。陽自去年冬至至今年冬至節交，始還本位，故曰周。神者，陽之靈也。陽氣之發，周而復始。萬物之繼其彙而發者，萌芽甲坼，皆陽之神爲之也，故《易》曰："神也者妙萬物而爲言者也。"

初一　水，夜。還於天心，何德之僭，否。天心，中也。僭，差也。否，不然也。初一之水還於天心，固爲合德，然家性屬火，而水克之，傷其本根之地，是爲僭也，故否。〇陰家以一、三、五、七、九爲夜，辭多凶，二、四、六、八爲晝，辭皆吉。後仿此。《測》曰：還心之否，中不恕也。史稱郅惲明於天文，知漢必再受命，因上書説莽曰："上天垂戒，欲悟陛下，令就臣位，取之於天，還之於天，可謂知命矣。"莽大怒，繫惲獄，此即還心之否，所謂不恕也。

次二　火，晝。植中樞，周无隅。范曰：二，火也。正午爲中樞，立則運。二極相當，爲天樞紐，運周晝夜，故言无隅。隅，方也。晝夜周運不絶，无方隅之可指也。《測》曰：植中樞，立督慮也。范曰：督，正。慮，度也。運以正度也。

次三　木，夜。出我入我，吉凶之魁。我，三自謂也。三爲木而在火家，當日之夜。火由木生，木還火滅。禍由己生，孽由自作，故曰"出我入我，吉凶之魁"。《測》曰：出我入我，不可不懼也。《陰符經》曰："火生於木，禍發必克；奸生於國，禍發必滅。"此之謂也。

次四 金,晝。帶其鉤鞶,鍾音垂。以玉鐶。温公曰:鉤所以綴帶,鍾以繩繫之也。玉象君子之德,鐶以象周旋无闕也。君子德義可尊,作事可法,容止可觀,進退可度,以臨其民,故曰:"帶其鉤鞶,鍾以玉鐶。"言以禮自約束,周旋无闕也。帶與鐶皆寓周之義。《測》曰:帶以鉤鞶,自約束也。

次五 土,夜。土中其廬,設于金輿,厥戒渝。渝,變也。五值火世,有火以生之,故能中其廬以居。土生金,故能有金輿以御。廬非不安,輿非不美,然小人无德以堪之,況火性不長,土金易盡,小人在上位福崇則驕久樂必淫,故戒厥渝也。《測》曰:廬金戒渝,小人不克也。

次六 水,晝。信周其誠,上通于天。六爲陰首之主,在地爲臣,在天爲斗,每逢建子,上與日合,一歲一周,不紊其度,不爽其期,所謂信周其誠也。子爲陽,水六爲陰水,二水會合,同營天心,故曰上通於天也。日星配合,運行无窮,所以爲周之義也。《測》曰:信周其誠,上通也。

次七 火,夜。豐淫,見其朋,還于蒙,不克從。豐,大。淫,溢也。七以陰邪而在禍始,是質本昏暗不明,藉家性之火以豐淫自侈,不自知其妄也。朋謂二,乃其良朋。不能改過自新,從良朋之所爲,故依然還於蒙昧也。《測》曰:豐淫見朋,不能從也。

次八 木,晝。還遇躬外,其禍不大。八以敗木而值火世,是身之被焚久矣。今還而遇火,火雖烈,固在身外,不害厥躬,故其禍不大也。《測》曰:還遇躬外,禍不中也。

上九 金,夜。還於喪,或棄之行。九盡數窮。還於喪者,中之上九下遇周火故被刑克,周之上九既值火世,又下遇礩木,木能生火,金亦受克,是還而仍遇喪也。或棄之行者,君子處禍亂之世,遭重喪之厄,道既不行,惟有棄之他往,或可免焚克之害也。《測》曰:還於喪,其道窮也。

𝌈

一方一州一部三家。礥。音賢。陽家,三,木,下上,卦準屯。

陽氣微動,動而礥礥,物生之難也。

傳:天三生木,是時陽氣雖回,陰寒正厲,木之抱根負陽而生者,動即遇礥,礥者,艱險也。以微微之力,欲拔難濟世,救人於險,其可得乎?夫物生之難也,固天道使然,要亦時逢百六,厄丁陽九。君子蒿目時艱,亦惟守時待運,聽天由命而已矣。

初一 水,晝。黄純于潛,不見其畛,藏鬱于泉。温公曰:家性爲礥,一爲思始,有拔難之心者也。然陽猶藏鬱於泉,雖欲化育萬物,而人尚莫能見其畛域也,猶君子有拔難之心,利澤將施於天下,而人未知之也。〇世祖生於哀帝建平元年,至莽居攝稱尊,年始十一歲,故曰藏鬱於泉。《測》曰:黄純于潛,化在嘖也。嘖者,密議也。當艱險之世,機事不便明言,於嘖室中密議之。考世祖生於白水鄉,故曰藏鬱於泉。《天文讖記》曰:"星孛掃宫室,劉氏當復興。"宛人李守善星歷,嘗謂其子通曰:"劉氏復起,李氏爲輔。"會秀賣穀於宛,遂與嘖室定議,恢復漢室,故曰化在嘖也。

次二 火,夜。黄不純,屈于根。黄不純,臣逆節也。二屬火,在木世,以臣克君,是本根先屈,枝葉何由得伸乎?《測》曰:黄不純,失中適也。適,同嫡。莽非劉氏嫡嗣而妄據天位,故曰失中適也。

次三 木,晝。赤子扶扶,元貞有終。赤子,稚木也。扶扶,望有力者掖之也。是時天下荒亂,民皆思漢。三以木扶木,必具有元貞之德,方可以拯天下之難,而定其亂也。《測》曰:赤子扶扶,父母瞻也。瞻,望也。父母孔邇之思也。

次四 金,夜。拔我不德,以力不克。我,木自謂也。四以金之堅剛,固可以拔我於難世矣,然拔我之人即屬克我之人,故曰不德。人既不德,焉能用力拔我也!《測》曰:拔我不德,力不堪也。時安衆侯劉崇及東郡太守翟義起兵討莽,皆不克,死之,故曰力不堪也。

次五　土，晝。拔車山淵，宜于大人。王曰：山、淵皆道之險者。五得位當晝，體正居中，有大人之德，故能拔車出險，爲萬物所利見，故宜於大人也。《測》曰：拔車山淵，大位力也。

次六　水，夜。將其車，入於丘虛。同墟。此時車雖拔矣，然御之不以其道，又迷而誤入於丘虛荆棘之地，益見屯難之時无往而非險逆之境也。《測》曰：將車入虛，道不得也。

次七　火，晝。出險登丘，或牽去聲。之牛。火生土，故爲丘。出險指六，謂纔出水險，又遇高丘。高丘小險，故不憂乎不濟，況或助之牛以牽車乎！如君子既能濟險，復有賢才助之也。《測》曰：出險登丘，莫之代也。代，替代也。莫之代，益見其登丘之難，无有有力者之代挽其牛也。

次八　木，夜。車不拔，骭音幹。軸折。王曰：骭，人脛也。无德而將車出難，禍又至矣，如以人代牛引車，不拔而骭軸俱折矣。《測》曰：車不拔，躬自賊也。

上九　金，晝。崇崇高山，下有川波。其人有輯同楫。航，可與過。平聲。過下舊有其字，與韻不協，衍文也。上九爲礥之極，曰崇崇則山非一重，下有川波，則險而更險矣。金性堅剛，力能濟險，而又有濟險之具，可以一航而過矣。《測》曰：高山大川，不輯航不克也。

𝌉

一方一州二部一家。閑。陰家，四，金，中下。日次玄枵，斗建丑，律中大吕，小寒節應，卦準屯。

陽氣閑于陰，礥然物咸見閑。

傳：地四生金，金在卦屬乾，爲寒爲冰。此時寒冰正堅，微陽爲堅冰所閑，伏不得出，猶君爲强臣所制，政令不行。再稱礥然者，見纔經險世，又遇難時，君如此，物亦如此，故重有感也。

初一　水，夜。蛇伏于泥，无雄有雌，終莫受施。雄陽受制，雌陰肆毒，故變龍稱蛇，是雌者變而爲雄，雄者反變而爲雌矣，故曰无雄有雌。終莫受施者，龍之膏澤不能下逮於民，故天下臣民亦无由仰承漢德也。〇龍無角曰蛇，此時龍伏在淵，爪角未生，形未大變，故以蛇喻。時孝哀欲禪位於董賢，此莽之所以起不臣之心也。歸咎於君，見亂之所由生也。《鴻範五行傳》曰："王之不極，是謂不建，厥咎瞀，厥罰恒陰，厥極弱。時則有龍蛇之孽。時則有下人伐上之痾。"《測》曰：蛇伏于泥，君不君也。莽之不臣，實由於君之不君，此特筆也。《法言》曰："龍蟠於泥，蚖其肆矣。"李白《遠别離》曰："君失臣兮龍爲魚，權歸臣兮鼠變虎。"殆若是矣。

次二　火，晝。閑其藏，去聲。固珍寶。珍寶，重器也。二爲平人在險難之世，而家藏珍寶，宜謹守管籥，自固其藏，毋爲大盜所奪，此爲善藏者也。《測》曰：閑其藏，中心淵也。淵，深也。中心有主，人不能窺我固藏之所也，故曰淵。

次三　木，夜。關无鍵，舍同捨。金管。温公曰：鍵，鎖牡也。管所以出鍵者也。關无鍵，則舍金管而不用矣。三當日之夜，不能防閑，失其重權，故盜入門也。《測》曰：關无鍵，盜入門也。

次四　金，晝。拔我輗軏，小得利，小征。輗，轅端横木。軏，轅端持衡者。拔，推而進之於前也。車必待輗軏而後行，猶事必待信而後舉也。我，萬民自謂也。四爲近君之大人，佐君牧養萬民，非義不行，非信不立，固猶可小得而利小征也。《測》曰：拔我輗軏，貴以信也。

次五　土，夜。礥而閑而，拔我奸而，非石如石，厲。葉曰：五屬土。石，土中之堅凝者。五居君位而值夜。陰本无堅剛之才，欲效堅剛之用，拔除奸邪，豈有濟乎？非石如石者，大奸之根本已深，盤踞甚固，拔之而土先受伐，故厲也。《測》曰：礥閑如石，其敵堅也。

次六　水，晝。閑黄垁，音雉。席金笫。葉曰：垁，五堵城也。笫，牀簀也。閑以黄垁，則其防家也周矣；席以金笫，則其衛體也美矣。

六當福隆在晝之陽，故能以德自固，而外患无從而入矣。《測》曰：閑黄垁，以德固也。

次七　火，夜。跙跙，音疽。閑於籧篨，或寢之廬。跙跙，行不正也。籧篨，喻惡疾不能俯仰之人。七以陽居陰，所行不正，顧乃閑於外而疏於内，惡人已入其室而寢其廬，尚不知也。其昏庸如此，何能清奸黨而防邪惡之人哉！《測》曰：跙跙之閑，惡在舍也。葉曰：自古不明之君，未有不以小人爲君子者，升之朝廷，任之以政，及禍變並至，雖欲悔之，已无及矣。

次八　木，晝。赤臭播關，大君不閑，克國乘家。赤臭，惡人。播布，散也。關所以禦寇盜而防中外也。八以敗木而逢金世，又上近九金，中外受克，大君若不謹守關門，賊氛一入，終有克國乘家之患。乘者，襲而取之也。《測》曰：赤臭播關，恐入室也。赤臭，狀莽之逆迹已著。播關，則惡聲已載於道路矣。而大君猶不戒慎恐懼，嚴行閑首，則賊將闖關而入室也。"克國乘家"四字，猶祖伊奔告之恐，无如哀平不悟，此大盜之所以終移漢祚也。

上九　金，夜。閑門，以終虚。上九處閑之極，失閑之宜。關必堅其樓櫓，實以軍旅，貯以炮石，如是則賊始不敢妄窺關門，乘虚竊發。今關門既虚，内无守禦之策，民盡逃亡，士鮮攖城之志，即使暫收散卒，而十不敵一，故曰終不可實也。《測》曰：閑門以虚，終不可實也。

☲

一方一州二部二家。少。陽家，五，土，中中，卦準謙。

陽氣淡然施於淵，物㵪歉通。又同謙。然能自韱。同纖。

傳：天五爲土，五行惟土最厚。此時陽氣微弱，力難敷土，況歷經礥閑之世，府藏既空，資生无所，故歉然自少，漠然薄施於淵而已耳。萬物見陽之淡薄如此，亦各卑小以㵪然自斂也。

初一　水，晝。冥自少，眇于謙。一以水在土家，水爲土克，是本來自少，内自謙而人不知，故曰冥。眇，微也。謙而又謙，入於微眇，不欲以謙自見也。《測》曰：冥自少，不見謙也。

次二 火，夜。自少不至，懷其恤。恤，憂也。二逢夜陰，陰火不能生土，以瞻其子，是於顧復之恩猶未至也。"无父何怙？无母何恃？"寧不令爲子者出入抱銜恤靡至之憂乎？《測》曰：自少不至，謙不成也。不成其爲謙也。

次三 木，晝。動韱其，得人主之式。韱，小也。三能得土之力，萌蘖雖小，其漸而必至於大也，猶人主能卑以自牧，德日進而業日修，自然光輝前烈，而日進乎大，故可以爲人主之式法也。《測》曰：韱其得其，謙貞也。謙以得民，是其正也。

次四 金，夜。貧貧，或妄之振。四爲下禄而在少家，故貧。貧能自守其貧則正。乃欲妄干人之振己，其志鄙矣。《測》曰：貧貧妄振，不能守正也。史稱子雲家无儋石之儲，晏如也。讀《逐貧賦》可以知先生之所守正矣。

次五 土，晝。地自沖，下于川。范曰：五爲土，故稱地。沖，虚也。家性爲少，土而虚少，故受百川也。《易》曰："君子以虚受人。"《測》曰：地自沖，人之所聖也。

次六 水，夜。少持滿，今盛後傾。王曰：當自少之時，居極盛之位，位既當夜，德又失謙，謙虚之時反欲持滿，今雖盛大，後必傾危。《測》曰：少持滿，何足盛也。滿則溢，溢則潰，不能持久也。

次七 火，晝。貧自究，利用見富。究，推究也。七爲消，故貧。富謂八。八爲木，七爲火，火貧故利木富。火非木不生，母壯則子盛，母富則子不貧，故利用見富也。《測》曰：貧自究，富之聘也。自究者，其人謀不臧歟？四體不勤歟？抑我之不德天厄我以困窮歟？撫躬自問，有則改之，无則加勉，則富將自至，故曰富之聘也。

次八 木，夜。貧不貧，人莫之振。温公曰：八爲耗當夜，小人貧而強爲不貧者，如是則人誰振之？亦衆所賤惡也。《測》曰：貧不貧，何足敬也。八爲木之廢。秋木葉落歸林，其實内本貧而外充富，方且誇耀於人，故不足敬也。

上九 金，晝。密雨溟音脈。沐，潤于枯瀆，三日射音亦。谷。溟沐，猶霢沐，小雨也。射，厭也，足也。〇温公曰：小雨至微，枯瀆至燥，積潤不已，乃至射谷。九處少之極，當日之晝，如君子積謙不已，以至功名光大，非燥動而得之也。《測》曰：密雨射谷，謙之静也。静以俟天。

𝌋

一方一州二部三家。戾。陰家，六，水，中上，卦準睽。

陽氣孚微，物各乖離而觸其類。

傳：此天一陽水化而爲陰水也。陰水性本虚邪，况值戾世，而萬物之射地而出者，各秉陰水乖戾之氣，互相恃强爭鬥，此時陽氣孚微不能制陰，故各乖離而觸其類也。

初一 水，夜。虚既邪，心有傾。一在戾世，水力不實，故虚。水性无定，故邪。水流就下，故心傾也。《測》曰：虚邪心傾，懷不正也。其危在心不能正也。

次二 火，晝。正其腹，引其背，酋貞。酋，就也。貞，正也。腹以喻内，背以喻外。君臣各正其道，故不致乖離而觸其類矣。《測》曰：正其腹，中心定也。

次三 木，夜。戾其腹，正其背。温公曰：小人心不正而求物之正，身不修而責人之修，舍内求外，棄本逐末，是以中外乖爭而陷於敗亂也。《測》曰：戾腹正背，中外爭也。

次四 金，晝。夫妻反道，維家之保。男外女内，男剛女柔，是爲保家之道。四爲陰金，金性堅剛，是女任男事。家行屬水，水性懦弱，是男代女事。皆非正道，幸逢福始當晝，故能夫婦各反正道，則其家有不保者乎？《測》曰：夫妻反道，各有守也。

次五　土，夜。東南射音石。兕，西北其矢。巽爲東南，乾爲西北。《巽》之六四曰“田獲三品”，故射兕於東南也。今西北其矢，悖其道矣，悔亡之象也。《測》曰：東南射兕，不得其首音受。也。首，向也。○温公曰：五以小人而居盛位，舉措大繆，不能服猛者也。

次六　水，晝。準繩規矩，不同其施。準繩所以爲平直，規矩所以爲方圓。六爲水，水之灌注川澤陂池，无方无定，故其施不同。家之不齊，由於準繩不直、規矩不平，若欲直之平之，須如水之不同其施也。《測》曰：準繩規矩，乖其道也。乖其道謂不同其施。時當戾世，世道人心无不乖異，故君子齊家治國，迹雖不同，然於經權常變之道，不能不易地而施也。

次七　火，夜。女不女，其心予，去聲。覆夫諝。音醑，謀也。七逢夜陰而在乖戾之家，故不女也。予，與也。言人有所欲，心无不肯也。八木乃其夫，今乃背夫而與他人私謀，不正之甚，故曰大可醜也。《測》曰：女不女，大可醜也。此豈責當時淫女之詞？蓋刺漢廷懷二心者，外若貞操守不字之節，而暗實私通於莽，如劉歆、甄豐輩，故曰大可醜也。

次八　木，晝。殺生相去聲。矢，中和其道。生，兕也。相矢者，相其所向之方，不至東南射而矢西北，則其道左矣。況殺惡獸，誅叛逆，固不在乎猛烈，恐反受其噬。莫若中其度，和其弦，驅而納諸罟擭窞阱之中，令其自死而无怨也。《測》曰：殺生相矢，中爲界也。中乃中地也。

上九　金，夜。倉靈之雌，不同宿而離失，則歲之功乖。倉靈，木精，歲星也。雌者金精，太白也。宿，次舍也。五星在天，連綴相貫，倘或乖離失次，則歲功不登。九處戾之極而當夜，爲禍之窮，故不同宿而離失，歲功乖也。○臣民離失，上下心乖，則國何以爲國乎？此爲漢哀帝發也。《測》曰：倉靈之雌，失則敗也。《漢書・天文志》：歲與太白合爲水。太白在南，歲在北，則年穀大熟。太白在北，歲在南，則年穀或有或无。

𝌌

一方一州三部一家。上。上聲。陽家，七，火，上下。日舍危，大寒節應，卦準升。

陽氣育物於下，咸射音石。地而登乎上。

傳：此地二陰火化而爲陽火也。火性炎上，故萬物之在土中者，藉陽火之力咸努芽向上。如射地者然。登，升也。

初一　水，晝。上其純心，挫厥𨫼𨫼。音讒。鋭，進也。○范曰：家爲上而在火世，火性炎上，故曰𨫼𨫼。以水克火，故如挫也。水性專一，故心純也。《測》曰：上其純心，和以悦也。君子能以純一之心孕育萬物，挫其鋭進躁急之志，日就月將，自然高大，故和以悦也。

次二　火，夜。上无根，思登於天，谷在於淵。葉曰：二逢夜居陰，不得陽氣，是火无根也。谷在下，淵尤在下，物必本立而後盛大，方能聳壑昂霄。今无其本而欲上登於天，吾恐其欲上而愈下，欲高而反卑也。《測》曰：上无根，不能自治也。

次三　木，晝。出于幽谷，登于茂木，思其珍穀。温公曰：珍穀，喻美道也。君子棄惡就善，舍邪趣正，如鳥出幽谷而登茂木也。三爲思上，故曰思其珍穀。《詩》云："出自幽谷，遷於喬木。"鳥尚知遷而思珍穀，況於人乎！《測》曰：出谷登木，知向方也。

次四　金，晝。即上不貞，无根繁榮，孚虛名。温公曰：即，就也。榮，木華也。四爲福始而當夜，故不正也。夫以不正而得禄，猶木无根而有榮，雖繁多，不能得實也，信惟虛名而已。《語》云："不義而富且貴，於我如浮雲。"《測》曰：即上不貞，妄升也。

次五　土，晝。鳴鶴升自深澤，階天不㤰。同怍。鶴，澤鳥。階，級也。階天，猶登天之有梯也。《詩》曰："鶴鳴於九皋，聲聞於天。"五位得中當陽，有其德，有其位，雖升階登天，又何怍乎！《測》曰：鳴鶴不㤰，有諸中也。

次六　水，夜。升于堂，顛衣到同倒。裳，廷人不慶。堂爲衣冠之地，廷人具瞻之所。六過中而當夜，以小人而居君子之位，故儀容不整，衣裳顛到，失大衆之望矣。《測》曰：升堂顛到，失大衆也。

次七　火，晝。升于顛臺，或柱之材。温公曰：七爲敗損而在上體，是升於顛敗之臺也。然當日之晝，雖在衰危而得長輔，如將顛之臺，柱以良材，則高而不危也。《測》曰：升臺得柱，輔拂同弼。堅也。

次八　木，夜。升于高危，或斧之梯。王曰：八居遷滿之地，位且當夜，而務進不已，如升高履危而或斧去其梯，欲求復下，不可得矣。《測》曰：升高斧梯，失士民也。温公曰：八爲禍中而當夜，小人驕亢於上，不恤士民，如升高斧梯，危莫之救。夫士民者，國之梯也，梯斧而國危矣。

上九　金，晝。栖于菑，同椔。初亡後得基。椔，槁木也。九爲禍極而在火世，金遇火克，故初亡也。後得基者，謂得日之晝，槁木逢陽，枝葉復生，如獲賢人之助，不但救亡，並可立邦家再造之基也。《測》曰：栖菑得基，後得人也。

𝌍

一方一州三部二家。干。陰家，八，木，上中，卦準升。

陽氣扶物而鑚乎堅，鉿古洽切。然有穿。

傳：此天三陽木化而爲陰木也。干者，冒犯也。鉿，透堅聲也。是時陰氣猶堅凝乎上，陽氣漸壯有力，故能扶物而鑚之。鉿然有穿者，陰木力壯，更得陽扶，突然冒土而出，故鉿然有穿也。

初一　水，夜。丸鑚鑚于内隟，厲。温公曰：丸者，流轉无所不入也。佞邪之人，研求人心，得其間隙，從而説之，若信納其非，則无所不入矣，此國家所以危也。○史稱平帝嗣位，太后臨朝稱制，莽以外戚媚事太后者萬端，賂遺左右，動以千萬數。又諷單于，令遣王昭君女入侍，以悦太后，此所謂丸鑚鑚于内隟也。《測》曰：丸鑚于内，轉丸非也。

鑽於外,人或可以共見,鑽於内,於人所不知之地,則苟且无恥,无所不至矣,故曰非也。

次二 火,晝。以微干正,維用軌命。微者,奄尹小臣也。軌命,法言也。以奄尹小臣而欲犯顔直諫,君必不納。軌用法言,如循車之轍迹,利而順導之也。《測》曰:以微干正,大諫微也。大諫不能入,故必待小臣以微詞動之也。

次三 木,夜。莥同箝。鍵挈挈,匪貞。温公曰:莥者,緘束使不得移,鍵者,固結使不得離,皆縱横之術,説人求合者也。挈挈,急急也。言小人以術急急求合,非正道也。《測》曰:莥鍵挈挈,干禄回也。回,邪也。

次四 金,晝。干言入骨,時貞。温公曰:干言,直言犯上之言。入骨,喻深切。時貞者,時然後言之義。夫切直之言,不當其時,无益於人,徒自取怨咎而已,故君子貴於時貞也。《測》曰:干骨之時,直其道也。直其我所當進之道。

次五 土,夜。蚩蚩于于丘飴,或錫之坏。温公曰:蚩蚩,愚貌。丘以喻高大。飴,錫也,以喻甘美。坏,未燒土塊,以喻惡物。五以小人而居盛位,不度其德而嗜利如飴,欲積如丘陵之多,无厭之求,故人皆賤惡而以土塊與之也。《測》曰:蚩蚩之干,錫不好也。錫不好者,明知其愚而愚之也。

次六 水,晝。幹干于天,貞馴。木得水養,故枝幹長大,上干於天也。《洪範》:"木曰曲直。"曲直者,其貞也。馴,順也,順其曲直之性而敷榮布葉,故得其正也。《測》曰:幹干之貞,順可保也。順則枝葉扶疏,无撓折之患,故可久長也。

次七 火,夜。何上聲。戟解音蟹。解,遘。葉曰:戟,有枝兵也。解解,戟多貌。遘,遇也。七在禍亂之初,故其何戟解解然之多而相遇也。《測》曰:何戟解解,不容道也。温公曰:小人之性多所干犯,如何戟而行,遇物絓羅,不容於道也。

次八　木，晝。赤舌燒城，吐水于瓶。赤舌燒城，猶衆口鑠金之意。小人架辭誣害君子，其舌赤若火，勢欲燒城。燒城者，假象也。君子信理不受其詐。吐水於瓶，亦假象也。彼以假火燒城，此亦以假水厭勝之也。○陳明卿曰：句有紫金光聚。《測》曰：赤舌吐水，君子以解祟也。祟，怪異也。赤舌之辭，无端造謊，誣衊正人，此所謂祟也。君子惟以不解解之，則祟者自滅矣。

上九　金，夜。干于浮雲，上墜于天。九爲禍極而當夜，小人之心貪求不厭。干于浮雲者，求不義之富貴也。夫躡虛空而求不義之富貴，必有傾跌之患，故上墮於天也。《測》曰：干于浮雲，乃從天墜也。俗語云："爬得高，跌得重。"此之謂也。

𝌎

一方一州三部三家。𡕗同疏。陽家，九，金，上上，卦準臨。

陽氣強内而弱外，物咸扶𡕗而進乎大。𡕗王本作狩，小宋本作[illegible]，陳本作[illegible]。子雲用古字，字書多不收。

傳：此地四陰金化而爲陽金也。金得陽力，故内強。耎不敵陰，故外弱。扶疏，布散之貌。此時物甫鑽堅，陽猶弱外，曰"咸扶𡕗而進乎大"者，是狀其初出土時形象。

初一　水，晝。自我匍匐，好去聲。是冥德。匍匐，孩提不能站立伏地而行之貌。我，陽自謂也。冥德，陰德。人所不知，己獨知之，故曰冥也。一在金世，水生之初，即好行此冥冥陰德也。陰德者，膏澤下於民也。《測》曰：匍匐冥德，若无行也。人不見其德，故若无行也。

次二　火，夜。熒𡕗狩。狧音括。狧，不利有攸往。熒爲火光。熒𡕗者，火而夜獵也。狧狧，群犬爭食而吠也。不利有攸往者，《方言》曰："犬有不吠而嚙人者，名曰泠狧，往恐被嚙也。"○按：𡕗字一作扶疏義解，如首辭是也；一作狩獵義解，如此辭是也。按《爾雅》：冬獵爲狩，又火獵爲狩。蓋𡕗字體與狩相似，或古字可通。存考。《測》曰：熒𡕗狩。狧狧，多欲往也。冬狩夜獵，人多欲往，貪利縱欲，而不虞其犬之能嚙人也。

次三　木，晝。卉炎于𤝞狩。宜于丘陵。卉，短草也。炎，野燒也，獵火也。宜于丘陵者，以短草之光而能照耀郊原者，其所處高也。《測》曰：卉炎丘陵，短臨長也。

次四　金，夜。𤝞狩。于酒食，肥无譽。四在福初而當夜，小人昏暗不明，但知漁獵酒食，充肥而已，而於致君澤民之道无聞焉。體雖肥，何足譽耶！《測》曰：𤝞狩。于酒食，仕无方也。方，法也。

次五　土，晝。𤝞狩。有足，托堅轂。同轂。五居中而當晝，爲狩獵之主。有足者，車堅馬良，宜其得禽之多也。《測》曰：𤝞狩。有足，位正當也。

次六　水，夜。獨𤝞狩。逝逝，利小不利大。逝逝，獨往之意。六居盛大之位，凡事不資於人，輒欲獨往自獵，以期詭遇，一朝而獲十禽。禽雖多，然非正也。在小事猶可，若軍國大事，苟或不正，則必有顛越之患矣。《測》曰：獨𤝞狩。逝逝，不可大也。

次七　火，晝。白日臨辰，可以卒其所聞。辰，時也。七逢衰敗，物將老矣。桑榆雖晚，白日猶明，苟能卒我所聞，尚可以網羅今古，涉獵未見，以卒我未竟之志也。《語》云："朝聞道，夕死可矣。"昔衛武公年九十五猶作《懿戒》之詩以自警，可謂耄而好學者矣。《測》曰：白日臨辰，老得勢也。勢，力也，謂得力用功於暮年也。

次八　木，夜。蚤蝨之𤝞，狩。厲。葉曰：蚤蝨，細小陰惡之物，但知咂人膏血以自養。八以陰暗，是小人臨政專務，剥削民膏，殘民養己，宜其厲也。《測》曰：蚤蝨之𤝞，狩。不足賴也。

上九　金，晝。全𤝞，狩。豢音患。其首尾，臨于淵。九在金世，重剛而嗜殺，然遇晝逢陽，有不忍盡殺之意，但豢其首尾而已，猶欲全其生也。臨於淵者，謂淩險阻，人不測。設遇猛獸猝發，輿不及還轅，人不暇施巧，雖有逄蒙、烏獲之勇，力不能施，豈不危乎？故曰恐遇困也。

《測》曰：全狩狩。之豢，恐遇困也。自《中》首起至《狩》首止，爲天玄初九之九首終。陽起陽終。

𝌏

一方二州一部一家。羨，陰家，一，水，下下，卦凖小過。

陽氣贊幽，推包羨爽，未得正行。

傳：羨，邪曲不正之象。贊，助。包，裹也。是時土氣纔疏，堅冰未泮，幽物之鑽而未出者，則陽贊助之，包物之緘而未開者，則陽蕩析之。羨爽，物之卷曲於土中者，不能挺然直出，故曰未得正行。

初一　水，夜。羨于初，其次迂塗。葉曰：次，次第也。一爲思始而在羨邪之初，其出既邪，則其後必至迂曲其行，不復得其正也。《測》曰：羨于初，後難正也。

次二　火，晝。羨于微，克復，可以爲儀。温公曰：二爲思中而當晝，邪而未遠，所失尚微，若能自復於中，猶可以爲法也。《易》曰："不遠復，无祇毁，元吉。"《測》曰：羨微克復，不遠定也。定，克復也。

次三　木，夜。羨迂塗，不能直如。葉曰：三逢夜陰，已遇於中，故邪行於迂曲之塗，不能直如也。《測》曰：羨迂塗，不能直行也。

次四　金，晝。羨權正，吉人不幸。葉曰：四爲大臣，當羨邪之世，五既不君，大臣不得已，乃行權而放廢之，如湯武伊霍是也。事雖反常，蓋權而得其正者也。然此事豈聖賢之本心哉！蓋適遇其時，不得不然，以救民於水火，此聖賢之不幸也。《測》曰：羨權正，善反常也。羨其權以行事，如湯武者然，必上應天心，下順民命，猶且不可，況出於不正乎！莽之殺孝平、廢孺子嬰，直是大逆无道，豈得謂之爲吉人乎！

次五　土，夜。孔道夷如，蹊路微如，大輿之憂。葉曰：孔道，大道也。夷，平也。蹊路，小路也。大輿，大君所乘。五爲羨邪之主，舍大道而趨旁蹊，寧不爲大輿之憂乎！《測》曰：孔道之夷，奚不遵也。詰之也。

次六　水，晝。大虛既邪，或直之，或翼之，得矢夫，矢同矢。矢夫，直臣也。○葉曰：六居盛極而不中，宜有虛僞邪枉之失，幸得晝陽之明，故或有以直之，或有以輔之，由其得直臣之多也。《測》曰：虛邪矢夫，得賢臣也。

次七　火，夜。曲其故，迂其塗，厲之訓。葉曰：故者，已然之成法。七爲失志，不能直從其已然之成法，而迂曲其所行，顧乃危之漸也。《測》曰：曲其故，爲作意也。作意，謂尚新奇也。

次八　木，晝。羨其足，濟于溝瀆，面貞。葉曰：足，所行也。面，所向也。溝瀆，險難之地。當羨邪之世，不暇正行，期以濟於險難，全身免禍而已，毋害其趨向之正也。《測》曰：羨其足，避凶事也。可以知子雲之志矣。

上九　金，晝。車軸折，其衡抈，音月。四馬就括，高人吐血。抈，折也。括，結也。馬蹄攢族如結也。國家大事去矣，滿朝豈无忠貞報國之人？然軸折馬括，欲行而力不能，此忠臣志士所以憤激而至於吐血也。○温公曰：行邪不已，至於禍極，故軸折衡抈，四馬絓結，而車上之人被傷也。高人以喻在高位者。《測》曰：軸折吐血，終不可悔也。人臣生當亂世，遇至愚之君，雖粉身報國，其如君終不悔何。

𝌍

一方二州一部二家。差。陽家，二，火，下中。日次娵訾，斗建寅，律中太蔟，立春節應，卦準小過。

陽氣蠢闢于東，帝出舊訛由。群雍，物差其容。

傳：差，改。蠢，動。闢，開也。雍，和也。《易》曰："帝出乎震。"《月令》：孟春，其帝太皞，其神句芒。蠢闢者，青陽開動，根荄以遂，皆雍和次第而出，氣象一新，如有神助之者然，故物改其容也。

初一　水，晝。微失，自攻端。攻，克治也。端，始也。家性屬火，一爲思始而當晝，雖有微失，能以水滅火，自攻其端，故不致大有所失也。《測》曰：微失自攻，人未知也。

次二　火，夜。䆬其所好，去聲。將以致其所惡。去聲。〇温公曰：䆬，漸也。所好，謂利欲也。所惡，謂禍殃也。二爲思中而當夜，惑於利欲，䆬以差失，將致禍殃也。《測》曰：䆬其所好，漸以差也。

次三　木，晝。其亡其亡，將至于暉光。葉曰：重言其亡其亡者，在治安而常虞喪亡之及也。三逢晝陽之吉而能思，故能安不忘危，治不忘亂，終能保其治安而至於暉光之盛也。《測》曰：其亡其亡，震自衛也。震，懼也。

次四　金，夜。過小善，不克。過，失也。蓋以小善爲无益而不爲也。〇葉曰：小善者，全體之分。大德者，萬殊之本。積小善始能成大德。今過差於小善，豈能成其大德乎？《書》曰："不矜細行，終累大德。"過小善，不克之謂也。《測》曰：過小善，不能至大也。

次五　土，晝。過門折入，得此中行。葉曰：門喻道義，猶義路禮門也。五居中當陽，然在差世，雖或越乎義理，乃能旋覺其非，折而復入，是其遷善徙義，得由此中道而行也。《測》曰：過門折入，近復還也。

次六　水，夜。大跌，過其門，不入其室。跌，仆也。大跌，謂遇五也。水被土克，故大跌也。過其門不入其室，嫌爲所克，故不敢入其室也。《測》曰：大跌不入，誠可患也。遭遇大跌，不思改過遷善，是甘於自暴自棄也，故可患。

次七　火，晝。累卵業業，懼，貞安。范曰：業業，危也。貞，正也。七在火行，懼其炎盛，故自危也。〇温公曰：過已入禍，故曰累卵。當日之晝，故能自危。臨禍而懼，則不失正而安矣。《測》曰：累卵業業，自危作安也。

次八　木，夜。足纍纍，其步𨁏躟，音襄。輔銘滅麋。同眉。纍纍，足桎梏也。𨁏躟，步欲行而拘蹇也。輔銘，黥面。滅麋，髡首也。八在禍中而值差世，積差至於禍極而不知警，故其凶若此。〇此爲蹈禍不省、執迷不悟者而發。《測》曰：足纍纍，履禍不還也。不早改悔。

上九 金，晝。過其枯城，或蘖青青。温公曰：木斬而復生曰蘖。過而不已，至於禍極，如過枯城。枯城者，亡國之故都也。然當日之晝，君子能改過自新，興衰起廢，故曰或蘖青青也。《測》曰：過其枯城，改過更生也。不經一番磨折痛楚，焉得改過更生。

☷

一方二州一部三家。童。陰家，三，木，下上，卦準蒙。

陽氣始窺，物僮然咸未有知。

傳：《穀梁》：羈貫成童。又：牛羊之无角者亦曰童。此狀萬物之孚甲甫出，蠢蠢然如童蒙之无知也。窺，小視也。陽氣微見地上，故曰始窺。

初一 水，夜。顓童不寤，會我蒙昏。寤，覺也。一在蒙初而當夜，以顓蒙之童，欲求師以開其覺悟，宜有以發其蒙而開其寤也。无如所求之人即屬蒙昏之人，蓋誤投其師，故曰恐終晦也。《測》曰：童不寤，恐終晦也。可爲求師者戒。

次二 火，晝。錯于靈蓍，焯同灼。于元龜，出泥入脂。錯綜其蓍以筮，鑽灼其龜以卜，同爲決疑解惑之物，而龜之爲用異於蓍。凡灼龜，必先以脂塗其甲而炙之，觀其璺坼以占吉凶，此以比童子之就學，而光明亦如龜之出泥而入脂也。《測》曰：錯蓍焯龜，比去聲。光道也。此，親也。光道，明德之人。

次三 木，夜。東辰已明，不能以行。辰爲大火心星也。三屬木，木能生火，木火通明，此喻童蒙既有美質，又有明師，而不肯學也。《測》曰：東辰已明，奚不逝也？

次四 金，晝。或後前夫，先錫之光。范曰：前夫謂三也。三見明師而未能就，四雖在後而能徙義從善，親近於五，附著賢者，先見榮飾，故曰先錫之光。《測》曰：或後前夫，先光大也。

次五 土，夜。蒙柴求兕，其德不美。范曰：五以童蒙而處天位，禮儀未備，唯知盤游於畋，蒙突林木以求兕獸，雖得亦不足貴，況於不得者乎！故曰其德不美也。《測》曰：蒙柴求兕，得不慶也。成帝常自稱富平侯家人，出入郊野，遠至旁縣，鬥雞走馬，此所謂蒙柴求兕也。

次六 水，晝。大開帷幕，以引方客。方客謂賢良方正之士。六值童世，猶沖幼之君欲延納老臣輔弼，如周成王之納多士，唐太宗之開文學館以延賢俊，皆所謂大開帷幕，以引方客也。《測》曰：大開帷幕，覽衆明也。此謂漢平帝也。平帝踐祚，年始九歲，然能選署師友，以大司徒孔光明經高行爲師，以京兆伊金欽家世忠孝爲友。覽衆明者，猶闢門達聰之謂也。

次七 火，夜。修侏侏，比于朱儒。范曰：修，長也。侏侏，无所知也。七爲无道，故云侏侏。朱儒，短人也。七雖長大而不學道，侏侏然若未成之人也，故以朱儒爲喻。《測》曰：侏侏之修，无可爲也。

次八 木，晝。或擊之，或刺之，修其玄鑑，渝。擊刺，攻治之也。玄鑑謂心。渝，變也。八爲疾瘀，故欲擊刺以治其過也。童蒙果能自修玄鑑，此固補愆救過之方，亦聖賢克己復禮功夫。《測》曰：擊之刺之，過以衰也。

上九 金，夜。童麋觸犀，灰其首。童麋，无角之麋。此形容无知童蒙，每每觸犯師長，而不知有灰首之禍焉。○温公曰：灰，糜碎也。九居童之極，逢禍之窮，如童麋觸犀，灰碎其首，不量其力，愚之甚也。《測》曰：童麋觸犀，還自纍也。

☳

一方二州二部一家。增。陽家，四，金中下，卦準益。

陽氣蕃息，物則增益，日宣而殖。

傳：陽氣蕃息，則非僮然未有知之時。增益則聰慧日生。增不自外來，由内氣充也。君子進德修業，則學日廣而道益高。宣，大。殖，長也。

初一 水，晝。聞貞增默，外人不得。温公曰：一爲思始而當晝，君子多聞正道以益其德，默而識之，不見於外也。《測》曰：聞貞增默，識去聲。内也。焦袁熹曰：謂有所聞於正道而暗然增修，人不得而見之。識内者，默而識之也。

次二　火，夜。不增其方而增其光，冥。王曰：不增益其道而外自夸耀，欲增其光，反自冥也。《測》曰：不增其方，徒飾外也。焦曰：增其光，若火之外明而内暗，薪盡則光亦熄，其諸的然日亡者歟？

次三　木，書。木以止漸增。温公曰：君子之學，如木根止於所生之土而枝葉寖長，君子止於所守之道而德行日新。《測》曰：木止漸增，不可益也。不可助長而加益之也。

次四　金，夜。要音腰。不克，或增之戴。葉曰：腰任在背，戴任在首。四以弱陰，力不勝其重任，且負任在背，已不克矣，況復增其戴任於首乎？力小任重，能无敗也？《測》曰：要不克，可敗也。

次五　土，書。澤庳其容，衆潤攸同。范曰：五，土也，故稱澤。家性爲增，增之以謙則受益，增之以奢則招損。今五處天位，反若澤之庳下，衆水之所奏也。《老子》曰："江海之所以爲百谷王者，以其善下也。"五能自卑，故爲天下之所攸歸也。《測》曰：澤庳其容，謙虚大也。

次六　水，夜。朱車燭分，一日增我三千。君子慶，小人傷。朱車，羲馭也。燭，照也。一日者，終日也。君子得分太陽一日之光輝所照，已不啻增有三千之多。君子知足故慶，小人嫌少故傷也。《測》曰：朱車之增，小人不當也。

次七　火，書。增其高，刃其峭，丘貞。火能生土，故言丘。火性炎上，故增高。高而必危，喜值金世，得有斧刃以削其高峭之丘，而自處於卑，故得其正也。《測》曰：增高刃峭，與損皆同偕。行也。

次八　木，夜。兼貝以役，往益來䠀。音剔。○温公曰：䠀，削也。貝，富資也。役，賤事也。以富資而爲賤事，貪求不已，往雖得益，來必被削，故曰前慶後亡。《測》曰：兼貝以役，前慶後亡也。

上九　金，書。崔嵬不崩，賴彼峡音養。崥。音彼。峡崥，山足。○温公曰：九處增之極，逢禍之窮，然能免咎者，賴得群土之助，如高山不崩，以峡崥爲之足也。《測》曰：崔嵬不崩，群士橿古良切。橿也。橿橿，扶助貌。

卷　二

江都陳本禮纂述　貴池劉世珩校刊

☱☷

一方二州二部二家。鋭。陰家，五，土，中中，雨水氣應，卦準漸。

陽氣岑以鋭，物之生也咸專一而不二。

傳：鋭，精鋭鐵利也。此時陽氣岑高，日鐵以鋭，故物之處於囊中者，亦各脱穎而出。專一不二，見陽氣殖物之力日益宣也。

初一　水，夜。蟹之郭索，後蚓黄泉。郭索，多足貌。《荀子》曰："蚓无爪牙之利，筋骨之強，上食埃土，下飲黄泉，用心一也。蟹六跪而二螯，非蛇蟺之穴无所寄托者，用心躁也。"《測》曰：蟹之郭索，心不一也。蟹，水族，在土世，爲土所克，故八足横行而心不一，且用心躁。一爲水，故先得泉。蚓，土精，數屬五，故能上食槁壤，下飲黄泉，然无足而行緩，引而不伸，食固後於蟹而得泉，故曰後蚓黄泉。

次二　火，晝。鋭一，无不達。温公曰：《咸有一德》曰："德惟一，動罔不吉；德二三，動罔不凶。"《詩》曰："鳴鳩在桑，其子七兮。淑人君子，其儀一兮。其儀一兮，心如結兮。"故君子鋭於一也。《測》曰：鋭一之達，執道必也。

次三　木，夜。狂鋭，蕩。木在土世，節交雨水，土肥雨潤，鋭无不達。然過中當夜，狂鋭進取，不能裁之以正，其志蕩矣，故曰不能處一也。《測》曰：狂鋭蕩之，不能處一也。

次四 金，晝。① 鋭于時，无不利。金殖土世，故本根旺。律中太蔟，則時辰利。太蔟者，萬物始大，湊地而出也。金性堅剛而逢鋭世，故曰无不利。《測》曰：鋭于時，得其適也。

次五 土，夜。鋭其東，忘其西。見其背，不見其心。五在重土之世，性既不靈，又逢夜陰，乃欲鋭其志於東，欲克六之水，不虞四之金尾其後以襲其氣，是見其背而不見其心也。○温公曰：背，外也。心，内也。五爲福盛而當夜，小人知得而不知喪，見利而不顧害，貪前忘後，棄内逐外者也。《測》曰：鋭東忘西，不能迴避也。暗算之來，迴避不及也。

次六 水，晝。鋭于醜，含于五軌萬鍾，貞。醜，類也。水在土上在卦爲比。《易》曰："比，先王以建萬國，親諸侯。"六居福盛而當晝，禄不私於一己，能合同類共享，是其量能含容五軌之大，萬鍾之多，而不嫌其奢。葢禄稱其德，所以能比於天下而无間也。○温公曰：古者度塗以軌。軌者，兩轍之間，其廣八尺。釜十曰鍾，鍾六斛四斗也。五軌喻廣，萬鍾喻多。《測》曰：鋭于醜，福禄不量也。

次七 火，夜。鋭于利，忝惡至。七之志在羨慕五軌萬鍾，欲干其禄以利己，而不知水能克火，一遇水而火滅矣。小人妄想非分，固宜有此。○葉曰：七居禍逢昏，是鋭於利而致忝辱，言以賄敗也。《測》曰：鋭于利，辱在一方也。葉曰：一方，一偏也。務利己而不恤人，故一偏。

次八 木，晝。鋭其鋭，救其敗。葉曰：八爲剥落敗時也，以其得中當陽，善補其過，故能鋭其所當鋭，以進於義，庶幾救其好利之敗也。《測》曰：鋭其鋭，恐轉作殃也。木之鋭非金比，用鋭過甚，反有傷其木，故曰恐轉作殃也。

上九 金，夜。陵崢岸峭，陁。陁，直爾切。○葉曰：陵崢，高峭

---

① "晝"，原作"畫"，據稿本、廣陵本改。

貌。陁，隮陁也。鋭而至于高極則必崩也。《測》曰：陵崢岸峭，鋭極必崩也。其進鋭者其退速。

☷

一方二州二部三家。達。陽家，六，水，中上，卦準泰。

陽氣枝枚條出，物莫不達。

傳：達，宣通也。物无窒塞而暢茂宣通。自枝别者爲枚，自枚别者爲條，皆秉鋭一不二之氣而出也。《商頌》："受小國是達，受大國是達。"言无所往而不利也，故謂之達。

初一 水，晝。中冥獨達，迥音洞。迥不屈。家性爲水。冥，幽也。一之水幽深清澈，能獨達其本源。迥迥者，流而不絶之象。屈，窮也。一爲思始當晝，能冥心獨達，葢由本源之理明，故外不屈於物，是以迥迥流而不竭也。《測》曰：中冥獨達，内曉无方也。无方言不限於一隅也。江海横流，支分派别，而水性則一；天地廣大，事物萬殊，理无二致。君子内明默識，故通達无方也。

次二 火，夜。迷腹達目。温公曰：二爲思中當夜，内心不明則視外不審。不明於道而恃外察，无益也。《測》曰：迷腹達目，以道不明也。

次三 木，晝。蒼木維流，厥美可以達於瓜苞。同匏。范曰：維流，枝枚垂下也。瓜苞尋蔓於地，木不下其枝枚則不得纍而蔓之，以達於上。〇温公曰：仁者己欲立而立人，己欲達而達人，不專其美，如木垂其枝以逮於下，故瓜苞得而纍之。《詩》云："南有樛木，甘匏纍之。"《測》曰：蒼木維流，内恕以量也。以貴逮賤，以尊接卑，恕己量人，此《詩》所以咏"樂只君子，福履成之"也。

次四 金，夜。小利小達，大迷，扁扁不故。扁扁，卑小也。不故，不通其指義也。四爲下禄當夜，安於小利小達則可，若舍小圖大，必致大迷。葢由於小有才，未聞君子之大道，此盆成括所以死於齊也。《測》曰：小達大迷，獨曉隅方也。所謂牛羊之目，獨曉方隅者也。

次五　土,晝。達於中衢,大小无迷。范曰:五爲土,土而四達,故稱衢。家性爲達而在中衢,无所不通,故曰大小无迷也。《測》曰:達於中衢,道四通也。

次六　水,夜。大達无畛,不要平聲。止洫作,否。畛,田界。洫,溝洫。要,中也。作,治也。○温公曰:洫所以明田界也。君子之道,如大田无界,若不要而止之,正其溝洫而作治之,則荒穢不修矣。不可偏從者,恐田既廣大,從此而失彼也。《測》曰:大達无畛,不可偏從也。

次七　火,晝。達于砭割,前亡後賴。温公曰:砭割所以除宿疾也。七爲禍始而當晝,君子達於事變,知禍之將至,先割愛去惡,如砭割之去病,前雖有亡,後賴其利,不爲廢疾也。《測》曰:達於砭割,終以不廢也。

次八　木,夜。迷目達腹。温公曰:二在内體,故曰迷腹。八在外體,故曰迷目。惑於外物以撓内明,雖心知其非而不能自克,所以終敗也。《測》曰:迷目達腹,外惑其内也。

上九　金,晝。達于咎,貞終譽。葉曰:居達之極,能自知咎,是過而自訟者也,其能改也必矣,宜其終有譽焉。《測》曰:達咎終譽,善以道退也。退,損也,以道自損其過也。

𝌠

一方二州三部一家。交。陰家,七,火,上下,卦準泰。

陽交于陰,陰交于陽。物登明堂,矞矞皇皇。

傳:此時陽氣宣通,枝條暢達,然懼陰之暴虐其民,故不得不下交於陰。陰亦畏陽之驟長,冒土而出,外骋於野,故上交於陽。二氣相交。《易》曰:"天地交而萬物通,上下交而其志同也。"明堂,王者布政之堂。矞矞皇皇者,萬物感受陰陽和氣,美盛休明,如登王者明堂,而受其榮寵也。

初一　水,夜。冥交于神齊,側皆切。不以其貞。冥交者,默以心感也。始交之初齊不以其誠,神弗福也。○坎爲水,位在北。北方太陰,鬼神之府。《測》曰:冥交不貞。懷非含慚也。一在水世,以水克火,猶祀神而神先受克,則所懷已非矣。祀神而神不饗,則對越之下内已含慚矣,猶得謂之爲冥交,可乎?

次二　火,晝。冥交,有孚明如。二爲重火,是交有孚也。交有孚則明兩作,離之象,故曰明如也。《測》曰:冥交之孚,信接神明也。葉曰:孚,精誠感通也。二得中而剛明,宜其有精誠以接於神,其有不享者乎!

次三　木,夜。交于木石。木石,无知之物。三居夜陰而在火世,性本愚蒙,而所交者又皆蠢頑不靈之物,豈能有益於人耶!《測》曰:交于木石,不能向人也。

次四　金,晝。往來熏熏,得亡之門。禮尚往來,交報有章,故熏熏也。得亡之門,謂從賊附逆必得滅門之禍也。○《玄瑩》曰:天地福順而禍逆,山川福庳而禍高,人道福正而禍邪,則是雖有玉帛熏熏,往來於權貴之門,其能免於禍耶?此可以見附莽者之無益也。《測》曰:往來熏熏,與神交行也。小人之事權貴,畏懼甚於鬼神。祀神禮缺,譴責不即見。權貴若簡褻,禍殃可立至也。與神交行者,不敢仰邀權貴之榮寵也。

次五　土,夜。交于鶯猩,不獲其榮。鶯以比當時稱符命頌功德者,惟知甘詞好音以取媚也。猩以比莽。史稱莽露眼赤睛,聲若豺狼,大聲而嘶,真猩猩也。是君臣皆如鳥獸,豈能獲其榮哉!《測》曰:交于鶯猩,鳥獸同方也。

次六　水,晝。大圈音倦。閎閎,小圈交之。我有靈殽,與爾肴之。圈,養畜閑也。大圈可以養牛,小圈可以養羊豕。此以比莽養士授餐之館。閎閎,狀其高大而宏敞也。交之者,言待以平常賓客之禮耳。大圈以養國士,小圈以豢庶士。靈殽者,爵禄也。此亦好爵爾靡之義。《測》曰：大小之交，待賢焕光也。史稱莽交結卿相，以要名譽，故在位者咸頌美之，所謂待賢焕光也。

次七　火，夜。交于鳥鼠，費其資黍。平帝元始四年，莽奏起明堂、辟雍，徵天下通經異能之士集于京師。又築舍萬區，以網羅天下之士。上書頌莽功德者至四十八萬七千五百七十二人，皆所謂鳥鼠輩也。《測》曰：交于鳥鼠，徒費也。徒然無益之費。

次八　木，晝。戈矛往來，以其貞，不悔。君子之交，道義爲重，毋庸及于戈矛往來也。八爲矛爲戈，金木相克，以戈矛往來也。① 小人當禍亂之世，始以交起，交不克已，遂至凶終，隙末以兵爭矣。以其貞不悔者，凡朋友所以欲擊之刺之者，葢以匡救其過而規之以正也。友能受諫改行，雖絶交可也，②故不晦。《測》曰：戈矛往來，征不可廢也。友朋相契，利在斷金。彼以戈來，此以矛往，箴規切磨，借助他山，同歸於正，故曰征不可廢也。

上九　金，晝。交于戰伐，不貞，覆于城，猛則啖。九爲禍窮而當夜，小人已先不正而欲正人，恃九金之剛，欺八木之弱，陽爲規正，陰實懷私，爲逞忿報怨地。③ 報之不已，兵連禍結，至於覆城被啖而不能解者，誰之咎歟？不貞故也，猛故也。《測》曰：交于戰伐，奚可遂也。金在火世，動即受克。奚可遂者，言不可輕於構難也。讀次八上九二贊，見當時交道之薄，人心之險，如是可以覘世道矣。

𝌖

一方二州三部二家。耎。同軟，舊訛更。陽家，八，木，上中。日舍降婁，斗建卯，律中夾鍾，驚蟄氣應，卦準需。

陽氣能剛能柔，能作能休，見難而縮。

---

① “八爲矛爲戈金木相克以戈矛往來也”，廣陵本同，稿本作“八在禍中而上近九金木相克”。

② “友”“可”二字中間“能受諫改行雖絶交”原爲一長墨丁，廣陵本同，據稿本補。

③ “地”，稿本及廣陵本并同，疑當作“也”。

傳：耎，弱也。陰陽之氣甫交，陽不肯以強淩人而自處于弱，所謂能剛能柔，能作能休也。見難而縮者，是月也，雷始發聲，蟄蟲啓户，然餘寒尚在，凡含陽趁暖而出者，一遇春寒，仍復縮而伏矣，故曰耎。

初一　水，晝。赤卉方鋭，利進以退。赤卉，草之萌芽纔出土者，正在鋭長，忽爲陰氣所難，不得暢舒，故利以退也。《測》曰：赤卉方鋭，退以動也。時世艱險，不利於進，君子知機，故暫退以避，俟時而動也。

次二　火，夜。耎其心，作疾。二在思中而當夜。中爲心。陰火孱弱，不能有爲，況值難世，因而致病，故曰疾。《測》曰：耎其心，中无勇也。

次三　木，晝。耎其膝，守其節，雖勿肆，終无拂。此能見難而縮者。肆，越禮也。三爲下體，故曰耎其膝。君子屈身守節以避難世，雖不越禮以犯忌諱，然亦不遇拂意之事。〇此子雲自道也。先生迫於莽勢，去既不能，死又不可，惟有依隱玩世以待天下之變已耳。《測》曰：耎其膝，體不可肆也。體不可肆謂校書天禄，終身不爲莽設一謀，以全漢節也。

次四　金，夜。耎其哇，三歲不噣。音晝。四爲兑金，故稱哇。三歲言其久。〇葉曰：耎其哇，遜其言也。不噣，不鳴也。四逢耎縮之時，不可以有爲，惟箝口結舌，遠害全身而已。《測》曰：耎哇不噣，時數失也。數失者，時非可言之時，況事機已失，欲言不及。

次五　土，晝。黄菌不誕，俟于慶雲。黄菌，芝草也。慶雲，卿雲也。誕，生也。五居中而當晝，宜得嘉瑞，然在耎世，人生无德以堪之，故瑞草不生，卿雲不爛，一俟有道之世，聖人生而賢臣出，則休徵畢集，靈瑞駢臻。蓋有其德而有其應，未有无其德而有其應者。莽之銅符、丹石，金匱、策書，紛紛獻瑞，是皆假托僞造。莽即據以爲篡立之計，以罔誣天下，居之不疑，而天下亦莫有敢指其非者。逑耦之俟，蓋以醒其愚，並以刺諸獻頌者之欺天也。《測》曰：黄菌不誕，俟逑耦也。

次六　水，夜。縮失時，或承之菑。同災。〇六過中而當夜，是性本陰柔而在㼱世，不能亟早思退，及至禍災已臨而始悔失時，事已晚矣。《測》曰：縮失時，坐逋後也。坐逋後之罪也。

次七　火，晝。詘同屈。其節，執其術，共所歾。同没。〇前云㼱其膝，猶欲執其節以爲世道人心作中流之砥柱也，无如天下滔滔，莫有迴狂瀾於既倒者，大厦將傾，豈一木能支，故欲併其節而詘之。執其術者，欲著《玄》以傳後也。共所歾，則死生以之矣。然後始知子雲所以不死者，爲《太玄》未就，故屈節守身，以身殉道，欲使千百世後皆知吾著《玄》刺莽之意。雖不足以當一部漢史讀，然吾之心迹亦可以共白於天下後世矣。《測》曰：詘節共歾，内有主也。内有主者，先生于死生去就之義，殆亦籌之熟矣。

次八　木，夜。竅枯木丁，沖振其柯。小人有㼱，三卻鉤羅。竅，樹枯成孔也。丁，當。沖，動也。八以敗木而當沖風之振，力不能支。小人，雄自謂。有㼱者，言既不能抗節於朝廷，又不獲潔身於草野，被其鉤羅羈摯，三卻不許，此誠難與命爭也，故曰有㼱。《測》曰：竅木之振，小人見侮也。此殆天禄閣被收之時。

上九　金，晝。悔縮，往去來復。温公曰：居物之上，陷于禍極，苟能悔而自縮，猶不失道，故往則遂去，來則復得其所也。《測》曰：悔縮之復，得在後也。得在後謂得名在後世也。

☵☷

一方二州三部三家。傒。陰家，九，金，上上，卦準需。

陽氣有傒，可以進而進，物咸得其願。

傳：傒，待也。陽氣待時而動，不先時而發，不後時而動，可以進而進，非見難而縮之時可比。《赤伏符》曰："四七之際火爲主。"方是應天順人之候，此時未際其會，故傒以待之。

初一　水，夜。冥賊傒天，凶。一在金世而當夜，子盜母氣，陰行不善而欲邀天之眷，豈可得乎！故直名之曰賊。凶者，天道福善禍淫，以彼逆倫簒賊，天且降之百殃，故曰凶。《測》曰：冥賊之傒，時无吉也。

次二 火，晝。冥德傒天昌。温公曰：二爲思中而當晝，君子積德於隱，蒙福於顯，昌美之至將有日也。《測》曰：冥德之傒昌，將日也。特以德賊二字並列，見天道報施不爽。

次三 木，夜。傒後時。葉曰：三爲進人，然逢陰暗，不能前進，是傒而後其時者也。事機已失，悔无及矣。《測》曰：傒而後之解同懈。也。

次四 金，晝。詘其角，直其足，維以傒穀。穀，禄也。此刺當時，言官之竊位食禄者。詘其角，不觸人也。直其足，駕轅不肯走也。維以傒穀者，尸位素餐也。《測》曰：詘角直足，不伎音忮。剌郎達切。也。伎剌，觸也。不忮剌，不肯觸人也。

次五 土，夜。大爵集于宫庯，墉通。小人庳傒空。大爵，隼也。墉，牆也。《解》之上六曰："公用射隼於高墉之上，獲之，无不利。"《易》之稱公者謂在天位之大人也。五居陰中之陰，是以庳下无德之小人而欲妄傒宫牆之大爵，宜其空无所得也。《測》曰：宫庯之爵，不可空得也。

次六 水，晝。傒福貞貞，食于金。六在金世而當晝，金性堅剛，能庇其子，水性順軌，能事其母，金水各得其正，故曰貞貞也。子之初生，還食母氣，故曰食於金也。《測》曰：傒福貞貞，正可服也。六居富盛之地，子之壯盛，乳之力也，故曰正可服也。

次七 火，夜。傒禍介介，凶人之郵。七在禍初當夜，火盛爍金，以下犯上，以臣賊君，故曰凶人。獸之无偶曰介。七既孤立无偶，乃介然與物爲忤，其招禍之亟，速於置郵而傳命也。《測》曰：傒禍介介，與禍期也。

次八 木，晝。不禍禍，傒天活我。木盛於春而衰於秋，今乃下被火炎，上爲金克，是禍由天作也。天降我災，人力難挽，必待青陽開動，仍俟天之活我也。語云："天作孽，猶可活。"此之謂也。《測》曰：不禍禍，非厥訧也。内省无瑕，故曰非厥訧也。

上九　金，夜。俟尫尫，天撲之顙。尫尫，疾病羸弱，仰面向天而哀也。凶人罪惡滔天而不知戒，及陷於禍極，乃始尫尫然俟天之活我，天且益撲其顙矣。《測》曰：俟尫之撲，不可治也。撲同踣，斃也。天斃其顙，焉能治耶！〇自羨首起至俟首止，爲天玄次九之九首終。〇陰起陰終。

☲

一方三州一部一家。從。陽家，一，水，下下，卦準隨。

陽躍于淵，于澤于田于岳，物企其足。

傳：從，隨也。此時陽氣俟待有時，有機可乘，故踴躍自奮，由淵而進于澤于田，高與岳齊，物不能及，故皆舉其踵而望之，各欲從之，以急赴功名之會也。

初一　水，夜。日幽嬪之，月冥隨之，基。朔日交子而與月合，故曰嬪。隨者，月過朔而潛從日行，故曰隨。陰陽交會，萬物托始，故曰基。幽冥者，日月在天，窈冥相隨，亦若婦之從夫也。《測》曰：日嬪月隨，臣應基也。夫婦之道即君臣之義也。

次二　火，夜。方出旭旭，朋從爾醜。旭，旦也。離爲火象日，家性屬水。日出海上，光華照耀，如龍之躍於淵也。朋，群龍也。群龍見日，亦欲從之而躍也。爾醜者，二乃陽家之陰，雜類也，不能離乎淵而上於天，故曰醜。《測》曰：方出朋從，不知所之也。方出，始出也。始出朋從，然未知龍之所行无定，或躍而在淵在澤，或飛而在田在岳，朋固不得而知其所之也。

次三　木，晝。人不攻之，自牽從之。《洪範》："五行木曰曲直。曲者中矩，直者中繩，乃木之本性，不待人攻而自成者也。自牽從之者，人之攻木置器，猶恐不直，故用繩牽之以取其直，是人自牽而從之也。

《測》曰：人不攻之，自然證也。温公曰：三爲進人而當晝，君子率性自從於善，不待攻治也。證當作正。

次四　金，夜。嗚從不臧，有女承其血匡，筐同。亡。《婦妹》之上六曰："女承筐无實，士刲羊无血。"四爲夜陰，士必立品修德而人自從，嗚而求從，品不臧矣。女之從人，亦必筐篚實而後可以奉祭祀也。今女欲承士刲羊之血而无筐，是士女皆不得其正，豈足以成從之道也！《測》曰：嗚從之亡，奚足朋也。嗚從亡筐，奚足以爲匹偶也！

次五　土，晝。從水之科滿。科，坎也。滿，盈也。《孟子》："流水之爲物也，不盈科不行；君子之志於道也，不成章不達。"又曰："源泉混混，不舍晝夜，盈科而後進，放乎四海，有本者如是，是之取爾。"《測》曰：從水滿科，不自越也。德必修而後成，學必積而後進。五居中當陽，得從之善者也。《法言》曰："或問進。曰：'水。'或曰：'爲不舍晝夜歟？'曰：'有是哉！滿而後漸者，其水乎！'"

次六　水，夜。從其目，失其腹。葉曰：六過中而當夜。目以喻外，腹以喻内。小人重外輕内，忘己徇人，是以急於外之從，而不悟其己之失也。《測》曰：從目失腹，欲丕從也。丕，大也。王曰：從其耳目之好，失其心腹之安，大從其欲亡之道也。

次七　火，晝。拂其惡，從其淑，雄黄食肉。雄黄有毒，能蝕癰疽惡肉。此以毒攻毒之方。○温公曰：七爲禍始而當晝，君子去惡從善，如雄黄之蝕惡肉而生新肉，故曰救凶也。《測》曰：拂惡從淑，救凶也。救凶二字説得利害。惡肉不蝕則害及一身，大奸不除則害及天下，可不懼哉！

次八　木，夜。從不淑，禍飛不逐。八在禍中而當夜，小人昏暗失於所從，其被禍之速如飛鳥之來，不可驅逐也。《測》曰：從不淑，禍不可訟也。所從不善，不能責人，故曰不可訟，咎有所歸也。

上九　金，晝。從徽徽，後乃登于階終。上九金在水世，金水内明，故能擇其所從。徽徽，美盛貌。所從既善，則德日進而業日修，升聞於朝，必登庸之選也，故曰後乃登於階。《測》曰：從徽徽，後得終也。

☲

一方三州一部二家。進。陰家，二，火，下中，卦準晉。

陽引而進，物出溱溱，開明而前。

傳：此時莽惡猶未大著，而在朝黨與猶未盡肯甘心從賊，尚期進用于漢，故陽猶引之而進，不没其向上從善之心。物出溱溱開明而前者，物皆踴躍自新，惟陽是從。溱溱，舒布貌。開明者，除其目中翳瘼也。

初一　水，夜。冥進否，作退母。范曰：水在火世，家行爲進，而火在前，見害而退，故作退母也。水爲冥，故稱冥進。《測》曰：冥進否，邪作退也。温公曰：一爲思始而當夜，潛進而不以其正者也。

次二　火，晝。進以中刑，同型。大人獨見。二居火世，明兩作，離，是爲在下之大人，能以中行之道作模範於人，以此型於家，則家齊，以此型於國，則國治。獨見者，惟大人有重離之明，能燭照内外，故曰獨見也。《測》曰：進以中刑，刑不可外也。德必充於内而後可以刑諸外也。

次三　木，夜。狂章章，不得中行。温公曰：三過中而當夜，妄進者也。章章，狂而失據貌。《測》曰：狂章章，進不中也。

次四　金，晝。日飛懸陰，萬物融融。四非君而稱君者，哀帝崩，无嗣，迎中山王箕子爲嗣，年始九歲。太皇太后臨朝稱制，一切朝政皆太皇太后主之。太后，陰象也，故曰日飛懸陰。太后既定四輔，又復褒賞宗室群臣，故曰萬物融融也。《測》曰：日飛懸陰，君道隆也。時大權尚未下移，一切猶秉太后詔令而行，故曰君道隆也。

次五　土，夜。進以欋疏，或杖之扶。五在陰世，適成其爲女天子也。欋，篦齒，所以鬄垢。疏，梳也，所以櫛髮。進以欋疏者，欲其去小人而理紛亂也。杖者，丈也，諷其用老成而黜新進也。太后春秋高，故進以杖，冀以扶持幼主也。〇欋疏，范注"附離也"，不知何物，而葉注作

“四齒竹爬”,試問竹爬進之何用?《測》曰:進以欋疏,制于尊也。人之一身,以首爲尊。制,正也,禁制也。制於尊者,欲禁制權奸,剔污刮垢,必先自太皇太后始。此董狐之直筆也,〇正本清源,必須先從太皇太后始。人必自正,而後能正人。

次六 水,晝。進以高明,受祉无疆。時大權盡歸王氏。帝母衛后、帝舅寶玄,莽白太后,皆留中山,不得至京師,骨肉分離。帝年壯,知衛后,故常怨莽不悦。進以高明者,欲帝左右宜以高明自衛,防其暗中毒害也,故曰受祉无疆。《測》曰:進以高明,其道迂也。莽之蓄意不善。高明二字隱喻暗諷,實當時忠誠懇切之言,杞人之憂也。人反笑爲迂遠,不知後果爲所料。臘日椒酒之進,事竟驗矣。

次七 火,夜。進非其以,聽咎窒耳。此刺莽也。君子進必以道,椒酒之進,天下紛紛傳播,莽皆置若罔聞,竟敢居攝踐祚,此俗所謂掩耳盗鈴也。《測》曰:進非其以,毁滋章也。

次八 木,晝。進于淵,君子用船。淵者,險難之地。君子當天下大亂无道之世,而欲拯溺救患,非用船進淵不得濟也。《測》曰:進淵用船,以道行也。

上九 金,夜。逆憑山川,三歲不還。孺子嬰居攝二年,東郡太守翟義起兵討莽,衆十餘萬。三輔豪傑趙朋、霍鴻等聞義起,亦率衆十餘萬攻長安,火見未央前殿。莽惶懼不能食,乃日抱孺子禱郊廟。依《周書》作大誥,論天下當反位孺子之意。及建國元年,莽乃廢孺子嬰爲定安公,自稱新皇帝,則前所謂復子明辟者全屬子虚矣,此所謂逆憑山川也。三歲不還者,久據而有之也。《測》曰:逆憑山川,終不長也。

𝌴

一方三州一部三家。釋。陽家,三,木,下上。日入婁,斗指卯,律中夾鍾,春分氣應,卦準解。

陽氣和震,圜煦釋物,咸税音脱。其枯而解其甲。

傳:釋,解也。震,動也。圜煦,日光也。此時物皆從陽而進,陽和大震,凡物之鬱結未伸者,咸被太陽之圜光煦照,俾枯者、税甲者坼而各得飲和食德,沐浴於春風化雨中,故曰釋。

初一 水,晝。動而无名,酋。水在太世,陰滋暗長,有功於木,然人皆歸功於春而水无名,故曰動而无名也。酋,屈也。名爲春掩,故若屈也。《測》曰:動而无名,不可得名也。

次二 火,夜。動于嚮景。温公曰:嚮應聲,景隨形,皆動不由己者也。二爲思中而當夜,小人隨人而動,如嚮景然,故不足觀聽也。《測》曰:動于嚮景,不足觀聽也。嚮景,火之形聲也。虚而无實,而世之捕風捉景者即藉以爲獻頌之資,如黄龍游江中、齊郡新井、巴郡石牛、扶風雍石,動稱符瑞,駭人耳目,是豈足動人觀聽哉!

次三 木,晝。風動雷興,從其高崇。三在木世而逢陽,根本既盛,枝葉又茂,君子名譽既高,聲華藉盛,如風之動四方,雷之興雲雨。從其高崇者,道益高則德日尊,而四方從之者如歸市矣。《測》曰:風動雷興,動有爲也。

次四 金,夜。動之丘陵,失澤朋。范曰:四爲澤,五爲土,土爲丘陵。去四即五,故動之丘陵也,喻人去卑即尊,去澤之陵也。《測》曰:動之丘陵,失下危也。葉曰:丘陵,上也。澤,下也。四以陰柔動而從上,失在下之朋,是奸佞之臣奉上淩下,諂君虐民者之所爲,能不致人家國之危乎?

次五 土,晝。和釋之脂,四國之夷。范曰:和脂喻濡協。夷,平也。〇温公曰:五以中和居盛位,當日之晝,是能布其德澤,和協四國,莫不夷懌也。《測》曰:和釋之脂,民説悦同。无疆也。

次六 水,夜。震于廷,喪其和貞。温公曰:六近於五,廷之象也。德以柔中國,刑以威外夷。以德懷近則和,以威懾遠則正。今用震於廷,失其所宜,故和震俱亡也。《測》曰:震于廷,和正俱亡也。

次七 火,晝。震震不侮,濯漱其訽。震震,恐懼貌。《易》曰:“震,亨。震來虩虩。”虩虩,恐懼修省也。不侮者,恭則不侮人。濯,滌也。漱，澣也。訽，恥也。七爲禍始而當晝，君子遇禍之來，能恐懼修省，自能濯漱其訽恥而與人无侮也。《測》曰：震震不侮，解恥无方也。

次八　木，夜。震于利，顛仆死。八爲敗木而在禍中，當謹懼自斂以固本根，乃以財富自炫，誇耀鄉黨，使人震懾其富，而不知下值七火，上遇九金，以彼枯根朽質，有不顛仆而死者乎？《測》曰：震于利，與死偕行也。

上九　金，晝。今獄後穀，終說同脱。桎梏。九在禍終，爲金所克，故獄。穀，吉也。桎梏皆木具。木能生火，火能銷金，故終得免於難也。《測》曰：今獄後穀，于彼釋殃也。金爲木殃，火爲金殃。彼謂初一。遇水而火亦滅，則殃皆釋矣。

一方三州二部一家。格。陰家，四，金，下下，卦準大壯。

陽氣内壯，能格乎群陰，攘而卻之。

傳：格，拒也。此時群陰猶未盡散，盤據竊發，而不知陽之内氣已壯，能翦除凶逆。攘者，擊而卻之于外也，故曰格。

初一　水，夜。格内善，失貞類。范曰：内善，親屬之善者。○温公曰：一爲思始而當夜，拒善納惡，故失正類也。《測》曰：格内善，中不省也。省，察也。

次二　火，晝。格内惡，幽貞類。范曰：惡謂一。一在内爲水，水能克火，故稱内惡。格而去之，以親正道，不失其類也。○温公曰：幽者，内潛于心之謂也。○昔之禍水謂飛燕、合德，今之禍水則太皇太后也。《測》曰：格内惡，幽貞妙也。漢以火德王而水克之。内惡者，禍起于宫闈也。妙者，格之之謂也。

次三　木，夜。裳格鞶鉤，渝。范曰：革帶曰鞶。鉤所以屬鞶也。渝，解也。裳垂其帶，故鉤解也。三爲下體，故言裳。○温公曰：三爲下體而當夜，臣拒君命，不受約束，必有變也。《測》曰：裳格鞶鉤，无以制也。制，束也。鉤帶俱解，无以節制其身體也。

次四　金，晝。畢格，禽鳥之貞。畢，網罟也。仲春正鳥獸孳尾之時，網罟格而不張，則羽者嫗覆，毛者孕育，胎生不殰，卵生不殈，衆庶熙熙，各得保其性命之正也，故曰禽鳥之貞。《測》曰：畢格禽，正法位也。葉曰：人之設網在于張捕禽鳥，君之設刑在于禁制萬民，今網拒而不張，猶刑設而不用。刑而至于无刑，則刑措矣，故曰正法位也。

次五　土，夜。膠漆釋，弓不射，角木離。温公曰：五性爲信，又爲膠、爲漆、爲弓矢。格者，物相拒而不合之象。弓以膠漆附合角木，故可射。君以信結臣民，故可使。五以小人而居盛位，不能以信結物，上下離心，故曰"膠漆釋，弓不射，角木離"也。《測》曰：膠漆釋，信不結也。

次六　水，晝。息金消石，往小來奕。息，生也。消，耗也。息金謂水生于金。消石謂水耗于石。石性堅，不滲水，是水爲石所消者小，而受金所息者大也，故曰往小來奕。《測》曰：息金消石，美日大也。金美石惡，生我者源源而來，耗我者薄薄而往，故其美日積而日大矣。

次七　火，夜。格其珍類，龜緺音瓜。厲。葉曰：龜緺，印綬也。七居禍逢陰，在上者不能任賢，反格其珍善之類，能不爲爵禄之危乎？《測》曰：格其珍類，无以自匡也。

次八　木，晝。格彼鞶堅，君子得時，小人鴃他歷切。幽，否。八以陽剛而在格世，能以剛直拒人而不畏強禦者也，正君子行義達道之時，然在禍中，被小人暗中傷鴃，不能有爲，故否。《測》曰：格彼鞶堅，誼不得行也。鞶堅謂權奸比黨如鞶帶之堅也。君子被其暗鴃，故誼不得行也。

上九　金，夜。郭同廓。其目，觲其角，不庳其體，撲。音雹。○郭，張目也。觲，高昂也。撲，擊也。九屬金，故尚剛。○温公曰：用壯之極，逢禍之窮，當日之夜，小人張目觲角以拒人，不卑其體，故爲物所擊。《測》曰：郭目觲角，還自傷也。此則活繪出莽形似牛也。莽侈口蹷頗，露眼赤睛，大聲而嘶，長七尺五寸，好厚履高冠，以氂裝衣，反膺高視，瞰臨左右。時有問莽形貌于待詔者，待詔曰："莽鴟目虎吻，豺狼之聲，能食人，亦當爲人所食。"迨後漸臺，果爲漢兵所殺，節解臠分，傳首懸宛，百姓共提擊之，或切其舌。此所謂還自傷也。

☷☳

一方三州二部二家。夷。陽家，五，土，中中，卦準大壯。

陽氣傷鬄，陰无救瘣，户悔切。物則平易。

傳：夷，傷也。瘣，病也。鬄，剃也。大人曰髡，小兒曰剃。此時陽氣壯盛，鏟剃群陰，陰被傷鬄，不暇自救，何敢虐民，故物亦各改格而平易矣。

初一　水，晝。載幽貳，執夷内。載，始也。水在土世，生即被克。貳人，陰懷二心者。執夷内者，執一以平其内，則曩之助陰而與陽拒格者，皆革面洗心而從陽之化矣。《測》曰：載幽執夷，易其内也。易，治也。易其内，此鬄群陰之妙法也。

次二　火，夜。陰夷，冒于天罔。同網。○二在陰而當夜，外若坦夷，内懷詭譎，陰謀不軌，自謂巧於得計，不知天道好還，天網高張，未有冒而不報之理。冒，干犯也。《測》曰：陰夷冒罔，疏不失也。《老子》曰："天網恢恢，疏而不漏。"可不懼哉！

次三　木，晝。柔嬰兒于號，三日不嗄。嗄，喉啞也。嬰兒，木根新發之柔條也。上畏金克，故于號也。三日不嗄者，家性屬土，木得母養，乳哺得所，故雖號而不至于嗄也。《測》曰：嬰兒于號，中心和也。群陰新歸王化，如嬰兒之得慈母，不致大受驚恐，故中心和也。

次四　金，夜。夷其牙，或飫之徒。牙以嚙物。四爲下禄而貪墨无厭，夷其牙，使其不能食。此亦懲貪之一法也。飫，飽食也。或飫之，无牙不能嚼，亦與飽食整吞之徒同其囫圇而已。《測》曰：夷其牙，食不足嘉也。无牙，雖有佳殽美食，亦不足以見其嘉也。

次五　土，晝。中夷，无不利。五在土世，日見壅積頑鈍，蠢笨不靈。中夷者，夷其舊染之污，去其塵氛宿垢，俾靈明朗照，以之臨事，固无有不利者也。《測》曰：中夷之利，其道多也。道謂綱常名教之道，以之事君則爲純臣，而不入于叛逆，以之事親則爲肖子，而不入于无賴，故曰其道多也。

次六　水，夜。夷于廬，其宅丘虚。廬以栖身，廬夷則宅不能獨存。六在土世，水爲土克，故廬被夷也。君子修其身而德自庇，小人悖其道而物被傷，此固天理，毋庸怪其受禍于意外也。《測》曰：夷于廬，厥德亡也。

次七　火，晝。幹柔幹弱，離木艾音乂。金，夷。王曰：七過滿而當晝，得夷之道，是以柔弱之物夷平于堅剛也。○温公曰：離木如汲綆之斷井幹，艾金如越砥之礪刀劍，以弱勝強，終就平夷也。《測》曰：幹柔艾金，弱勝強也。

次八　木，夜。夷其角，厲。八以敗木而挺其枯枝，如牯牛之觿者，然而不知九金近在頂上。厲，危也。角不可恃，終必被夷也。《測》曰：夷其角，以威傷也。温公曰：八爲禍中而當夜，小人用威而傷，自危之道也。

上九　金，晝。夷于耇，利敬病年貞。九爲老金而居土世，土能生金，是老而不失其所養也。耇，老也。然傷于老，固不能如少壯之精神強健也。敬者，謹慎其自己之病與年，慎寒暑，節飲食，少思慮，得壽考之正也。《測》曰：夷耇之貞，懸車鄉也。懸車，致仕退老于鄉里也。

☵

一方三州二部三家。樂。音洛。陰家，六，水，中上。日入胃，斗建辰，律中姑洗，清明氣應，卦準豫。

陽始出奥，舒疊，得以和淖，音鬧。物咸喜樂。淖，和也。《士虞禮》"嘉薦普淖"注曰："德能大和，乃有黍稷。"

傳：奥，土神也，在家爲中霤，在野爲社。立春後五戊爲春社。陽始出奥者，奥神至此日人方迎而出社，賽之田間，所以祈求年穀也。舒疊，狀聚觀者之多。和淖者，《詩》："以社以方，我田既臧。琴瑟擊鼓，以御田祖。以祈甘雨,以介我稷黍,以穀我士女。"故物咸喜樂也。

初一 水,夜。獨樂款款,及不遠。款款,誠也。一在水世,汪洋自恣,然僅一社一方,澤不及遠,故民之報不及遠也,斗酒隻雞亦僅供神之獨樂其樂而已矣。《測》曰:獨樂款款,淫其内也。淫,溢也。世爲内樂,其内之水浩蕩而淫溢也。

次二 火,晝。樂不知,辰于天。三月建辰,辰,龍也。龍見而雩,正雩壇,巫舞祈神,賽禱之。時農民急于耕耨,不暇爲樂,故雖有樂而不知其爲樂也。《測》曰:樂不知,以時歲也。

次三 木,夜。不宴不雅,嘄音叫。呱啞音厄。咋,音責。號咷倚户。不宴者,謂不設禮筵而群相聚飲也。不雅者,謂非投壺雅歌,競唱巴人里曲也。既醉之後,或有時而嘄,或有時學小兒呱,或時而笑言啞啞,或時而大聲疾咋。號咷者,載號載呶也。更有屢舞僛僛,倚户而歌者,此借枌榆燕會形容五侯驕恣,耽飲无度,逾禮滅法,故曰禮樂廢也。《測》曰:不宴不雅,禮樂廢也。

次四 金,晝。拂其繫,絶其纗,音攜。佚厥心。是日社神出奥,士女聚觀,人皆知淳,故耕者輟其犁,耘者罷其鋤。繫,牽牛索。纗,絆笠帶。拂,除也。絶,落也。農既輟工,則凡所謂其笠伊糾可以不煩絆帶而薅荼蓼也,牛亦得以解其繫而齕草田間也,故曰佚厥心,心誠快也。《測》曰:拂繫絶纗,心誠快也。

次五 土,夜。鐘鼓喈喈,管弦嚌音齎。嚌,或承之衰。五爲土而在樂世,正奥神得時行樂之秋。喈喈,應田縣鼓聲也。嚌嚌,簫管備舉聲也。是時神既醉飽,鐘鼓送神。或承之衰者,社散人歸,廟壇寂寞,不知何時得再享此樂也,故云樂後悲也。《測》曰:鐘鼓喈喈,樂後悲也。

次六 水,晝。大樂无間,民神禽鳥之般。蒲干切。般,樂也。无間者,與民同樂也。大君者,天地民物之主,當此春壇,報祀濁酒雞豚,人扶半醉,民樂則神樂,神樂則德澤下降,被于昆蟲,鳥獸草木者咸得有以與其樂也。此皆大君胞與爲懷,樂不私一己,所以躋斯世于泰和仁壽之域也。《測》曰:大樂无間,无不懷也。

次七 火,夜。人嘻鬼嘻,天要平聲。之期。嘻,悲恨聲,又笑樂聲也。《易》曰:"婦子嘻嘻,失家節也。"男女不正,日與家人嘻笑爲樂,是其縱恣不節,慢神瀆鬼,故鬼亦恨而悲之。悲其大命近止,天已定期而要之矣。《測》曰:人嘻鬼嘻,稱樂畢也。樂極悲來,故曰稱樂畢也。

次八 木,晝。嘻嘻自懼,忘彼愆虞。王曰:樂道將極,又居禍中,危之道也。然得位當晝,善于補過,于嘻嘻笑樂之中能自恐懼,則无愆過與憂虞也。《測》曰:嘻嘻自懼,終自保也。

上九 金,夜。極樂之幾,不移日而悲,則哭泣之䑛同嗟。資。同咨。○幾,危也。○王曰:居樂之極而當夜,故不待移日而悲至矣,則哭泣嗟咨也。《測》曰:極樂之幾,信可悔也。以上九之金遇下首之火,克在移日,故悲信可悔,言樂不可極也。

𝌢

一方三州三部一家。爭。陽家,七,火,上下,卦準訟。

陽氣泛施,不偏不頗,物與爭訟,各遵其儀。叶音蛾。

傳:此時陽氣均匀普被,與物无私,何爭之有?而物竟有與之爭者,蓋物之受氣不齊,有喜陰而惡陽者。爭首屬火,物惡其燥,故又思陰。思之不得故爭,爭之不已故訟。各遵其儀者,儀,宜也,有宜乎陽者則遵陽,有宜乎陰者則遵陰,此兩解之道也。

初一 水,晝。爭不爭,隱冥。葉曰:一在訟初,陽能自訟,可以爭而不爭,是以隱忍不復見其迹也,則无訟矣。《測》曰:爭不爭,道之素也。素謂直道其實,人或可以恕我也。

次二 火,夜。嚇河臞。臞謂瘦瘠之人。二以火助火,恐物與陽爭訟,且惡一之水克己而傷世,河爲四瀆之一,故用大言以恐嚇之欲灼河使乾。晝出腐儒大言不慚形狀。《測》曰:嚇河之臞,何可悃怙同。

也。温公曰：以口拒人謂之嚇。河之潰溢，誰能拒之！而臞瘠之人不量其力，乃欲以口嚇之，何足恃也！

次三 木，晝。爭射齦齦。誾同，敬讓和悦貌。古者射以觀德，故有鄉射、大射禮文。齦齦者，見君子無爭，惟于耦射之際，其雍容揖讓如此也。《測》曰：爭射齦齦，君子讓鄰也。

次四 金，夜。爭小利，不酋貞。葉曰：四爲下禄，家性爲爭，是爭小利，宜其不利貞也。《測》曰：小利不絕，正道乃昏也。

次五 土，晝。爭于逵，利以无方。涂方九軌曰逵。五處中位，乃天子所都，四方商賈輻輳之地。无方者，土物富饒，各欲爭利于其所也。《測》曰：爭于逵，爭處中也。中逵之地，其利溥也。

次六 水，夜。臂膊脛如，股脚膹音噴。如，維身之疾。脛，小髁腓。膹，腹膨脹也。六以陰質過中而當爭世，其手足之肥胖如此，顯有以小併大，以下陵上之勢，故曰維身之疾也。〇葉曰：六以福禄隆盛之君，不能強幹弱枝，遂致君弱臣強，政權倒置，人君孤立而无助，大奸根據而莫除。至是雖欲救之，其將能乎！《測》曰：臂脛如股，臣大隆也。大隆二字諷諫諄切。史稱元始四年，加安漢公，莽號宰衡。五年，升宰衡位在諸侯王上。即于是年冬，莽進椒酒，殺帝。所謂維身之疾，臣大隆也。

次七 火，晝。爭干及矛，軸胄同。用享于王前行。火在火世，故能助火。用享于王前者，即伯也，執殳爲王前驅之意。此時椒酒尚未進，然亦岌岌乎有殆哉之勢，故深有望于武臣之捍衛也。《測》曰：干矛之爭，衛君躬也。衛君躬三字明明指點。

次八 木，夜。狼盈口，矢在其後。温公曰：狼性貪，但知務盈其口而不知矢在其後，如小人爭利而不顧其害也。《測》曰：狼盈口，不顧害也。以狼比莽，切直顯亮。

上九 金，晝。兩虎相牙，知掣者全。王曰：爭之極者莫如虎鬥而相牙，必有死傷之患。若能懼于患害，自掣而退，乃可以全。物不可以終爭,故于爭極而見自退之象。其所以能知自退之道者,以陽當晝故也。《測》曰:兩虎相牙,知所制也。相牙謂以牙相噬也。能知自掣,知天命也。其不知掣而退者,則必有以制之。《陰符經》曰:"天之至私,用之至公,禽之制在氣。"謂禽之以氣,制之以機也。

☵

一方三州三部二家。務。陰家,八,木,上中,卦準蠱。

陽氣勉務,物咸若其心而總其事。

傳:勉務者,勉其力以成物也。此時物與爭訟,業已許其各遵其儀矣,然群陰无所附,陽以嚴父而代慈母,故凡雨露之所滋,陽和之所布,莫不煦育之,長養之,俾其敷華就實。咸若其心而總其事,所以成之也,故謂之務。

初一　水,夜。始務无方,小人亦用,罔。范曰:无方,无常方也。水出于泉而流百川,故无常也,謂小人之心未知所向,猶泉之初發蒙蒙然也。在陰家之陽,故稱小人。《測》曰:始務无方,非小人所理也。始務謂創爲造作也。方者,準繩規矩也。君子明理,故能事事合法。小人才短,不能辦也。

次二　火,晝。新鮮自求珍,絜同潔。精其芳,君子攸行。葉曰:二居思中,知反覆而成乎務者也。新鮮則知所以去其舊染而自求于珍美,絜精則知所以極其佳美而自致于芬芳,二者皆自新之事,能進德修業如此,豈非君子之所攸行者乎?《測》曰:新鮮自求,光于己也。

次三　木,夜。不拘不掣,其心腐且敗。木之叢生,必有蠹枝枯窾拘執之也。掣,翦剔也。蠹不去蛀必入心,孔不剔則雨必入腹,故曰其心腐且敗也。《測》曰:不拘不掣,其體不全也。既腐且敗,則大匠必不顧之而走矣。

次四　金,晝。見矢自升,利羽之朋,蓋戴車載。羽,箭翎。矢升故羽亦升,是得力于矢者也。蓋乃車上之篷,甲載之行,是得力于車者也。朋友得位乘時,于友誼尤當篤摯。古諺曰:"君乘車,我戴笠,他日相逢下車揖。"四以陽明之資處近君之位,既不能明揚側陋,使野无遺賢,又不念故交良友,爲之推轂扶輪,則他日相逢,豈能望其下車而揖我乎!故重有感也。《測》曰:矢及蓋車,厥道然也。

次五　土,夜。蜘蛛之務,不如蠶之緰。音俞。繭外細絲。五在君位,不思所以治國安民之道,乃專務不經,若秦皇之封泰山、禪梁父、遣徐市載童男女數千人入海求神仙,漢孝武之親祠竈、遣方士入海求蓬萊、安期生之屬化丹砂爲黄金。諸不經事皆所謂蜘蛛之務也,曾何有稗於治安之一策,蠶之緰也。《測》曰:蜘蛛之務,无益人也。

次六　水,晝。華實芳若,用則臧若。葉曰:六以陽明居福隆之地,才德兼美者也。華實芳若喻文質俱備。以之見用當世,其有不善者乎!《測》曰:芳華用臧,利當年也。利當年言其澤被當世也。

次七　火,夜。喪其芳,无攸往。七爲火。芳遇火則焦,故曰喪。芳而見喪,往復何之?故无攸往也。〇葉曰:和順積中,然後英華發外。今外喪其芳,則可以知其中之失矣。《測》曰:喪其芳,德以衰也。范曰:七爲失志,故德衰也。

次八　木,晝。黄中,免于禍,貞。范曰:貞,正也。八爲上中,在中曰黄。家性爲務,務德與和則禍不能害。禍不能害,故正也。《測》曰:黄中免禍,和以正也。

上九　金,夜。務成自敗,雨成自隊。事之成敗有命,若勉強而務成之,如地氣之結而爲雨,雨雖成,終必自隊也。《測》曰:務成自敗,非厥命也。言敗非是命,務成之過也。

𝌊

一方三州三部三家。事。陽家,九,金,上下,卦準蠱。

陽氣大冒昭職,物則信同申。信各致其力。

傳:事與務同,而此獨名曰事者,此時陽氣覆冒,騰而上升,正人君當陽大有爲之時也,在懋勤德政者,必有一番修己安人、制禮作樂之事,在爾爲鹽梅者,必有一番調和鼎鼐,致君澤民之事,所以昭其職也。信信者,物亦各致其力以冒于上,而鼓舞于駘蕩之中也。

初一　水,晝。[1] 事无事,至无不事。省事自然无事。至无不事者,天下事理萬端,要在理明物格。理明則天下无難辦之事,物格則天下无不能行之事。羲和之欽若昊天,大禹之平治水土,天下固无難行之事也。《測》曰:事无事,以道行也。道謂事之要領也。扼其要,挈其領,則事不煩而功易效。《老子》曰:"爲无爲則无不爲。"

次二　火,夜。事在樞,不咨不諛,諏同。喪其哲符。葉曰:樞,户樞,事之機要也。哲符,理之契券也。二以陰暗,自恃一己私智,不廣問兼聽,咨諏于人,是失其至明之符驗矣。《測》曰:不咨不諛,其知亡也。

次三　木,晝。時往時來,間不容氂。温公曰:三爲成意。思慮既成,當決志而行,一失其時,悔无所及,故曰時往時來。間不容氂,言得失之間,相去微矣。《測》曰:時往時來,不失趣也。趣,向也。《易》曰:"變通者,趣時者也。"君子不先時而勉強,不後時以失機。適當其可曰趣。

次四　金,夜。男女事,不代之字。范曰:四,陰也,而金居之,金屬乾,故言男。在陰位,故男而女事也。男而女事,猶爲不宜,況于字育!故不代也。《測》曰:男女事,非厥務也。

次五　土,晝。事其事,王假音格。之食。假,錫與也。《易》:"萃,亨,王格有廟,用大牲,吉。"五居天位而上近六,六爲宗廟。事其事者,王者恪恭敬祀,故用大牲,而諸臣之與祭者,亦各事其事。祭畢徹俎,君卿大夫各餕鬼神之餘,所謂王假之食也。《測》曰:事其事,職所任也。君臣有事于祖廟,各盡其職,所以任事也。

次六　水,夜。任大自事方來不救。葉曰:自,由也。六居高位,處福隆之極,是當任之大者。凡遇事之來,悉不問其可否,一切聽其

---

[1] "晝",原作"畫",據稿本、廣陵本改。

自由，蓋尸位素餐、懷邪誤國者之所爲也，則其貽禍于將來，可勝言哉！《測》曰：任大自事，奚可堪也。言不堪勝任也。

次七 火，晝。丈人扶孤，豎子提壺。葉曰：丈人，長者。豎子，幼子也。七以陽而稱職，在長者則扶孤兒，在幼子則提壺榼，猶君則盡君之道，臣則盡臣之職也。《測》曰：丈人扶孤，小子知方也。丈人，齒德俱尊之稱。幼而无父曰孤。七遇禍始，故丈人憐而扶之。豎子服勞奉養以報其德，故曰小子知方也。

次八 木，夜。女男事，十年不誨。王曰：八失位當夜，乖事之宜，是女代男事。十年者，數之極也。不誨者，不可教也。○温公曰：女任男事則家不亨，臣侵君權則國不昌。十年已往，勢力已成，不可復制，故女不承男之教，臣不受君之命也。《測》曰：女男事，終家不亨也。牝雞司晨，維家之索。

上九 金，晝。到音倒。耳順止。同趾。○温公曰：九爲禍終而當晝，能納忠補過，不失其正順者也。忠言逆耳利于行，良藥苦口利于病。《測》曰：到耳順止，逆聞順行也。自《從》首起至《事》首止，爲天玄第三九之九首終。陽起陽終。

卷 三

江都陳本禮纂述　貴池劉世珩校刊

☱

二方一州一部一家。更。居亨切。○地玄起。陰家，一，水，下下。日入昴，斗指辰，律中姑洗，穀雨氣應，卦準革。

陽氣既飛，變勢易形，物改其靈。

傳：更，改也，變也。物不改不靈，不變不化。飛者，淩空御風而行，所以鼓蕩萬物，使各改其蠢頑之性，以造於靈明之域也。是月也，田鼠化駕，烏足變蝶，水蠆化蜻蜓。物猶能飛，人事何知，故謂之更。

初一　水，夜。冥化，否貞若性。冥化者，物各有性，如田鼠化駕，獸穴土而化者，烏足變蝶，草被風而化者。其未化之先，固是鼠與草之性，及其既化也，則又變而爲駕與蝶之性矣。一以水在水世而屬夜，其靈未改，故曰否貞若性。《測》曰：冥化否貞，少書沼切。更方也。賈誼曰："幼成若天性，習慣成自然。"少更方，氣質未變也。

次二　火，書。時七時九，軫轉其道。范曰：二與七合爲九金，金王則火死，道數相害，故軫轉也。家性爲更，更而得道，故言時也。《測》曰：時七時九，不失當也。范曰：金火相避，故不失於當也。○温公曰：七者陽之盛，九者陽之衰。二爲思中而當晝，君子消息盈虚，隨時盛衰，如輪之轉，應變无窮，不失正當也。

次三　木，夜。化白於泥，淄。王曰：凡改更之道，貴於變惡從善，今反爲泥淄，失更之宜。○温公曰：淄，黑也。三爲思上而當夜，與不善人居，如以白物涅於泥中，與之皆黑也。《測》曰：化白於泥，變不明也。不明二字指當時附莽者言也。

次四 金，晝。更之，小得用，无不利。我否，非其有恥。我否二字從王本補。四爲福始而當晝，故可小得。我否者，不然也。若貪圖奢望，必致有恥辱之事，故曰非其有恥。《測》曰：更之小得，民所望也。小得則廉，大得則貪，君子所取，小人所視也。

次五 土，夜。童牛角馬，不今不古。牛本有角而今忽无，馬本无角而今忽有，皆反常之事。○史稱莽每有所興造，動輒慕古，引《周官》、《王制》改置卒正、連率、大尹、州牧，分六卿、六尉、六遂、六郊、六服，各以其方爲稱，所謂不今不古也。《測》曰：童牛角馬，變天常也。常，綱常。五爲君而逢陰，是君不君也。臣弑君而賊主，是臣不臣也。牛童馬角，蓋天子失國、匹夫爲王之象，故曰變天常也。

次六 水，晝。入水載車，出水載杭，宜於王之更。車不能行水，舟不能行陸。莽自踐阼後，盡改漢家制度，變亂典章，如井田、封建類皆不利於民者，而莽皆行之。宜於王之更者，王指其姓。宜者謂其變亂天常，適合於亂臣賊子之所爲也。《測》曰：車杭出入，其道更也。時有獻奇術技藝於莽者，言能渡水不用舟楫，可濟百萬師，或言不持升斗糧，能令三軍不飢，或言能飛，一日千里，皆所謂“車杭出入，其道更”也。

次七 火，夜。更不更，以作病。范曰：火焚宿莱以殖嘉穀，更之道也。宜更而不更，嘉穀之病也。《測》曰：更不更，不能自臧也。葉曰：七居陰而不能以有爲，是當更而不更，反爲身之病也。

次八 木，晝。駟馬跙跙，而更其御。王曰：得位當晝，更之以道。駟馬跙跙，行不準也。更以良御，乃得其宜。《測》曰：駟馬跙跙，更御乃良也。良御謂賢臣也。當時如孔光、王舜、甄豐、劉歆等，豈得謂之良御耶！

上九 金，夜。不終其德，三歲見代。三歲者，王莽之地皇三年也。是年，漢宗室劉縯及弟秀起兵舂陵，興復漢室。明年二月，新市平林兵共立更始爲皇帝,大赦改元,此所謂三歲見代也。《測》曰:不終之代,不可久長也。

☵

二方一州一部二家。斷。陽家,二,火,下中,卦準夬。

陽氣強内而剛外,動而能有斷決。

傳:斷,決斷也。此時陽氣始充,故内強外剛。内強則能鼓其氣以飛,外剛則能決去其陰私而不爲外物所撓。《易》曰:"剛健篤實光輝,①日新其德。"蓋能斷也。

初一　水,晝。斷心滅斧,冥其繩矩。斧斤所以斷物,繩矩所以正物。斷心者,謂斧斤繩矩在心,能神明自治,則私欲去而純粹精也。滅斧而冥繩矩,謂人不見其迹也。《測》曰:斷心滅斧,内自治也。能自斷其妄干希冀之心,必能免於將來斧鉞之誅也。

次二　火,夜。冥斷否,在塞耳。温公曰:二爲思中而當夜,心識昏蒙,不能決斷,雖有嘉謀,不能適從。聽之不聽,故曰塞耳。《測》曰:冥斷否,中心疑也。疑則不能斷,而又自掩其聰,則事之失也,能无否乎!

次三　木,晝。決其聾鼮,丁計切。利以治穢。聾,耳不聞。鼮,鼻不知香臭。決者,抉而通之也。鼻不知香臭則芬芳无以别,耳不聞聲音則好惡无以辨。三爲成意而當晝,故能自治其疾而後可以治人也。《測》曰:決其聾鼮,利有謀也。有謀謂蔽塞既通,則能崇善去惡,親君子而遠小人也。

次四　金,夜。斷我否食,非其有恥。金能斷獄,然在火世,身先受克,斷我否食者。法既不明,臨事无決,猶復貪位食禄,貽譏素餐,故可恥也。《測》曰:斷我否食,可恥也。

次五　土,晝。大腹決,其股脱,君子有斷,小人以活。五

① "光輝",今通行本《周易》作"輝光"。

爲天位。大腹者,大人之腹也。決,斷也。其股脱者,謂能脱小人股上之桎梏也。君子斷獄得理,小人冤白无枉,是以活也。《測》曰:大腹決脱,斷得理也。

次六　水,夜。決不決,爾仇不闊,乃後有鉞。范曰:闊,遠也。鉞,斧也。仇謂七,鉞謂九也。六爲上禄,五之所尊,廟勝受斧,以征不廷,而所決不決,仇讎甚近,戰伐將興,故後有鉞也。《測》曰:決不決,辜及身也。温公曰:六過中而當夜,當斷不斷,仇讎不遠,必將受其戮辱也。

次七　火,晝。庚斷甲,我心孔碩,乃後有鑠。范曰:庚義甲仁也。孔甚,碩大也。鑠,美也。七在斷世,失志之人能以義斷仁,故先失後得,美在後也。《測》曰:庚斷甲,義斷仁也。

次八　木,夜。勇侏之儆,同罰。盜蒙決夬。儆,責罰也。侏,小人无知者。八以陰柔昧於決刑之道,捨真盜而縱之,反嚴於无知之小人而重罰之,所以謂之妄也。《測》曰:盜蒙之決,妄斷也。

上九　金,晝。① 斧刃蛾蛾,利匠人之貞。温公曰:九爲兵爲鉞,又爲禍極,故曰斧刃蛾蛾。匠人執斧以伐木,君子秉義以征亂。《測》曰:蛾蛾之斧,利征亂也。蛾蛾,刃白貌。蛾蛾之斧,宜於匠人之用。至於伐國征無道,則宜於天吏,乃可用斧刃以伐之,始得爲正也。

☳

二方一州一部三家。毅。陰家,三,木,下上,卦凖夬。

陽氣方良,毅然敢行,物信同申。其志。

傳:毅,果敢也。是時陽已強内剛外矣,而此復曰毅者,《易》之《夬》曰:"揚于王庭。"是以遇事毅然敢行,故云方良。又曰:"澤上于天,君子以施禄及下。"萬物稟受陽剛乾德,以五陽決一陰,故亦各努其力以

---

① "金晝",原脱,依例補。

強其志。過此則純乾矣。

初一　水，夜。懷威滿虛。威，暴虐也。滿虛謂虛空中无處非此嚴威暴虐之氣所充塞也。一爲陰家之陰，陰性慘酷，其治不任德而任刑，且毅然敢行，不恤天下蒼生之命，故曰道德亡也。《測》曰：懷威滿虛，道德亡也。

次二　火，晝。毅於心腹，貞。葉曰：二以陽明居中，得陽剛之正，故能毅於心腹。其剛毅之氣由中發外，初非色厲内荏者所能有其實德也。《測》曰：毅於心腹，内堅剛也。

次三　木，夜。戴威滿頭，君子不足，小人有餘。小人无德化民，惟尚嚴刑峻法，大以聲色淩人，使民望而生畏，故曰戴威滿頭，畫出小人形狀。〇范曰：君子之威，威而不猛，故不足。小人務威，終則行過於惡，故有餘也。《測》曰：戴威滿頭，小人所長也。

次四　金，晝。君子説同悦。器，其人柔且毅。禮不妄説，人物必成器而後可以説於人，人必學而後能成爲器也。器者，有用之成材。子貢瑚璉之許，器之貴重者也，故君子説之。凡人性剛者多不能柔，性柔者多不能剛。四以陽明而備其德，其人固足重也。《測》曰：君子説器，言有方也。有方謂不妄説人。

次五　土，夜。不田而穀，毅於揀禄。温公曰：五當日之夜，無德而享盛禄，剛果所施，施於擇禄而已。《詩》："不稼不穡，胡取禾三百廛兮？"不田而穀之謂也。《測》曰：不田而穀，食不當也。

次六　水，晝。毅於棟柱，利安大主。温公曰：六爲上禄而當晝，國之大臣忠力強毅能勝其任以安社稷者也。《測》曰：毅於棟柱，國任強也。

次七　火，夜。觟羊之毅，鳴不類。觟羊，大羊也。〇温公曰：羊，很物也。類，善也。七爲禍階而當夜，小人剛很，言无所擇，不顧法度也。《測》曰：觟羊之毅，言不法也。建國二年，莽廢孺子嬰，班符命四十二篇於天下，告以漢祚已絶，新室當興。又策告群司曰："歲星司肅，東岳太師典致時雨;熒惑司悊,南岳太傅典致時燠;太白司艾,西岳國師典致時暘;辰星司謀,北岳國將典致時寒。”諸不經語,徒爲大言,此所謂觤羊之鳴也。

次八 木,晝。毅於禍貞,君子攸名。王曰:八居禍中,故毅於禍。而當位當晝,不失其貞,是君子之所以成名也。○温公曰:君子守正遇禍,剛毅不撓,身雖可殺而名不可掩也。《測》曰:毅於禍貞,不可幽蔀蒲可切。也。蔀,覆也。○葉曰:君子見危授命,殺身成仁,其潛德幽光終將顯揚於世,不能蔽障也。

上九 金,夜。豨毅其牙,發以張弧。豨,野豕也。剛其牙以噬人,而不虞獵者張其弧以待之也。小人肆惡害人,終必爲人所害。《測》曰:豨毅其牙,吏所獵也。野豕噬人,必遭虞獵。大奸噬國,必受天誅。吏,天吏也。

𝌘

二方一州二部一家。裝。陽家,四,金,中下。日入畢,斗建巳,律中中吕,立夏氣應,卦準旅。

陽氣雖大用事,微陰據下,裝而欲去。

傳:裝,行裝也。行者將欲他往,故先治囊。囊以備啓行也。是月也,太陽用事,陽極陰生,微陰已據於下,此小人潛萌之兆。陽能見幾於微,先欲束裝而去,故曰裝。

初一 水,晝。幽裝,莫見之行。幽裝謂幽隱在心,莫見其裝之迹而去志已決,故莫見之行也。《測》曰:幽裝莫見,心已外也。

次二 火,夜。鶤鵝慘於冰,翼彼南風,内懷其乘。鶤鵝,鶩鵝也,水鳥,畏寒。陽絶於巳,陰生於午。“履霜,堅冰至。”故鶤鵝先慘於冰,欲翼風之南以就暖也。乘,匹也。内懷其乘者,恐已去而家室受堅冰之慘也。此亦子雲自寫照。欲去則心不忍,欲往則勢不能,此所以懷憂无快也。《測》曰:鶤鵝之慘,懷憂无快也。禽鳥得氣最先,此時寒氣尚早,而鶤鵝已憂之如此,亦見君子之知幾早也。

次三 木，晝。往其志，或承之喜。三爲進人，往而及時，得遂其志也。進而得四，遇同志有人，故或承之喜也。《測》曰：往其志，遇所快也。

次四 金，夜。鶤音昆。雞朝飛，踤同萃。於北。嚶嚶相和，不輟食。雞爲積陽。鶤雞，三尺雞也。朝飛宜踤於南以就陽，方可爲鷃鵝同志之人，今乃反而之北，已失其所望，且呼朋引類，惟嚶嚶朝食是求，則何用此友爲也？《測》曰：鶤雞朝飛，何足賴也。

次五 土，晝。鴻裝於淄，飲食頤頤。淄，水名。〇葉曰：鴻，雁之大者，向陽之鳥，秋南春北。今當陽極陰生之候，裝於淄水之旁，不求食，亦不輟食，故飲食頤頤然，俟時而去也。《測》曰：鴻裝於淄，大將得志也。鴻知向陽，達天德也，非若鶤雞小人，惟知朝飛踤北、樂與群小求食者比。

次六 水，夜。經六衢，周九路，不限其行賈。水性流行而在裝世，六衢九路无不熟習，此商賈覓利者之所往也。不限其行則南北東西隨所欲往，不能限其行止也。《測》曰：經六衢，商賈事也。温公曰：小人周流天下，非爲行道，其志徇利而已，與商賈无異。

次七 火，晝。裝无儷，同儷。利征咎。范曰：七爲失志而在裝家，故利征。進則傷母，退則畏水，故咎。〇葉曰：儷，偶伴也。行雖利征，无偶則咎也。《測》曰：裝无儷，禍且至也。

次八 木，夜。季仲播軌，泣於道，用送厥往。此亦裝也，裝而就窆所也。七火九金，八木居中，上下遇克，木被焚害，故季仲播軌，奔而送之。用送厥往者，送木就金，死之原也。《測》曰：季仲播軌，送其死也。

上九 金，晝。裝於昏。束裝宜早，方可趲行。今裝於昏暮，爲時已遲。九爲禍終而當晝，雖不如三見幾之早，猶愈於終不去者之被禍也。《測》曰：裝於昏，尚可避也。

𝌥

二方一州二部二家。衆。陰家，五，土，中中，卦準師。

陽氣信同伸。高懷齊，萬物宣明，嫭音護。大衆多。

傳：三人爲衆，衆有師之象，故準師。此時陽氣滿盈。信高壞齊者，欲高齊於天也。高則危，滿則覆。其不至於顛覆者，猶賴萬物宣明護持者衆，不致有損，然陰謀小人亦不无有乘間而起者矣。

初一 水，夜。冥兵始，火入耳。農輟馬穀，尸將班於田。一以陰躁而興無名之師，猶家人弄兵潢池，猝不及防，故曰冥兵。火入耳者，兵猶火也，故火之兵聲先入於耳。農輟馬穀者，兵猝起於田間，農驚奔逃，故輟其耕。奪民之穀以飼馬，故馬食穀。然幸家行屬土，土衆水寡，水不能克土，水爲土涸，故尸皆班於田也。《測》曰：冥兵之始，始則不臧也。以烏合之衆思欲犯順，究屬水難克土，其造意之初已爲不善矣。

次二 火，晝。兵无刃，師无陳，同陣。麟或賓之温。麟，仁獸。賓，服也。“兵无刃，師无陣”，言不尚武也。二得位當晝，惟以麟趾之德化民，不利其土地人民，故強鄰敵國皆服其化而无暴慢之心也。○温公曰：君子修之於心而四海率服，兵无所用，故曰兵无刃，師无陣。温者，不威暴之謂。《測》曰：兵无刃，德服无方也。

次三 木，夜。軍或纍車，丈人摧孥，内蹈之瑕。葉曰：纍，俘纍也。丈人喻主將，孥喻士卒。三以暗弱爲師，是以致有俘纍之敗。由於主將内行有瑕，故敵人得以乘之也。《測》曰：軍或纍車，廟戰内傷也。謂廟算不勝也。

次四 金，晝。虎虓呼父切。振廞，豹騰其柲，兵媚切。否。柲，戈也。《詩》“闞如虓虎，時維鷹揚”者，頌主帥之英武，能不戰而屈人之兵也。豹不如虎，惟恃騰其柲以爲戰勝之具，是匹夫之勇也，故否。《測》曰：虎虓振廞，如鷹之揚也。贊虎所以抑豹。

次五 土，夜。蹶同劇。戰喈喈，若熊若螭。蹶，甚也。五陰險不君，惟尚威武，急於戰鬥，以嗜殺人，非湯武仁義之師也。《測》曰：蹻戰喈喈，恃力作王去聲。也。此項羽之所以終敗也。

次六　水，晝。大兵雷霆震其耳，維用詘同屈。腹。葉曰：屈腹即《法言》所謂漢屈群策之意。六以陽剛之才，其用兵神速，人不及備，猶迅雷之不及掩耳也。其用師之善如此者，由其屈於謀策故也。《測》曰：大兵雷霆，威震无疆也。温公曰：屈腹猶言服其心也。王者之兵不務殺傷，憚之而已，故如雷如霆，威聲震之，使其心服而已。

次七　火，夜。旌旗絓音咼。羅，干鉞蛾蛾。師孕唁之，哭且瞶。莫佳切。○絓羅，旌旗破碎零落貌。蛾蛾，狀兵卒之撲火亂飛貌。弔生曰唁。竊視曰瞶。此夫死於軍，群婦哭之之詞。○温公曰：七爲禍始而當夜，師之覆敗者。旌旗絓羅干鉞蛾蛾，敗兵之象也。師，衆也。衆孕相唁，既哭且瞶，竊視其上，怨恨之極也。《測》曰：旌旗絓羅，大恨民也。

次八　木，晝。兵衰衰，見其病，不見輿尸。八在禍中，此敗陣之兵，主將收恤敗殘，故衰衰也。見其病者，士卒敗衄之後，氣既不揚，人皆困憊，有傷於戈矛者，有傷於疾疫者。然不見有輿尸者，主將休養士卒，不急圖報復，是以不見輿尸也。《測》曰：兵衰衰，不血刃也。養鋭以俟時，留爲後舉之地也。

上九　金，夜。斧刃鈌，其柯折，可以止，不可以伐，往血。此言復讐之兵。八受金克，敗殘已極，正思報復，未得其釁，適逢上九以无名之師，恃斧刃之利，欲以窮兵黷武，而不知物極則反，木能生火，火發克金，先熔其斧則刃鈌，後焚其柄則柯折。刃鈌柯折，兵无禦敵之器，故往必見血也。《測》曰：刃鈌柯折，將不足往也。利器已折，將雖勇，往无益也。

𝌥

二方一州二部三家。密。陽家，六，水，中上，卦準比。

陽氣親天，萬物丸蘭，咸密无間。

傳：天爲衆陽之宗。陽氣自信高懷齊以來，至此而與天爲親矣。親則與天合德，二而一之也。丸蘭，茂密貌。此時萬物藉陽之力得以滋生蔓長，亦咸各親其親，各長其長，茂密无間，无纖毫之罅隙也，故曰密。

初一　水，晝。窺之无間，大幽之門。一在水世，水與水合，泯然无迹。大幽者，君子緝熙宥密定命，人莫能窺，故曰大幽之門。《測》曰：窺之无間，密无方也。无方言不可測。

次二　火，夜。不密不比，頻寐切。我心即次。比，親也。次，旅次野處也。即，就也。二以火值水世，上下之情本不親密。不比者，上之恩澤既不能逮下，下之輿情亦不能達上，民无可戀之土，故相率而去。我心即次者，即於旅次野處，亦所願也。《測》曰：不密不比，違厥鄉也。去厥鄉而就他。人民之安土重遷，豈得已耶？

次三　木，晝。密於親，利以作人。温公曰：三爲思上而當晝，君子愛其親則知親人之親，推其心以及他人，故曰利以作人。《測》曰：密於親，爲利臧也。

次四　金，夜。密於腥臊，三日不覺，淆。淆，混也。○温公曰：四爲外他而當夜，與不善人親者也。與不善人親，如入鮑魚之肆，久而不知其臭，則與之俱化矣。《測》曰：密於腥臊，小惡通也。小惡不謹，則大惡至矣。

次五　土，晝。密密不罅，嬪於天。温公曰：密密不罅者，君臣百姓靡不親密，无有間隙也。《測》曰：密密不罅，竝天功也。五在水世，水土附麗於地，密密无罅，萬物載焉，故功可以配天。人君養育萬物，飢爲之教稼穡，寒爲之勸蠶桑，教以人倫，明於庶物，使民父子有親，君臣有義，夫婦有别，長幼有序，朋友有信，則其德亦可以配天也。

次六　水，夜。大惡之比，或益之恤。温公曰：六爲福終而近於禍，故比於大惡而或益之憂也。非我族類，其心必異，異類相匹，適足自累也。《測》曰：大惡之比，匹異同也。以異爲同，乃行僻而堅者也。

次七　火，晝。密有口小鰓，蘇來切。大君在无後。鰓，魚鯁也，喻直言。小鰓謂職位卑小，遇事敢言也。大君，長君也，能納言受諫之君。无後謂不可面從而退有後言也。《測》曰：密口小鰓，賴君逢也。密口，謹言也。《易》曰："君不密則失臣，臣不密則失身，幾事不密則害成。"逢謂得君也。

次八　木，夜。琢齒依齦，語斤切。三歲无君。齦，齒根肉也。此刺太皇太后也。捨長立幼，捨諸侯王而立孺子嬰，遂致三年被廢也。○葉曰：八在禍中而遇陰，是親非其道，猶琢喪其已長之齒而依其初出之齦，謂其遠耆德而頑童是比也，豈不馴致亂階，終至於无君也！《測》曰：琢齒依齦，君自拔也。

上九　金，晝。密禍之比，先下，後得其死。密禍者，因密告而得禍也。先下者，事幾未見而預言之也。九居密之極，是臣下急欲盡忠言事，以圖報其君，无如所言不納，反因諫而殺身。後得其死者，見君子明知逆鱗之禍必遭不測，而不肯緘默以貪生，其志已定矣。《測》曰：密禍之比，終不可奪也。較七之告密同爲親愛其君，而此則死得其所，可謂臨大節而不可奪者歟！

𝌫

二方一州三部一家。親。陰家，七，火，上下。日入參，斗指巳，律中中吕，小滿氣應，卦準比。

陽方仁愛，全真敦篤，物咸親睦。

傳：此申上首陽氣親天之意，以見其仁民愛物也。敦，致力也。篤，厚也。全其真則純粹以精矣，敦其厚則旁薄而大矣。物咸親睦則无往而非全真敦篤之人也。

初一　水，夜。親非其膚，其志齟齬。王曰：居親之初而失位當夜，失其親道。非其膚謂疏遠之人，非肌膚之親而或親之，則其志齟齬不相入矣。心相防閑，失其親道。《測》曰：親非其膚，中心閑也。

次二　火，晝。孚其肉，其志資戚。王曰：資，取也。戚，親也。

其志惟取於相親附也。《測》曰：孚其肉，人莫間也。二值火世，兩火合體，故曰孚其肉。肌膚合一，誰能間之！

次三　木，夜。螟蛉不屬，蜾裸取之，不迓侮。螟蛉，桑蟲。蜾裸，蒲盧也。屬，眷屬也。桑蟲與蒲盧本非眷屬，而蒲盧乃取桑蟲入巢，祝之曰類我類我，久則肖之矣。迓，逆也。侮同忤。謂親生之子不如螟蛉之順其親不逆忤也。《測》曰：螟蛉不屬，失其體也。螟蛉非其子而子之，是失其親疏之體也。

次四　金，晝。賓親於禮，飲食几几。几几，禮數周備貌。又：案也。《詩》："或肆之筵，或受之几。"四以陽明而能恭敬其所親，以禮宴饗之，故賓主皆得其歡心也。《測》曰：賓親於禮，賓主偕也。温公曰：孔子曰："吾食於少施氏而飽。少施食我以禮。"賓主偕者，言皆有禮也。

次五　土，夜。厚不厚，比頻寐切。人將走。温公曰：謂不能親其所當親，厚其所當厚，使比近之人皆棄之而走，失類孤立，危无日矣。《測》曰：厚不厚，失類无方也。

次六　水，晝。厚厚，君子秉斗。北斗七星在天爲璇璣，所以齊七政也。君子秉之，所以能親其所親，厚其所厚，而衆星共之，故曰君子秉斗。《測》曰：厚厚，君子得人无彊也。史偁莽漁獵小民，民摇手觸禁，富者不自保，貧者无以自存，於是並起爲盜。莽患之。天鳳四年秋，親之南郊，鑄威斗若北斗狀。以五石銅爲之，長二尺五寸。司命負之，出在前，入在旁。欲以厭勝衆兵。君子秉斗，葢譏莽不能以厚得民也。

次七　火，夜。高亢其位，庳於從事。范曰：七爲无道之主，在六之上，高而无民，故高亢也。○王曰：七居過滿之地，失位當夜，位雖高亢而所行之事則甚庳細也。《測》曰：位高事庳，德不能也。

次八　木，晝。肺腑乾糇，其幹已良，君子攸行。至親至密者莫如肺腑。次八爲木，木屬肝。肺之附肝，如枝之附幹，乃一旦以乾糇之愆，遂致被棄，此君子所以攸行也。〇王曰：有肺腑之親而生乾糇之怨，故君子去之。《詩》云："民之失德，乾糇以愆。"《測》曰：肺腑之行，不我材也。葉曰：不我材言彼不知我，不以我爲材，不見親也。

上九　金，夜。童親不貞。金在火世，无可親之人，幸金能生水，水乃其子，故可親。然是童稚親之，欲其滅火以援己。不貞者，己既不能自全，乃欲求援於童稚小人之手，亦可恥矣，故不貞。《測》曰：童親不貞，還自荄也。荄，根荄也。金雖受克於火，然火能生土，土反生金，是能於絶處逢生，故曰還自荄也。

☵

二方一州三部二家。斂。陽家，八，木，上中，卦準小畜。

陽氣大滿於外，微陰小斂於内。

傳：從來物之大於外者必虚於内，是時陽氣惟知大滿於外，而不虞陰已乘虚而入於内矣。斂者，聚而藏之之謂。小人釁起之端已肇於此，君子當防之於始，慎之於微，不可因其小而忽之也。

初一　水，晝。小斂不貣，音忒。舊作貸。利用安人正國。貣，從人求物也。〇温公曰：一當日之晝，君子賦斂薄而有常，不稱貣於民，故利用安人正國。《測》曰：小斂不貣，其道當也。微陰始出用事，不尚王道治民，乃先言賦斂。曰"小斂不貣"者，見其尚未敢肆志於貪也。

次二　火，夜。墨斂韱韱，寙我匪貞。曰墨斂則已漸近於貪矣。韱韱，細小也。貪於聚斂，毫末不遺，雖非重征掊克，然利源既開，則漸進而至於不正矣。《測》曰：墨斂韱韱，非所以光也。

次三　木，晝。見小勿用，以我扶疏。我，三自謂也。三雖當晝，然值墨吏用事之始，嫌三之木韱小不足以飽其所欲。以我扶疏者，欲養之以俟其大而取之，此墨吏之巧於設法征求也。《測》曰：見小勿用，俟我大也。一我字，可憫小民被其饕餮，含怨在心而不敢發也。

次四　金，夜。斂利小刑，小進大退。小刑，薄懲也。小民急公納賦，固无待於刑。今以刑迫之，則是民不當納之賦而強欲浮收之，借公斂私，雖小有所進，然一經敗露，其所失多矣，故曰大退。《測》曰：斂利小刑，其正退也。

次五　土，晝。畜槩而衍，繭純於田。五爲君而當陽，不以聚斂爲事，是能藏富於民者。畜，六畜。槩，樂。衍，蕃衍也。是月，天子命野虞勞農勸民，无或失時，无大田獵，此畜牧所以槩樂而蕃衍也。純，繭已成絲者。於田，蠶事畢，然後農乃得盡力於南畝也。《測》曰：畜槩繭純，不奪時也。

次六　水，夜。閔而綿而，作大元而，小人不戒。六爲陰水。小人始尚小斂於内，漸則由内作大於外。閔，愍。而，汝也。綿而指水言也。語云："綿綿不絶，將爲江河。"陰之小斂，人不介意，而不知正爲作大之地，遂肆行暴征横斂，以至毒流海宇，禍及家國，其始固由於小人不識禍機而不知戒也。元，始也。《測》曰：閔綿之戒，不識微也。貪風不戒，始於小人不識微，然亦由廉恥道喪，天下同風，无有起而振之者。迨禍釁已成，雖欲挽之而无及矣。《詩》云："殷鑑不遠，在夏后之世。"

次七　火，晝。夫牽於車，妻爲剥荼，利於王姑，不利公家，病。牽車、剥荼，利之至微者也。小民不足以糊口，莽皆斂取其資以逢迎太皇太后。太后，莽之姑母也，故隱其辭曰王姑。當莽未加九錫居攝之時，史稱莽詐耀媚事太后，方故萬端，賂遺以千萬數，皆益徵之於民間者，故曰利於王姑。不利公家者，利入私門，權歸臣下，故公家病也。《測》曰：牽車剥荼，斂之資也。牽車剥荼，雖不足以當重斂，然使之役於公而不給其值，是亦斂之資也。

次八　木，夜。大斂大顛。次三曰"見小勿用，俟我大也"，八之木扶疏而大矣，正墨吏所俟，欣然欲倍徵其賦者，不知秋木質幹已枯，枝葉敗落，一遇斧斤，大本先顛，而小民之身家亡矣。《測》曰：大斂之顛，所斂非也。

上九　金，晝。斂於時，利圉同禦。極災。九爲陽氣大滿於外之時，國家賦課有定額，不能因豐年而逾額多收。然古者三年耕餘一年食，九年耕餘三年食。斂於時謂當豐稔大有之年，宜撙節以省經費，調劑以裕民生，則雖遇水旱，國无不足，民无菜色矣。《測》曰：斂於時，奚可幾也。

𝌩

二方一州三部三家。強。陰家，九，金，上上，卦準乾。

陽氣統剛乾乾，萬物莫不強梁。

傳：強，健也。《易》曰："天行健，君子以自強不息。"此時陽氣壯健，陰氣潛萌，故欲統領群剛以禦陰邪，以防小人，而萬物之精壯者亦莫不養精蓄鋭，同備寇盜。強梁者，剛健不屈之貌，故曰強。

初一　水，夜。強中否貞，无攸用。攸，所也。一在強初而屬水，外剛内柔，陰邪不正，故无所用也。《測》曰：強中否貞，不可與謀也。中心險也。

次二　火，晝。鳳鳥于飛，修其羽。君子於辰，終莫之圉。二以陽明之才當盛強之世，是君子有爲之時也。如鳳鳥之翔於千仞，羽儀輝光四國，人莫知其所止也。辰，時也。圉，止也。《測》曰：鳳鳥于飛，君子得時也。

次三　木，夜。柱不中，梁不隆，大厦微。葉曰：三以陰柔不勝重任，如梁柱所以立大厦，中既不隆，能无微乎？言不勝其任也。《測》曰：柱不中，不能正基也。

次四　金，晝。爰聰爰明，左右檣音強。檣。檣，扶持也。四在金世，金能有聲，是其聰也，金能鑑物，是其明也。其所以能有聲而鑑物者，必待爐冶熔鑄成器而後能聰明也。以舜之睿聖，猶必闢四門，達四聰，以來天下之士，故盈廷濟濟，得左右檣檣之力也。《測》曰：爰聰爰明，庶士方來也。

次五　土，夜。君子強梁以德，小人強梁以力。五以土在強世，氣爲金泄，故不能以德爲強，直欲恃力以爲勝人之具。然以力服人者,非中心悦而誠服之也。此匹夫之勇,豈能一怒而安天下之民哉!《測》曰:小人強梁得位,益尤也。尤,愆訧。得位者,如項羽之自立稱霸,終爲漢虜也。

次六　水,晝。克我強梁,於天无疆。葉曰:克,勝也。六居強世逢陽,故能用其剛明之資以改過修慝,有以勝其強梁之心,造於高大之域,故曰於天无疆也。《測》曰:克我強梁,大美无基也。水性柔,柔能克剛。《洪範》曰:"沈潛剛克,高明柔克。"我,六自謂也。六在強世,能以柔自克,大美之道,无基无疆也。

次七　火,夜。金剛肉柔,血流於田。火性猛烈,人尚望而生畏之,況在強世,更復嚴刑峻法,鍛煉成獄,此商鞅之所以速暴秦之禍也。血流於田,如渭水盡赤是也。《測》曰:金剛肉柔,法太傷也。

次八　木,晝。強其衰,勉其弱。葉曰:八居衰弱之地,以其逢陽,乃能力加勉強。在己則有從善補過之功,在國則有興衰撥亂之效。勉強學問則見聞博而知益明,勉強行道則德日起而大有功也。《測》曰:強其衰,勉自強也。

上九　金,夜。太山拔,梁柱折,其人顛且蹶。温公曰:小人強梁過甚,山拔梁折,①自取顛蹶也。《測》曰:山拔梁折,終以猛也。自《更》首起至《強》首止,爲地玄初九之九首終。

☰

二方二州一部一家。睟。同粹。○陽家,一,水,下下,卦準乾。

陽氣袀同均。睟清明,物咸重光,保厥昭陽。

傳:袀,純也。睟,精也。《易》曰:"剛健中正,純粹精也。"此贊陽之沖和純睟,皭然不滓,能以其清明之氣滌濯群生,去其舊染之污,而萬物之被其澡雪者,莫不沐浴日月,以自保其日新之光華。重光者,日月重明之光也。

---

① "山",原作"出",據稿本、廣陵本改。

初一　水，晝。睟於内，清无穢。一在睟世，本源之水已極澄澈，故流於外者亦湛然虚明，八无一毫污濁之氣，是以謂之清无穢也。《測》曰：睟於内，清无穢也。

次二　火，夜。冥駁冒睟，晒同恧。於中。二以陰邪而居睟世，是小人不勝其駁雜之私，而欲顯冒純粹之名，猶小人間居爲不善，見君子而后厭然揜其不善而著其善，即所謂冥駁冒睟也，能无恧於中乎？《測》曰：冥駁冒睟，中自瘱於計切。也。瘱，隱也，慝也。惡之匿於心也。

次三　木，晝。目上時掌切。於天，耳下於淵，恭。目上於天，視之高也。耳下於淵，聽之深也。三爲進人而在睟世，君子恭己无爲，其耳目周知，猶恐雜於一毫人欲之私，有累於清明純粹之德，故其篤恭如此。《測》曰：目上耳下，聰察極也。

次四　金，夜。小人慕睟，失禄貞。次二是小人冒充君子，此曰慕睟，乃小人欲學君子而未能之象。苟有尚德之心，則宜改操勵行，毋貪不義之禄，遠避素餐之嫌，庶得其慕睟之道矣。《測》曰：小人慕睟，道不得也。

次五　土，晝。睟於幽黄，元貞无方。王曰：居中體正，得位當晝，爲睟之主，純德大明，睟於幽玄之中，而有黄中通理之德。元始貞正，其道无方，不可名也。《測》曰：睟於幽黄，正地則也。温公曰：君子雖在幽隱，不失中和之道，所以爲睟也。守其元貞以應萬務，无施不適，如地之德亦以幽黄元貞而成萬物也。

次六　水，夜。大睟承愆，易。温公曰：六過中而當夜，不能全其純粹者也。白玉易瑕，清水易污。大睟豈小人所能全！必將承之以過差也。《測》曰：大睟承愆，小人不克也。范曰：六在水世，二水并合，故稱大。五克於六，故承愆也。有愆而改，非小人之所能也。

次七　火，晝。睟辰愆，君子補愆。七值水世，受水之克，故有時而遇愆也。然得位當晝，君子在睟世，能澡行浴德以彌縫其闕，故曰善補過也。《測》曰：睟辰愆，善補過也。

次八　木，夜。睟惡无善。八以陰邪而居禍中，小人在睟世，不思從善悔過，乃專務惡行，陰邪敗德毫无一善可稱。此匹夫紂也，豈可爲之輔佐哉！《測》曰：睟惡无善，終不可佐也。

上九　金，晝。睟終永初，貞。金爲水母，居睟之終，終則反始，宜合於初之貞，以保其睟内无穢之德也。《測》曰：睟終之貞，誠可嘉也。

☳

二方二州一部二家。盛。陰家，二，火，下中。日入井，斗建午，律中蕤賓，芒種氣應，卦準大有。

陽氣隆盛充塞，物寘同填。然盡滿厥意。

傳：是時陽氣中天，朱明盛長，隆高盛大也。凡宇宙之人，八紘之廣，莫非朱明純陽之氣充塞其間，故物之滋生蕃育者皆飽其德而滿其意，故謂之盛。

初一　水，夜。盛不墨，失冥德。温公曰：墨，法也。凡盛非致盛之難，處盛難也。一爲思始而當夜，盛而不以法自制約，則喪其幽隱之德也。《測》曰：盛不墨，中不自克也。不能克其嗜欲之私也。

次二　火，晝。作不恃，克大有。温公曰：二爲思中而當晝，作而不恃，爲而不有。惟其不有，故能大有也。《測》曰：作不恃，稱玄德也。玄德，冥德也。

次三　木，夜。懷利滿匈，不利於公。三陰暗不中，小人好利懷私，不顧公家之急，而維私是營也。《測》曰：懷利滿匈，營私門也。

次四　金，晝。小盛臣臣，大人之門。温公曰：四爲福始，故稱小盛。臣臣，卑賤之意。君子當小盛之初，能自卑賤承事仁賢，以致大盛。凡爲大人者，未有不由此門而出者，故曰大人之門。《測》曰：小盛臣臣,事仁賢也。

次五　土,夜。何上聲。福滿肩,提禍撣音纏。撣。何,儋負也。提,挈也。撣撣,相纏不去也。○温公曰:五以小人而享盛福,禍必隨之,故曰“何福滿肩,提禍撣撣”。《測》曰:何福提禍,小人之道也。

次六　水,晝。天錫之光,大開之疆,於謙有慶。六以水在盛世,水流下,故能虚以下人。在火世能克火以除小人,故天錫之寵光而大開其疆宇,是皆由謙以致之也。《測》曰:天錫之光,謙大有也。

次七　火,夜。乘火寒泉至。范曰:火至熱也,泉至寒也。七以火居火,故曰乘火也。陽極則陰生,水生則火死,水火相克,故寒泉至也。《測》曰:乘火泉至,禍不遠也。

次八　木,晝。挹於滿熒,幾後之傾。挹,損也。熒,火,滿,盈也。木當衰敗之時而在火世,懼火滿盈,故挹而損之,可謂戒慎恐懼矣。然火生於木,禍發必克,雖暫免於外來之火,而自性之火終不能救焚身之災也。幾,近也。後傾言不過需延時日耳,終不能免也。《測》曰:挹於滿,幾不免也。

上九　金,夜。極盛不救,禍降自天。九居盛極,盛極必衰,天之道也,故不救。《測》曰:盛極不救,天道反也。

𝌆

二方二州一部三家。居。陽家,三,木,下上,卦準家人。

陽氣𨄔同據。肩赫赫,爲物城郭,物咸得度。音鐸。

傳:居,制邑度地也。肩,廓也。陽已内虚,惟仗倚肩廓赫赫於外,不知陰氣日益内襲,民之蕩析而離居者不知其幾矣。度,《大雅》“度之薨薨,築之登登”。陽於此時不能撫衆安民,惟有抽派夫役,投土築版爲城爲郭,以作禦敵計,而民亦遂各築堡寨以爲固守也,故曰物咸得度。

初一　水,晝。匪譽匪咎,克守厥家。葉曰:一在居之初而无爲,故匪譽匪咎,能守其家者也。《測》曰:匪譽匪咎,其道常也。

次二 火,夜。家无壺,婦承之姑,或洗之塗。壺以盛酒醴,養翁姑者也。新婦來亦欲承姑事長之禮,无如家无壺,則无以酌酒而獻尊矣。洗設於東榮,所以至潔也。今壺樽既缺,則洗亦可以不必設矣,而猶欲洗之,則洗將設之於塗中乎?甚言其家无設洗所也。《測》曰:家无壺,无以相承也。葉曰:无壺而洗塗,於以見其傳家之道缺也。

次三 木,晝。長幼序,子克父。三以木居木,猶衆木成林,長長幼幼,各列成序,子能克父之業以承其家者也。《測》曰:子克父,乃能有興也。

次四 金,夜。見豕在堂,狗繫之迒。音剛。獸迹也。堂乃尊者所處。今登其堂,不見有人,惟見豕之蹲踞及犬繫之迹,則其人之污穢可知矣。《測》曰:見豕在堂,其體不慶也。

次五 土,晝。軸艫調安,利富貞。家无壺猶是什物缺也,此則栖无可托之居,故欲附軸艫暫爲浮居之計也。《測》曰:軸艫安和,順其疆也。疆,故土之邊疆也。順其疆,猶有戀故土之思也。

次六 水,夜。外其井竈,三歲見背。井竈者,飲食之資也。外其井竈則家室空矣。莽以建國三年廢孺子嬰爲定安公,故云三歲見背。背,叛也。《測》曰:外其井竈,三歲不享也。不享者,不得飲食也。

次七 火,晝。老父擐音患。車,少去聲。女提壺,利考家。火在木世,七爲火之衰。火盡薪傳,又别成居室,此遷居移家之象。擐車,以手貫車轅,載其家室而行也。老夫,父也。少女,季女,相隨而遷者也。考,成也。利考家者,尊能載衆,卑能承上,故利於别成家室也。《測》曰:老父擐車,其體乃莊也。老父攜帶季女,无跋涉之勞,故曰體乃莊也。

次八 木,夜。反其几,雙其枇,同匕。其家不旨。几,人所憑以爲案者也。今乃反之,則其几之壞也可知矣。枇所以承飲,今乃雙之,則其杝之敗也可知矣。几壞杝敗,則其家之无甘旨以養親也又可知矣。《測》曰:反几雙杝,家用不臧也。見其外知其內,形容敗落之家如繪。

上九　金,晝。株生蘖,其種不絶。温公曰:木斬而復生曰蘖。九爲禍極,家已絶矣,而當日之晝,是尚有遺種能復興其家者也。《測》曰:株生蘖,其類乃長也。此則不无有望於中興之人矣。

☲

二方二州二部一家。法。陰家,四,金,中下,卦準井。

陽氣高縣音懸。厥法,物仰其墨,莫不被則。

傳:法,刑法。聖人不得已而用之,所以禁奸邪,止暴虐也。此時陰惡日肆,陽畏其逼,故高縣厥法於象魏,使民望而知畏也。墨,繩墨。則,法式。物之畏法而不敢從逆者,猶秉其功令,懔其憲章,而潛消其不靖之氣也。

初一　水,夜。造法不法。王曰:作法之初而失位當夜,不足法者也。《測》曰:造法不法,不足用也。葉曰:一當法初,是始造法者也。然陰邪不正,造法而非其法,不足用以治民者也。

次二　火,晝。摹法以中,克。温公曰:摹猶制也。二爲思中而當晝,制法以中,衆所共由也。《測》曰:摹法以中,衆所共也。

次三　木,夜。準繩不甫,亡其規矩。三屬木,故以準繩言。木從繩則正,后從諫則聖。甫,善也。準繩不善,非木之過,用之者之過也。物无規矩不能成方圓。今以无規矩之人而欲用準繩以治人,故其法差也。《測》曰:準繩不甫,其用爽也。温公曰:爽,差也。不能正其身,其如人何!

次四　金,晝。準繩規矩,莫違我施。四以陽剛而在金世,猶大匠之運斧斤,隨手所施,莫不中準合繩以成規矩,故曰莫違我施也。《測》曰:準繩規矩,由身行也。温公曰:君子先修其身。其身正,不令而行。

次五　土，夜。繘音橘。陸陸，瓶實腹，井潢音黄。洋，終不得食。陸陸猶碌碌。繘，汲索也。井以虚受汲，物亦必以虚而汲之，始得水。今以實腹之瓶而欲汲水，是失其所以取之之道矣。井潢洋，終不得食，未悉取食之法也。《測》曰：瓶實腹，非學方也。方，法也。○温公曰：學者虚以受人，則人樂告之。五居法之盛而當日之夜，小人先自驕滿，不能納物者也。

次六　水，晝。於紀於綱，示以貞光。温公曰：六居上禄以施其法，能紀綱天下，示人以正大光明之道也。《測》曰：於紀於綱，大統明也。紀綱者，國家之大閑也。紀綱正則大統明，大統明則稱攝稱新皆非正統矣。

次七　火，夜。密網離於淵，不利於鱗。王曰：七過滿而當夜，作法太刻，網麗於泉而鱗不寧，法施於國而民不便者也。《測》曰：密網離淵，苛法張也。

次八　木，晝。正彼有辜，格我元邪。我，百姓自謂也。有辜謂九。八近於九，无辜被克，故九爲有辜矣。元邪，首惡也。家性屬金，九金之虐成於家性，故曰元邪。且爲首初造法之人，造法不法，是謂元邪。《測》曰：正彼有辜，毆同驅。而至也。有辜既正，元邪又格，法平而民自安，故人皆歸之如毆而至也。

上九　金，夜。井无幹，音寒。水直衍，匪溪匪谷，終於愆。幹，井欄。愆，溢也。○王曰：處法之極而當夜，无法者也。國而无法則人易犯，井而无幹則水衍溢矣。《測》曰：井无幹，法妄恣也。

☷

二方二州二部二家。應。陽家，五，土，中中。日入井，斗指午，律中蕤賓，夏至氣應，卦準離。

陽氣極乎上，陰信萌乎下，上下相應。

傳：應，感也。陽氣極乎上，陰信萌乎下，萌孽之始生者也。雖未大爲害，然陽至此衰矣。《應》居八十一首之中，陽生於子，盡於巳，陰生於午，盡於亥。《應》之次六交夏至，猶《中》首次六之交冬至，信不爽也，故曰上下相應。

初一　水，晝。六幹羅如，五枝離如。天數五，地數六。幹屬陽，枝屬陰。以天地數論則幹當稱五，枝當稱六，今反曰六幹五枝，則是陰陽交錯，君臣倒置，何文章交織之有耶！此陰賊假爲和合之象，冀以要君，故其象羅如離如也。《測》曰：六幹羅如，附離君也。幹稱六，枝稱五，豈得爲附麗君耶！

次二　火，夜。上歷施之，下律和去聲。之，非則否。温公曰：歷謂十二辰，律謂十二管也。斗建十二辰於上，律布十二管於下，上下相應。苟非其合，則不應也。《測》曰：上施下和，匪其肯也。陰陽和則歲功成，君臣和則國事治。二以陰邪而當夜，乃逆上之施而律不下和，矯強任性，故曰匪其肯也。

次三　木，晝。一從去聲。一横，去聲。天網㒚音郎。㒚。㒚㒚者，疏而不漏之意。此特爲拗上而不守純臣之節者作指點語也。天雖高遠廣大无垠，然一從如經，一横如緯，若網羅之高張，人固不能逃乎其數也。《測》曰：一從一横，經緯陳也。

次四　金，夜。援我罘罟，絓羅於野至。金性堅剛，固能援我罘罟，然天網難逃，國法難宥，不料虞人又有絓羅於野者至矣。《測》曰：援我罘罟，不能以仁也。天不能於法外施仁，能逃罘罟，不能避絓羅之至也。

次五　土，晝。龍翰於天，貞栗其鱗。翰，飛。栗，懼也。此《易》之亢龍也。貞栗其鱗者，龍至是有戒心矣。龍雖翰飛於天，然在上貴而无位，高而无民，賢人在下位而无輔，是以動而有悔也。《測》曰：龍翰之栗，極懼墜也。前四十一首至此贊終。

次六　水，夜。熾承於天，冰萌於地。葉曰：《玄》以此贊當夏至午之半，陽極陰生。陽方赫赫上熾於天，不知陰已肅肅下萌乎地矣。《測》曰：承天萌地，陽始退也。後四十首自此贊始，與中首次六對。

次七　火，晝。日強其衰，應蕃貞。葉曰：蕃，盛也。七居衰謝之位，在陰萌之初，其衰可知。然陰始萌而陽猶盛，尚可強其所欲衰，而致其蕃盛之貞也。《測》曰：日強其衰，惡敗類也。惡陰之敗陽類也。〇許氏曰：應之次七，是天地變化草木蕃之時也，故君子齊戒，處必揜身，其惡敗類也如此。

次八　木，夜。極陽徵陰，不移日而應。八以敗木而居火上，焚燒劇甚，故陽欲徵陰以救燥，迫不及待，不知陰氣乘陽之危，正思竊發，一聞徵召之信，遂束裝倍道而趨，故不移日而至也。嗟乎！此豈可徵之人！猶唐明皇之召安禄山，不召方且慮其竊發，況徵之耶？此所謂獨坐空山，放虎自衛者也。《測》曰：極陽徵陰，應其發也。應其發，適符其陰將勃發時也。哀帝崩，太后遣使馳召莽爲大司馬，領尚書事。及平帝被殺，又奉太皇太后詔以莽居攝踐阼。計莽之篡立前後，皆奉太皇太后之詔以徵之也。

上九　金，晝。元離之極，君子應以大稷。元離之極，若《易·離卦》之九三、九四，言前明將盡，後明將繼，則有"突如其來如，焚如，死如，棄如"之象。稷，昃也。當此存亡危急之秋，如日中之昃，少爲遜退以避其凶殘也，此正爲保天下計。《詩》曰："畏天之威，於時保之。"《孟子》曰："樂天者保天下，畏天者保其國。"此應以大稷之謂也。舊注謂元離之極，君子當委禄乞身，倦勤謝事，如堯老禪舜之例。予案：此解非也。蓋七爲火之衰，八爲木之衰，九爲金之衰。君子在極衰之世，積弱難返，故連用四應字，以見其事有不得不然之勢。在大君此時惟有明揚側陋，求賢自輔以弭其竊發之逆迹，若徒諉諸天命，而持委禄乞身、倦勤謝事之説，則凡大奸巨憝，均可藉口爲禪讓之地矣。《測》曰：元離之極，不可遏止也。強陰氣焰正張，如"突如來如"之勢，故不可遏止也。

卷　四

江都陳本禮纂述　貴池劉世珩校刊

☷

二方二州二部三家。迎。陰家，六，水，中上，卦準咸。○以下四十首屬陰，故辭皆以陰爲首。

陰氣成形乎下，物咸溯而迎之。以下物字皆指陰屬之物。

傳：此日陰氣既已形成，則爲精爲怪作祟作邪，以擾亂國家，而世間之魑魅魍魎，凡屬妖魔之物，无不溯而迎之者，欲奉以爲主，以冀其一朝得志，己遂可以攀鱗附驥而獲其榮也。

初一　水，夜。迎他匪應，无貞有邪。迎而曰他者，卑之之詞。匪應，匪其應求之人也。○范曰：五爲君，他爲二，一在水世，近欲迎二，火水相克，故不應五。位不正，故曰无貞也。《測》曰：迎他匪應，非所與并也。妖非人類，不可近也。

次二　火，晝。蛟潛於淵，陵卵化之。人或陰言，百姓和之。蛟，陰類，故潛於淵。其卵在山，乃蛇與雉交而生者。陰氣相感則卵入水而化蛟，此以類相感也。人，小人。陰言，邪僻不正之言。而百姓和之者，蓋以小人感小人，亦以類也。天道至此而日降，世運至此而益壞，妖邪敗類由此而日興，所謂无貞有邪也。《測》曰：蛟潛之化，中精誠也。精不極不化。二在陰中，雖所感不正，然其精誠所結，亦能感物如此。

次三　木，夜。精微往來，妖先靈覺。精微者，妖氛也。往來者，此以邪感，彼以邪應，見盈天地間，莫非此妖氛之氣所往來也。妖先靈覺者，妖由人興。國家將興，必有禎祥；國家將亡，必有妖孽。此鬼神之靈，所以能先見者也。《測》曰：精微往來，妖咎徵也。

次四　金，晝。裳有衣襦，男子目珠，婦人嘘鈎。前言妖氛所感之不正，此見男女所感之不正也。襦，上服。裳，下服。裳必有衣，猶婦必有夫，而後成爲配耦也。今男不用聘幣，而以目爲珠而默誘之，女不待媒妁，輒以嘘爲鈎而暗引之。"冶容誨淫"，此特描寫當時附莽諸人之醜態也。《測》曰：裳有衣襦，陰感陽也。目成定情，雖由男子然亦鈎之，故曰陰感陽也。史稱莽每欲有所爲，不明言，但微示風采，而諸奸黨悉承其意指行，所謂目珠也。采風使王惲等八人，詐造歌謠，凡三萬言，稱頌莽功德，莽皆封爲列侯，此所謂以嘘鈎也。

次五　土，夜。黄乘否貞。黄乘，乘輿也。五居中而陰邪不正，乘雖黄，不足貴也。《測》曰：黄乘否貞，不可與朋也。葉曰：此蓋托正以售其不正，所謂大奸似忠，大邪似正之所爲，烏可近也。

次六　水，晝。玄黄相迎，其意感感。葉曰：玄，天色。黄，地色。四言男女之相感，此言天地之相感。《易》曰："天地絪緼，萬物化馴。① 男女構精，萬物化生。"相感之道，不過二端而已。《測》曰：玄黄相迎，以類應也。

次七　火，夜。遠之眲，音詢。近之棓，音掊。迎父迦同邂。逅。眲，怒目也。棓，擊也。七爲火，八爲木。七乃八之子，遠於父則父眲其傲慢而不養己，近於父則父又棓其暴烈而克己。邂逅，解悦也。迎者，俟父解悦之時，迎其機而温清之也。父諭君，子喻臣，見臣之得君難也。《測》曰：遠眲近棓，失父類也。七以火在水世，動即被克，豈能有所感於其父耶。

次八　木，晝。見血入門，捬同俯。迎中庭。八當敗落之時，

① "馴"，通行本《周易・繫辭》作"淳"。

下慮七火,上畏九金。血,憂也。禍未來而憂先至。俯迎中庭者,横逆之來,君子恭敬退讓以明禮,所以遇患免災也。《測》曰:見血入門,以賢自衛也。賢,恭敬。恭則不侮人,敬則能感人,所以自衛也。

上九 金,夜。濕迎牀足,罣於牆屋。九爲禍極而當夜,金在水世。濕迎牀足者,始見濕也。浸淫而上,至於牆屋,不勝水濕之氣。故至坍卸罣覆也。《測》曰:濕迎牀足,顛在内也。温公曰:小人、女子所以能傾國家者,非一朝一夕之故,其所由來者漸矣。如濕氣之迎牀足,浸潤而上,遂累及牆屋。究其顛沛之原,則自内興也。

☵

二方二州三部一家。遇。陽家,七,火,上下,卦準姤。

陰氣始來,陽氣始往,往來相逢。

傳:不期而會謂之遇。陽自束裝以來,欲去久矣,遲至今日始啓行者,迫於不得已也,乃不期而遇諸塗,所謂讐人偏見面也。

初一 水,晝。幽遇神,及師夢,貞。幽遇神,陰遇陽也。及師,陽遇陰也。陰陽相遇不相讓,故及師,師者,神戰於玄之象也。心之所思,結而爲夢。夢神及師,非實有其事,固是夢也。貞者,以陽伐陰,以水克火,故曰貞。《測》曰:幽遇神,思得理也。

次二 火,夜。沖沖兒遇,不受定之,諭。沖沖,横行无知貌。二以火值火世,飛揚浮躁,倏忽猋怒。兒者,童稚之稱。火爲木之子。木之植根,定而不移,故教之以定也。《測》曰:沖沖兒遇,不肖子也。

次三 木,晝。不往來,不求得,士女之貞。木植根於山,固不似人之往來遷移也。不求得者,《離騷·橘頌》曰:"受命不遷,廓其无求兮。"蓋不往來則无自媒自衒之醜行,不求得則能堅磐石之操守,廉介之貞也。《測》曰:不往不來,士女則也。

次四 金,夜。㒜㒜兑人,遇雨厲。㒜㒜,困悴貌。兑人,女巫也。古者旱而用巫禱雨,是日也,女巫塗脂抹粉,篩金播鼓,呼星召鬼,不期適遇天降大雨,以致衣裳濡濕,花粉淋漓,儼若雩壇之鬼,故曰厲。

《測》曰：兑人遇雨，還自賊也。禱雨遇雨，又誰怨哉！

次五　土，晝。田遇禽，人莫之禁。田，畋獵也。田而遇禽，動輒有獲，人孰禁之哉！言其易也。《測》曰：田遇禽，誠可勉也。

次六　水，夜。俾蛛罔同網。罔遇蜂，利雖大，不得從。蛛，蜘蛛。蜂，螫蟲。蛛設網，本以羅蚊蚋，今忽獲大蜂，利雖大，終必遭螫，不得從而取之也。《測》曰：俾蛛之罔，害不遠也。

次七　火，晝。振其角，君父遇辱，匪正命。振，奮也。○温公曰：七爲禍始而當晝，如君父不幸遇辱，則君子振角直道而行，死之可也，雖非正命而死，義不得不爾。《測》曰：振其角，直道行也。

次八　木，夜。兩兕鬥，一角亡，不勝平聲。喪。八爲禍中而當夜，上近於九，以木遇金，不讓故鬥，然木非金敵，故角亡也。《測》曰：兩兕鬬，亡角喪也。

上九　金，晝。或抵其角，遇下毁足。九居陽剛之極而在火世，災禍之來，雖以角抵，然不虞木能生火，在下之毁其足也。《測》曰：或抵其角，何可當也。不能當火之毁足。

𝌱

二方二州三部二家。竈。陰家，八，木，上中，日入柳，斗建未，律中林鐘，小暑氣應，卦準鼎。

陰雖沃而灑之，陽猶爇而龢去聲，同和。之。一“雖”字，見陰猶有濟陽之心，一“猶”字，見陽之待陰已甚，不但不報之德，反欲灼陰使乾，毋怪小人生心之欲虚其内矣。

傳：竈，養也。爇，燒也。龢，烹煎也。竈必水火濟而後得烹飪以養人也。今陽既亢烈，物已枯焦，陰雖沃而灑之，尚不足以潤其燥，況爇而和之，民何以得其養耶？

初一　水，夜。竈无實，乞於鄰。竈以供烹飪，今有水无米，是空有竈之名而无竈之實。乞於鄰，則是乞鄰人之食以充飢渴矣。《測》

曰：竈无實，有虛名也。

次二　火，晝。黄鼎介，其中𥦗，不飲不食，孚无害。鼎以熟物。介，特立貌。𥦗，中空也。鼎三足，黄耳金鉉，和五味之寶器也。不飲不食者，鼎必有實，今𥦗其中，是不能予人以飲食也。孚無害者，二在中逢陽，能孚乎其中虛之德，雖无飲食養人，然亦不害其爲鼎也。《測》曰：黄鼎介中，廉貞也。此以鼎喻成德之人，亦以自寓也。

次三　木，夜。竈无薪，黄金瀕。三以木在木世，而反曰无薪，是有材不用也。黄金指鼎言。瀕，水也。鼎以熟物，今既无薪，即烹水亦難以飲人，是使黄金虛設也。《測》曰：竈无薪，有不用也。竈必水火備而後可以熟物，今竈不用薪而止注水，是終不得金鬲之用也。

次四　金，晝。鬲音歷。實之食，得其勞力。鬲，鼎款足者謂之鬲，實五㲉。斗二升曰㲉。君子以禄養賢，雖鬲實之食亦得其勞力也。《測》曰：鬲實之食，時我奉也。温公曰：鼎大烹以養聖賢，故竈多養賢之象。

次五　土，夜。鼎大可觴，不齊側皆切。不莊。觴以盛酒。飲人以酒亦曰觴。〇温公曰：五居盛位，可以養賢，故曰鼎大可觴。然當日之夜，不能以禮待天下士，則士皆莫肯歸之矣。《測》曰：鼎大可觴，饗无意也。王曰：无大饗齊莊之意。

次六　水，晝。五味龢，調如美如，大人之饗。温公曰：六爲上禄而當晝，君子輔佐國家，獻可替否，進賢退不肖，燮和其政，調美如羹，獻之於君而君饗之，則天下大治矣。《説命》曰："若作和羹，爾惟鹽梅。"三公承君，有鼎之象。《測》曰：味龢之饗，宰相事也。

次七　火，夜。脂牛正肪，不濯釜而烹，則歐同嘔。歍音烏。之疾至。温公曰：肪，脂也。歐歍，心有所惡而吐也。肥牛之脂以喻美禄。人君雖以美禄養士，若不以誠潔之志將之，則士斯惡之矣。七爲禍始，失志之象。《測》曰：脂牛歐歍，不絜同潔。志也。

次八　木，晝。食其委，雖噭不毁。委者，人所棄置之食。噭者，號呼也。言既食其禄，雖人君棄置之餘，亦屬國家養士之恩，豈可當其有事不號呼以爭之耶！不毀者，不退有後言也。《測》曰：食其委，蒙厥德也。

上九　金，夜。竈滅其火，唯家之禍。漢成帝微行過陽阿主家，悦歌舞者趙飛燕，召入宫，大幸。有女弟合德，復召入，姿性尤醲粹。時披香殿博士淖方成在帝後唾曰："此禍水也，滅火必矣。"九金生水，家性爲竈，是自滅其火也。《測》曰：竈滅其火，國之賊也。漢以火德，王莽賊之，禍甚於飛燕、合德。史稱莽嘗作厭勝語曰："執大斧，伐枯木。流大水，滅發火。"欲以此厭勝之，故直名之曰國之賊也。

☷

二方二州三部三家。大。陽家，九，金，上上，卦準豐。

陰虛其内，陽蓬其外，物與盤盝。

傳：陰虛其内者，是陰暗欲虛陽之内而利於己也。陽不察其狡詐，猶專務蓬大於外，故小人乘其内空，於是先盜其倉庾府庫，繼攘其土地人民，而陽益虛矣。陽既内虛，則萬物之精華亦竭，如盤盝之空其中矣。與，同也。

初一　水，晝。淵潢洋，包无方，冥。温公曰：一爲思始而當晝，君子之心如淵潢洋，无所不包。冥者，居下體之下，隱而未見也。《測》曰：淵潢洋，資裹无方也。范曰：一，水也，故稱淵。世屬金，金生水，子母共位，故潢洋也。深大之淵，衆物所歸，无不包納，故冥也。

次二　火，夜。大其慮，躬自鑢。王曰：處大之時，失位當夜，乖於其宜，徒欲廣大其慮而智不能周，反傷其躬也。鑢者，錯磨之具。錯磨太過，必有所傷。《測》曰：大其慮，爲思所傷也。

次三　木，晝。大不大，利以成大。范曰：三爲木而在金世，恐見消克，不敢自矜，常自謙約，故利爲大也。《測》曰：大不大，以小作基也。王曰：得位當晝，故能大不大，以謙虛自保，利用積小以成其大也。

次四　金，夜。大其門郊，不得其刀，鳴虚。刀，錢刀也。四值金世，小人恃其金多錢富，欲高大其門閭於郊坰之地。門閭雖大，而錢刀罄矣，猶自誇富於人，故曰其鳴虚也。《測》曰：大其門郊，實去名來也。小人不務實德而務虚名，雖金多何爲？

次五　土，晝。包荒以中，克。五屬土，位在中，坤厚載物，德合无疆，故能包荒以成其大也。《測》曰：包荒以中，督九夷也。包荒者，謂大荒之内，四海之外，皆其所包。聖人執大中之道以御六合。督謂統領而董正之也。

次六　水，夜。大失小，多失少。范曰：六，水也，水之所失在於隙穴。漏從細生，禍由微起。《測》曰：大失小，禍由微也。

次七　火，晝。大奢迂，自削以觚，或益之餔。范曰：觚，法。餔，賜也。大本金世，七爲火，火盛金衰，故不宜自大奢迂於法，能自削小，合於法度，故有或益之賜也。《測》曰：奢迂自削，能自非也。

次八　木，夜。豐牆峭阯，三歲不築，崩。范曰：豐，大。峭，峻。阯，足。三，終也。牆大基峻，若不終歲加之版築，則有崩墜之患，猶君子之道，不隆其本，末必危也。《測》曰：豐牆之峭，崩不遲去聲。也。不遲猶言不及待至三歲也。

上九　金，晝。大終以蔑，同滅。否出天外。九爲禍之終，過大而無救，則滅矣。否出天外者，言禍從天外飛來也。○范曰：家性爲大，終於自大，益以否也。《測》曰：大終以蔑，小爲大資也。小爲救大之資也。○自《睟》首起至《大》首止，爲地玄次九之九首終。

𝌭

二方三州一部一家。廓。陰家，一，水，下下，卦準豐。

陰氣瘱同翳。而念同合。之，陽猶恢而廓之。前之猶字猶是惡陰，此則直是好大喜功而不自知其失矣。

傳:瘞,匿。忩,翕也。匿翕者,語云:“將欲取之,必固與之。”陰恐陽亡之不速也,故反匿其惡而佯合之。大奸似佞,巧言似忠,陽受其愚而不悟,猶恢張而廓大之,正墮其計中矣。

初一 水,夜。廓之恢之,不正其基。一在水世,二水奔流,匯合无定,且水性趨下,是其根基先不固矣。《測》曰:廓之恢之,始基傾也。

次二 火,晝。金幹玉楨,廓於城。金幹玉楨,美器也。二以火在水世,恐被傷害,故堅築其城以自防固也。〇温公曰:楨幹者,版築之具,旁曰幹,題曰楨。二爲思中而當晝,君子能以賢哲爲務,恢廓其德以自衛也。《測》曰:金幹玉楨,蕃輔正也。

次三 木,夜。廓无子,室石婦。范曰:木生於水,爲四所克,雖自廓大,不能生長,故无子。婦而无子,陰不合也,故謂之石。《測》曰:廓无子,焉得後生也?

次四 金,晝。恢其門户,用圉同禦。寇虜。范曰:四爲門,二爲虜。家性爲廓,恐二克之,故恢其門户,以義爲固。又四爲甲兵,故利以禦寇。《測》曰:恢其門户,大經營也。不大經營其内而惟門户是恢,徒恢張於外,无益而有損也。

次五 土,夜。天門大開,恢堂之階,或生之差。五居盛位而當日之夜,小人德不足以充其位,而乃欲大開天門,以恢廓其堂階,无如所生之差也。五以土而在水世,水不能生土,故曰生之差也。《測》曰:天門大開,德不能滿堂也。

次六 水,晝。維豐維崇,百辟馮同憑。馮,伊德攸興。六爲極大而當晝,君子欲恢廓大業,必先以得人爲主。馮,依也。賢臣依附而德日興,天下有不太平者耶?《測》曰:維豐維崇,茲太平也。

次七 火,夜。外大杚,同圪。其中失。君子在舊作至。野,小人入室。温公曰:杚當作圪,高壯貌。七在廓家而居上體,故曰外大杚，言廓大而高壯也。然當日之夜，小人處大而驕，遠賢近不肖，亂自内興，故曰"其中失，君子在野，小人入室"也。《測》曰：外大杚，中无人也。

次八 木，晝。廓其外，虚其内，利鼓鉦。鉦，鐲也，所以節鼓。○范曰：震爲雷，故稱鼓。鼓之形内虚外廓，鉦以爲節。○温公曰：八居外而當晝，君子廓外以昭德，虚内以納物，故能令名遠聞，譬如鼓鉦亦外廓内虚而能有聲也。君子之德在外而恢廓者，惟令名也。《測》曰：廓外虚内，乃能有聞也。

上九 金，夜。極廓於高庸，同墉。三歲无童。王曰：處廓之極，失位當夜，雖能恢廓其垣墉，而中无童役可使，高而无人，悔可知矣。《測》曰：極廓高庸，終无所臣也。温公曰：不能降意接下，則下將叛之，故三歲无童。

☵

二方三州一部二家。文。陽家，二，火，下中，卦準渙。

陰斂其質，陽散其文。文質班班，萬物粲然。

傳：文，華美也。是時陰將犯陽，猶懼亢陽之威，更收斂其質以迎合陽意。陽性仁厚，不察其奸，信其樸實无華，猶極力敷文散彩以冀其質有文也，而不知陰外若彬彬，内實欲空陽之府庫，而竭其天下之財也。

初一 水，晝。袷襀同繪。何賀上聲。縵，玉貞。袷，衿也。襀，畫也。何，被也。縵，无文之繒。玉貞者，形容文之質素如白玉之貞也。○温公曰：君子内文外質，如施畫於袷，而被以縵服，純素含章，如玉之正，暗然而日章也。《測》曰：袷襀何縵，文在内也。

次二 火，夜。文蔚質否。蔚，茂密貌。○温公曰：二爲思中而當夜，小人文華雖美，而實不能副也。《測》曰：文蔚質否，不能俱晬也。

次三 木，晝。大文彌樸，孚似不足。樸者，質素也。大文者，帝王詔誥、聖賢經籍之文也。孚似不足者，《法言》曰："虞夏之書渾渾爾，商書灝灝爾,周書噩噩爾。”“書不盡言,言不盡意”,故似不足也。《測》曰:大文彌樸,質有餘也。

次四　金,夜。斐如邠同彬。如,虎豹文如,匪天之享,否。音鄙。○虎豹之革雖以文見貴,究屬凶殘之物,必不爲天所饗,終以文害其躬也。《測》曰:斐邠之否,奚足譽也。

次五　土,晝。炳如彪如,尚文昭如,車服庸如。五居天位。炳如彪如者,國家之典制禮樂文章也。天子行而世爲天下法,言而世爲天下則,故尚文昭如也。車服庸如者,車如金根玉輅,服若山龍藻火,皆所謂文也。《測》曰:彪如在上,天文炳也。天文謂如日月星辰之燦然麗乎天者也。

次六　水,夜。鴻文无范,恣於川。范,法也。○温公曰:鴻雁之飛,偶有文字之象,而无法也,遇川則自恣而已。六過中而當夜,小人之文无法而妄爲者也。《測》曰:鴻文无范,恣意往也。六爲水,故曰恣於川。水隨意往,故曰恣。

次七　火,晝。雉之不禄,而雞藎穀。王曰:七過滿而當晝,如翟雉有文采而懷耿介之性,不受人之馴養,故曰不禄,不若雞之進而得食。藎,進也。《測》曰:雉之不穀,難幽養也。天下固多藎穀之雞,而欲求不禄之雉,見亦罕矣。

次八　木,夜。雕韯穀布,亡於時文則亂。雕,刻鏤也。韯,纖麗也。雕韯者,雕刻韯巧以求悦世之文也。穀布者,穀粟布帛之文也。漢文自司馬文園及枚乘、鄒子樂等一時競尚新奇,浮華靡麗,文體一變,遂使古人穀布質樸之風全然泯没,是乃自亂其體也。《測》曰:雕韯之文,徒費日也。雕韯之文,費日勞功而不適於用也。

上九　金,晝。極文密密,易以黼黻。王曰:九居文極而得位當晝,能易極文之弊者也。文巧之極,至於密密,至韯至微,然能易之,使如黼黻之有法度也。○温公曰:白與黑謂之黼,黑與青謂之黻。黼黻雖文,然校於雕韯則爲質也。《測》曰:極文之易,當以質也。收到質字，正是文章妙訣。

𝌼

二方三州一部三家。禮。陰家，三，木，下上，日入張，斗指未，律中林鐘，大暑氣應，卦準履。

陰在下而陽在上，上下正體，物與有禮。孺子居攝元年三月，莽立孺子爲帝，帥群臣北面而朝之，故有是譽。

傳：陰既質有其文矣，於是遂假托《周官》，附會《王制》，置大尹州牧，分六卿六屬，總爲萬國，上下相維，以爲正體，而劉歆等更附和之，故物皆謂之有禮，其實非也。曷不觀初一之辭曰“履於跂，後其祖禰”，則直躐尊而進，目无宗祖矣，又上九之辭曰“戴无首，焉用此九”，則直目无君上矣，且下首之名曰逃，則是君无容身之地矣，猶得謂之“物與有禮”乎？

初一　水，夜。履於跂，後其祖禰。履著於足，所以便行也。跂，足後跟也。今履不著於足而著於跟，是以後爲前，倒行而逆施矣。祖禰者，我身之所從出也。今乃欲後之，是宗祧亂矣。在禮世而後其所先，先其所後，如此足以見其无禮矣。《測》曰：履於跂，退其親也。此豈有禮者之所爲？

次二　火，晝。目穆穆，足肅肅，乃貫以棘。此祀於祖廟之禮也。穆穆，如見其形。肅肅，如聞其聲。棘木，其心赤。敬之至，出於中心之誠也。《測》曰：穆穆肅肅，敬出心也。

次三　木，夜。畫象成形，孚无成。三在木世，似木而非真木也，猶祖宗畫像，面目雖是，而神氣則非焉，能望子孫之精誠而上孚乎祖宗在天之靈乎？故无成也。《測》曰：畫象成形，非其真也。

次四　金，晝。孔雁之儀，利用登於階。温公曰：孔雀有文章，雁有行序，皆威儀之象。階喻進而登位也。四爲下禄而當晝，君子有威可畏，有儀可象，其下畏而愛之，則而象之，是以政教不肅而成，不嚴而治也。《測》曰：孔雁之儀，可法則也。

次五　土，夜。懷其違，折其匕，過喪去聲。錫九矢。懷其違，昵私人也。折其匕，敗禮器也。喪九矢，失直臣也。五居天位而受世克，陰邪不正，所以有折七喪矢之失也。《測》曰：懷違折匕，貶天禄也。九矢，先王所賜，故曰貶天禄也。

次六　水，晝。魚鱗差之，乃矢施之，帝用登於天。此禮之用於宗廟者也。魚鱗差之者，見駿奔走者之次序不紊也。乃矢施之者，牲牢俎豆之陳設，如矢之直一也。登，享也。〇范曰：宗廟之事，動有禮儀，不相陵越，陳施以度，不違於道，故帝用享於天也。《測》曰：魚鱗差之，貴賤位也。

次七　火，夜。出禮不畏，入畏。七爲火而在木世，木盛火烈，遂越禮犯分而不畏也。不知木盡火滅，故依然入於畏也。〇葉曰：七爲失志，故出於禮。出於禮則入於刑，故不畏而入畏也。《測》曰：出禮不畏，人所棄也。

次八　木，晝。冠戚䏔，音肘。履金舊作全。履。戚䏔，喪冠也，喪冠則宜菅履。金履，錦履也。冠戚䏔而履金履，履雖賤，然非有喪者之服也。八爲敗木，故其不明於禮也如此。《測》曰：冠戚履賤，不可不正也。①　范曰：戚䏔以諭敗也。冠雖敗宜加之首，履雖全宜踐之足。

上九　金，夜。戴无首，焉用此九。九爲數之窮，禍之極，以木末而遇金傷，是无首也。戴无首喻平帝被殺也。焉用此九者，《易》曰："用九，見群龍无首，吉。"今戴九无首，又何吉之有耶？《測》曰：无首之戴，焉所往也。舊君遇殺，子嬰未立，此爲臣子者正仰天慟哭之時，故无所往也。

𝌶

二方三州二部一家。逃。陽家，四，金，中中，卦準遁。

陰氣章強，陽氣潛退，萬物將亡。不曰逃而曰潛退者，天王狩

① "冠戚履賤不可不正也"，四庫本《太玄經》作"戚□明不可上也"。

於河陽之義也。

傳：此時陰氣壯盛，明章其強勢，欲淩君犯上。陽至是而始悔前此被陰之惑，受陰之愚，以致國帑空虚，不能禦敵，故懼而潛退。亡，逃亡也。君既退避，則百姓皆聞風走矣，故曰逃。

初一　水，晝。逃水之夷，滅其創迹。夷，平。創，傷也。君子避禍於未萌，逃惡於未形，滅其創迹者，如避逃於水。水合則平，不可以迹求也。《測》曰：逃水之夷，迹不創也。此時君民皆逃，惟欲早滅其迹，使敵人莫知其所之，故物莫能傷也。

次二　火，夜。心惕惕，足金舄，不志溝壑。心惕惕，寫出欲逃不得本懷。不志溝壑，謂不肯自經於溝壑，比於匹夫匹婦之爲諒也。此子雲自寫照，言去既不得，死又不能，其所以然者，總爲膝下童烏所累。金舄指其子言，非爲戀禄也。《測》曰：心惕惕，義不將也。宋曰：將，行也。不能以義斷心而行也。

次三　木，晝。兢其股，鞭其馬，寇朢同望。其户，逃利。兢，強也。凡乘騎欲疾前，必兩股強力夾擊其鞍而急鞭其馬也。望其户，寇將至也。户近禍遠，逃之爲利。《測》曰：兢股鞭馬，近有見也。三在逃世，見幾之早，雖不及初，然寇至思避，猶愈於矰之加頸也。"近有見"三字，危甚。

次四　金，夜。喬木維樅，音沖。飛鳥過之，或止降。葉曰：樅，木上挺茂盛貌。逃以遠逝，爲得四以陰暗，不能高飛遠逝，如飛鳥見喬木之盛，過輒降而不去，蓋其志有所係戀，不復知潔身之爲高也，寧能免於禍耶？《測》曰：喬木之鳥，欲止則降也。喬木維樅，林固美矣，而不知虞人之網專以俟其止而降也。

次五　土，晝。見鷙踤同猝。於林，獺入於淵，征。鷙踤林，獺入淵，凶危急矣。禽魚畏難，惟深居疾走之爲愈也。《測》曰：見鷙及獺深居，逃凶也。

次六　水，夜。多田不婁，力住切。費我𨁂舊訛賸。功。田，獵也。婁，獲也。蹊，田間徑道也。不婁見，鳥獸知幾早逃，故人不能獲。費我蹊功者，凡射欲疾得禽，不惜縱馬以蹊人之田，田被蹊而不得耕，故費我修蹊之功也。《測》曰：多田不婁，費日亡功也。亡，荒也。荒誤農功也。

次七　火，晝。見於纍，後乃克飛。纍，索也。知幾不早，及被困於縶擊，乃始奮翮潛逃，固是倖而免耳。《測》曰：見於纍，幾不足高也。

次八　木，夜。頸加於矰，維翓同翼。其繩。温公曰：矰，弋射之矢也。八爲禍中而當夜，不能遁逃遠禍，矰已加於頸矣，雖復奮飛，翅爲繩曳，安能逃哉！徒自勞也。《測》曰：頸加維翓，毋自勞也。

上九　金，晝。利逃跰音迸。跰，盗德同得。嬰同攖。城。跰跰，足拘攣難行也。嬰，據守也。九居禍之終，雖利於逃，然盗已攖城，无路可走。逃亦死，不逃亦死。故曰何至逃也。《測》曰：盗德嬰城，何至逃也。此時大盗業已據國，天下皆其所有，雖欲逃，得乎？

𝌷

二方三州二部二家。唐。陰家，五，土，中中，卦準遁。

陰氣茲來，陽氣茲往，物且蕩蕩。蕩蕩，茫无所之之象。

傳：陰氣茲來，謂急欲嬰城也。陽氣茲往，欲疾往而逃也。唐，荒唐。莊子所謂唐子，喪亡之子也，此正寫其喪亡景象。物且蕩蕩者，萬物與君同逃而更爲震蕩播越也，故曰蕩蕩。

初一　水，夜。唐於内，勿作厲。荒唐之子，作事多舛，勿作尚且有厲，況於作乎！《測》曰：唐於内，无執守也。

次二　火，晝。唐處冥，利用東征。冥，暗也。東征，向明也。○温公曰：東方日所出。二爲思中而處下體之内，故曰唐處冥，言其中心蕩蕩，迷所適也。然當日之晝，君子能求明道以自進也。《測》曰：唐冥之利，利明道也。

次三　木，夜。唐素不貞，亡彼瓏玲。唐素不貞者，俗所謂褦襶子也。瓏玲，通明貌。木質樸濁，固不及玉之瓏玲温潤，故曰非爾所能也。《測》曰：亡彼瓏玲，非爾所也。

次四　金，晝。唐无適，道義之辟。適，專主也。辟，從也。金得土而王，庚金爲義。唐子雖執中无主，然能徙義崇德，不爲非義之事，故可取也。《測》曰：唐无適，惟義予上聲。也。

次五　土，夜。奔鹿懷鼷，得不資。葉曰：五陰暗不君，棄賢而任不肖，是猶鹿之是逐，而反鼷鼠之懷，所得不償其所失，悖道甚矣。《測》曰：奔鹿懷鼷，奚足功也。

次六　水，晝。唐不獨足，代天班禄。六爲水，水能潤下及物，故己不獨足也。天一生水，六之水乃天一所生，以之施予及人，是代天班也。无私容見唐，能以道義自辟，故處己待人，亦公而无私也。《測》曰：唐不獨足，无私容也。

次七　火，夜。弋彼三飛，明明於征，終日不歸，亡。王曰：居過滿而當夜，不明於道，自取危亡，若一弋而求三飛，無所適從。自明而行，至暮忘返，蕩然昏昧，復何益矣。《測》曰：弋彼三飛，適無所從也。

次八　木，晝。唐收禄，社鬼輟哭，或得其沐。唐在土世，爲三所克，失去其禄。今幸八木枯槁，不能克土，故唐得復收其禄。社鬼，土神也。神自春分出奥以來，廟壇冷落，今幸時逢秋社正來，方禋祀之期，《詩》曰："以其騂黑，與其黍稷，以享以祀。"所以報秋賽也。鬼得食，故輟哭，而唐亦得食其祭酺合醵之餘，故曰"或得其沐"。沐，膏澤也。《測》曰：唐收禄，復亡也。復其喪亡之禄也。

上九　金，夜。明珠彈於飛肉，其得不復。葉曰：九居唐極，迷之至者也。以明珠而彈飛鳥，其所得者小，而所喪者大也。《測》曰：明珠彈肉，費不當去聲。也。五之懷鼷逐鹿，七之弋飛忘歸，九之明珠彈肉，皆形容喪亡子失志落魄之象。

二方三州二部三家。常。陽家，六，水，中上。日入張，斗建申，律中夷則，立秋氣應，卦準恒。

陰以知臣，陽以知辟，君臣之道，萬世不易。

傳：常，倫常。辟，法也。秋爲刑官，大司寇掌建邦之三典，以佐王刑邦國。若諸侯之不率者，則有九伐之法以正邦國。兩知字正爲當時賊臣説法。臣知畏法，則賊殺其親，放殺其君者鮮矣。君知畏天，則外内亂，鳥獸行者鮮矣。萬世不易，則明章其強者，可以自省矣。

初一　水，晝。戴神墨，履靈式，以一耦萬，終不稷。墨、式皆法也。水至平，故稱神。水至清，則故稱靈。稷傾昃也。一以陽明而在常世，君子之心清平如水，故能治萬民，而无傾昃之弊也。《測》曰：戴神墨，禮刑一也。禮刑，舊訛體形，以字體相近而訛也。神墨，禮也。靈式，刑也。出乎禮則入於刑矣，故曰禮刑一也。

次二　火，夜。内常微，女貞厲。内常，壼德也。微，无也。婦无壼德不成其爲婦之道，即貞亦厲，況於不正乎？二失位當夜，是以微賤之女處内不正之象，且近於危，故曰貞厲。《測》曰：内常微，女不正也。元始五年，平帝年十四，以衛后故怨莽。莽懼，因於獵日上椒酒。帝遇殺時，太皇太后既臨朝，何以駕不之未央宫，親臨看視，亦不究問致疾根由，及臨崩形狀？乃聽信莽金縢身代之辭，遽詔莽居攝踐祚，則是莽之簒殺，明係太皇太后有心成之。《綱目》不直書太皇太后故縱養奸釀惡之罪，似未得其書法之平。内常微，女不正，斯爲定案鐵筆。

次三　木，晝。日常其德，三歲不食。葉曰：太陽，君象也。三爲陽中之陽，是日常於其德，故能至於三歲之久而无薄蝕之災也。《測》曰：日常其德，君道明也。

次四　金，夜。月不常，或失之行。温公曰：月有盈虧，故不常也。行，道也。四爲外他而當夜，臣德不常則失道也。《測》曰：月不常，臣失行也。太皇太后當平帝立，雖屬國母，固在臣位，臨朝稱制，一切委之王氏，故曰臣失行也。

次五　土，晝。其從去聲。其横，去聲。天地之常。從者爲經，横者爲緯。經緯從横，在天成象，在地呈形，萬世不易，故曰天地之常。○葉曰：日月星辰，錯綜運行，天之從横也。土地山川，流峙相因，地之從横也。《測》曰：其從其横，君臣常也。天地如此，人道亦然。

次六　水，夜。得七而九，懦撓其剛，不克常。六在水世，值申金水王，其氣甚鋭，其志甚驕，故欲上而滅七之火。七爲陽之盛，九爲陽之衰，水陰火陽，陰懦陽剛，是以小人之柔懦，而欲上撓七九之陽剛，以逞其陰惡，是不自諒其力之不克，不能常也。《測》曰：得七而九，棄盛乘衰也。

次七　火，晝。滔滔往來，有常衰如，克承貞。滔滔往來者，形容次六之水時來侵侮也。七爲失志，被小人往來撓克，故常衰如也。克承貞者，横逆之來，能以正承之，雖危无害也。《測》曰：滔滔往來，以正承非也。范曰：六克於七，故以六爲非也。

次八　木，夜。常疾不疾，咎成不詰。疾承上"有常衰如"來。八木下有暴烈之火，上遇堅剛之金，以敗落之木而居金火之間，是常有隱憂之疾者，當延醫早治，乃不以爲疾。迨至日益加劇，始悔從前之失於治理也，噫，誰之過歟？《測》曰：常疾不疾，不能自治也。

上九　金，晝。疾其疾，巫毉不失。九以衰金之氣，爲家水所泄，是虚而得疾者也。然能巫毉不失，俾羸弱之體得以復痊，不致不救也。《測》曰：疾其疾，能自治也。温公曰：九爲禍終而當晝，君子能思患而預防之，納忠求賢以自輔，禍故可解也。

𝌹

二方三州三部一家。度。陰家，七，火，上下，卦準節。

陰氣日躁，陽氣日舍，上聲下同。躁躁舍舍，各得其度。

傳：度，躔度。躁進舍退也。此時陰知陽已逃亡，内外空虚，欲乘勝長驅，入據國都，收其文書圖籍，籍其府庫倉廪，故急圖躁進。陽爲陰氣所逼，其土地人民力難固守，不得不舍而他往，故陰日進一度，則陽日退一度，躁躁舍舍，各自欲速之急。

初一 水，夜。中度獨失。一以陰邪而在火世，以杯水何能克車薪之火，是中心之度已失，以之臨事，焉能有成也。《測》曰：中度獨失，不能有成也。

次二 火，晝。澤不舍，冥中去聲。度。二以重火而含澤水，體陰而用陽，離象也。冥中度者，水在初而人不見，故曰冥。二居中體正，陰麗於陽而得其正，故曰中度。《測》曰：澤不舍，乃能有正也。火若中不含陰便不得其正矣。

次三 木，夜。小度差差，大櫴音賴。之階。木在火世而先受克，則母子之道差矣。且上近於四，由小漸進，被克於金。櫴，傾也。小克失度，故爲大傾之階也。《測》曰：小度之差，大度傾也。

次四 金，晝。幹楨，利於城。幹楨，版築之具。〇葉曰：四以剛正而處大臣之位，宜其有輔於君也。蓋有其具則易其備，有其人則易其治，此幹楨所以利於城，蕃輔所以利於國也。《測》曰：幹楨之利，利經營也。經營者，籌謀治國之法度也。

次五 土，夜。幹不幹，擨於營。葉曰：五以陰暗之君居幹之任，而不能經之營之，以利於國，如此寧不壞其所構乎？《測》曰：幹不幹，不能有寧也。

次六 水，晝。大度檢檢，於天示象，垂其範。檢，式也，儀表模範也。〇王曰：六居盛位，度之大者，得位當晝，明於法制，以度檢物，則天之象，而垂法於人也。《測》曰：大度檢檢，垂象貞也。温公曰：君子觀象於天，以垂範於世。《易》曰："天垂象，聖人則之。"

次七 火，夜。不度規之，鬼即訾音紫。之。王曰：七居過滿，失位當夜，是以不度之度爲規制者也。訾，毁笑也。《測》曰：不度規之，明察笑也。温公曰：明察莫若鬼。人之愚或未之知，而鬼之明察先見其禍也。

次八　木，晝。石赤不奪節士之心。葉曰：石喻心之堅，赤喻心之忠。八居上中，能處禍變，守其堅貞之忠節。死而莫奪此節士之心，豈威武所能屈乎！《測》曰：石赤不奪，可與有要平聲。也。温公曰：要，約也。君子雖遇禍亂，秉志堅貞，不可移奪，可以與之要約，寄百里之命，托六尺之孤也。

上九　金，夜。積差之貣，同忒，舊訛貸。十年不復。貣，差之甚者。九居度之終，凶人積惡不悛，流而至於大逆，亦猶天度歲差，積久不修，必至於寒暑易節也。十者數之終。《易》曰："迷復凶，有災眚，至於十年不克征。《象》曰：迷復之凶，反君道也。"此正爲強陰戒也。《測》曰：積差之貣，不得造也。造，作也。積差既甚，不能有所作爲也。

𝌸

二方三州三部二家。永。陽家，八，木，上中，卦準恒。

陰以武取，陽以文與，道可長久。

傳：陰以武取者，是陰以霸力強據其國都而有之。陽知力弱，情甘退避，故文以與之，如太康畏羿，避位斟鄩，倘得一成一旅，半壁可栖，猶可祀夏配天，故曰道可長久也。

初一　水，晝。不替不爽，長子之常。天一生水水，先王故稱長子。〇温公曰：替，廢也。爽，差也。先王之制，立嫡以長，所以安宗廟重社稷，不替不爽，萬世之常法也。永久之道莫大於此。《測》曰：不替不爽，永宗道也。平帝崩，元帝世絶，宣帝曾孫有見王者五人，列侯廣戚侯等四十八人，莽皆惡其長大，詭曰兄弟不相爲後。乃於玄孫中選其最幼者，得孺子嬰，時年始二歲，卜以爲吉，遂立之，此豈永宗之道耶！

次二　火，夜。内懷替爽，永失貞祥。莽之所以選立幼君者，蓋内懷替爽之心，陰有不臣之志。永失貞祥者，自孺子之立，符命遂起。武功浚井得白石，有丹書，文曰："告安漢公莽爲皇帝。"群臣白太后，遂以莽居攝踐祚，如周公故事。是以漢室永宗之道，一旦失於莽之禎祥競起也。《測》曰：内懷替爽，安可久也。此可謂直書莽事矣。安可久，逆億之辭。

次三　木，晝。永其道，未得无咎。三在木世，得木之助，受水土之精，飽春生之氣，故能永遠其道而與世无爭。然上近於四，斧斤可虞，故未得免於无咎也。《測》曰：永其道，誠可保也。木能生火，金畏火然，故可保也。

次四　金，夜。子序不序，先賓永失主。四承於五，土爲父，金爲子，今乃不序父子之禮，而序賓主之禮，是以父爲賓而子爲主。子既爲主，則當讓賓先行，今乃先賓而行，又失主道矣。悖禮滅倫，豈永久之道耶！《測》曰：子序不序，非永方也。

次五　土，晝。三綱得於中極，天永厥福。温公曰：三綱者，君爲臣綱，父爲子綱，夫爲妻綱。五爲中和而當晝，王者正三綱以建皇極，永保天禄也。《測》曰：三綱之永，其道長也。

次六　水，夜。大永於福，反虚庭，入於酉冥。温公曰：六過中而當夜，小人恃福之永，驕淫矜夸，福終則禍至，故反庭虚而无人也。入於酉冥者，言不知悔懼，禍釁既就，則入於晦冥矣。《測》曰：大永於福，福反亡也。

次七　火，晝。老木生蒔，時吏切。永以纏其所无。王曰：七居過滿，老木之象，然得位當晝，故生蒔。蒔者，旁生之枝也。既有華葉，復得長久。昔无今有，故云纏其所无。《測》曰：老木生蒔，永厥體也。

次八　木，夜。永不軌，凶亡流於後。不軌，不法也。○温公曰：八爲禍中而當夜，小人長爲不法，身既凶亡，而餘殃流於後也。《測》曰：永不軌，其命劑也。劑，翦也。

上九　金，晝。永終馴首。馴，順。首，始也。正始然後可以永終。始謂長子之常。家有長君，國之福也，乃立孺子嬰，是意在謀不軌也。《測》曰：永終馴首，長愷悌也。長愷悌，則三綱得乎中極，而天永厥福矣，何至凶亡流於後耶？

☷

二方三州三部三家。昆。陰家，九，金，上上，卦準同人。

陰將離之，陽尚昆之，昆道尚同。

傳：陰將離之，此陰之詭計也。陰恐陽之遜位暫避於外，而黎民百姓從之者尚衆，日聚日多，勢將復逞，故乘白帝行秋金風殺物之際，一齊摇落而離散之，則陽之勢孤矣。然有不能孤者，漢之遺愛在民，且誼屬舊君，不忍坐視民之日離而日疏，故欲昆而同之。昆者，親合之也。同者，同其患難甘苦而一德一心也。

初一　水，夜。昆於黑，不知白。温公曰：黑以喻垢濁，白以喻廉潔。一爲思始而當夜，小人自同於垢濁而不知廉潔之爲美也。《測》曰：昆於黑，不可謂人也。謂非人類也。

次二　火，晝。白黑菲同斐。菲，三禽一角同尾。温公曰：菲菲，白黑相雜貌。角在首而拒鬥者。尾，體之終也。二爲思中而當晝，君子與人交，廉而不劌，濁而不污，菲菲然群居不亂。一角者，其禦侮也。同尾者，全其終也。《測》曰：三禽一角，无害心也。

次三　木，夜。昆於白，失不黑，无除一尾三角。除，去也。三以陰暗能同於白而不同於黑，固爲美德，然其失即在於不同黑，蓋知其黑而不能除而去之，是同於後而不同於前，其能免於一尾三角之譏乎？《測》曰：昆白不黑，不相親也。《老子》曰："知其黑，守其白。"①則可與相親矣，今乃滯於一偏，失其菲菲之義也。

次四　金，晝。鳥托巢於叢，人寄命於公。范曰：三，木也。四在木上，故稱巢。四爲雞，故稱鳥。鳥之歸巢，猶人之歸於公家也。无私爲公。君无私，民所寄也。《測》曰：鳥托巢，公无貧也。公則均均无貧也。

---

① 今本《老子》作"知其白守其黑"。

次五　土，夜。轂不轂，失疏數，音朔。衆牦毁玉。轂爲衆輻所湊，疏數均則同心運轉而行也。五居尊位，於君子當親而反疏之，小人當疏而反親之，親疏倒置，如轂之不均，必有僨車敗轅之患。牦，牛也。玉，輿上之飾。人君御下不以法，故玉輿被其傾毁也。牦牛喻小人。《測》曰：轂失疏數，奚足殉舊訛旬。也。殉，從也。

次六　水，晝。昆於井市，文車同軌。温公曰：井市者，士民輻湊之所。六爲盛多而當晝，君子道隆德盛，四海會同，車書同軌，无有遠邇，莫不同歸於一也。《測》曰：昆於井市，同一倫也。

次七　火，夜。蓋偏不覆，晏雨不救。晏，晚也。蓋，車葢也。偏，謂在上之仁不普遍，亦猶蓋之偏而不能覆車也。晏雨，不及時之雨，故晚禾不救也。《測》曰：蓋偏不覆，德不均也。

次八　木，晝。昆於危難，乃覆之安。八在金世而上近九，是進退皆爲危難之地，然當日之晝，君子素以昆同之道泛愛容衆，故遇危難之際，得受人之庇覆，免於禍而獲安也。《測》曰：危難之安，素施仁也。

上九　金，夜。昆於死，棄寇遺。九爲八之寇，八欲借七之火以克金，然火發木先受焚，是同於死也。棄寇遺者，與其棄身而先就焚，毋寧死於寇，或不至盡傷，得遺我以餘生也。《測》曰：昆於死，棄厥身也。死於兵，或可逃。死於火，是徒輕生而先弃厥身也。〇自《廓》首起至《昆》首止，爲地玄三九之九首終。

卷　五

江都陳本禮纂述　貴池劉世珩校刊

☵

三方一州一部一家。減。人玄起，陽家，一，水，下下。日入翼，斗指申，律中夷則，處暑氣應，卦準損。

陰氣息，陽氣消，陰盛陽衰，萬物以微。

傳：減，損之漸也。此時陰氣日益以息，陽氣日益以消。消則形質變，精華竭，有搴裳去之之意。微，式微也。時當陰盛陽衰，君臣逃亡之後，城郭空虛，人民雕瘵，故萬物以微。

初一　水，晝。善減不減，冥。范曰：一，水也。善減，自損也。不減者，日損而不見其減也。常能自損而人不見，故謂冥也。〇温公曰：自損者人益之，善減之謙，不減之益，皆在於冥暗之中，人莫能見，故曰冥。《測》曰：善減不減，常自沖也。沖，虛也。

次二　火，夜。心減自中，以形於身。葉曰：心之全體，萬理具備，今不能充其本然之量，是自虧其中心之全體，以至外損其身而羸弱見諸外也。《測》曰：心減形身，困諸中也。

次三　木，晝。減其儀，利用光於階。葉曰：儀，禮物之品數也，如減膳徹樂之類。三以陽德獨能約身節己，減其禮物之儀品，所以利於登進之地也。《測》曰：減其儀，欲自禁也。欲不可侈，減儀所以節欲，故曰自禁也。

次四　金，夜。減於乂，貶其位。乂，治也。四以陰昏，是以失於治民之道,无以稱其位也。《測》曰:減於乂,无以莅衆也。

次五 土,晝。減其黄貞,下承於上,寧。葉曰:五居尊高之位,乃復退然損抑,而以中正之道自處,此乃下承於上,臣尊於君之道。君臣理得,所以安寧也。《測》曰:減黄貞,臣道丁也。丁,當也。

次六 水,夜。幽闌積,不減不施,石。幽,深也。闌,宏大開廣貌。六處上禄,陰邪好利,惟知宏大其委積之貨財,既不能減其所斂,復不能施其所積,徒硜硜然如石之頑而不靈也。《測》曰:幽闌不施,澤不平也。

次七 火,晝。減其疾,損其恤,厲不至。葉曰:恤,憂也。七過中而入禍,不能无疾與憂,幸值陽明當晝,能補弊扶傾,減其疾,損其憂,故得遠其禍而厲不至也。《測》曰:減其疾,不至危也。

次八 木,夜。瀏漣漣,減於生根。温公曰:八爲敗木。木之所以生者,根也,所以榮者,滋液也。今滋液下流,漣漣日減,則其資生之根何以能榮盛乎?《測》曰:瀏漣之減,生根毀也。

上九 金,晝。減終,利用登於西山,臨於大川。范曰:金位在西,故曰西山。金能生水,故曰大川。○温公曰:物極則反,故減終必增,登山臨川,以高臨下也。西者,物之成也。夫登高臨下,鮮有不危,以減處之,故可爲也。《測》曰:減終之登,誠可爲也。

𝌵

三方一州一部二家。唫。陰家,二,火,下中,卦準否。

陰之不化,陽之不施,萬物各唫。舊注吟同噤,作閉塞字解。

傳:唫,呻吟也。息夫躬曰:"秋風爲我唫。"正是此吟字。此時節屆處暑,陰之不化,恃強梗也。陽之不施,脂膏盡矣。以強梗不化之陰,而誅求脂膏欲盡之陽,責其貢賦,索其幣帛,陽難供應,陽形益減,故萬物悲。秋唫者,蛩唫於野,樹唫於風,各唫其苦以自傷也。

初一 水,夜。唫不予,同與。丈夫婦處。一以水在火世,陰陽不和,猶夫婦之反目也。唫不予者,自己哀唫其窮而不肯分惠及人也。

是時陰既不化,陽愈不施,陰嫌陽之絶己也,不樂與之爲偶,故聽其哀吟而不予其請也。丈夫婦處者,是昔爲鰥夫之吟,今化而爲嫠婦之泣矣。《測》曰:唫不予,人所違也。温公曰:君子修道將以及人,今乃吟而不與,孤立无親,則人皆違而去之矣。

次二　火,晝。唫於血,資乾骨。二在火世,本元濡潤之氣,然思中當晝,猶能蓄養其血以自資也。乾骨者,瘦而僅存其皮骨者也。《測》曰:唫於血,臞許縛切。自肥也。臞,省也。省而自肥也。

次三　木,夜。貌不交,口唭去吏切。嚱,魚計切。唫无辭。貌不交則是覿面未識之人,而欲其濡血潤己,故口欲開而難啓,聲欲唫而无辭也。○葉曰:三居否閉之時,情隔不通,貌既不交,无以察其色,唭嚱无辭,无以達其忱,如此寧无唫乎!《測》曰:貌不交,人道微也。人情之道微也。唭嚱有聲而无辭也。

次四　金,晝。唫其穀,不振同賑。不俗,纍同累。老及族。四爲公侯,禄豐享厚,既不肯振俗垂惠以通有无,又不肯憐念族老以勸施予,惟有閉其穀以自養而已矣。《測》曰:唫其穀,不得相希也。人不得希望也。

次五　土,夜。不中不督,腐蠹之嗇。督,正也,察也。田夫謂之嗇夫。五居天位,凡取之於民者既不中不正,而又廩而藏之,任其腐蠹而不之察,則是田間之嗇夫也。《測》曰:不中不督,其唫非也。

次六　水,晝。泉源洋洋,唫於丘園。洋洋,水深貌。六爲陰之主,宜大有德澤及人,奈井泉之水更爲水耗,只可自爲灌溉丘園,計不能分潤於人也。《測》曰:泉源之唫,不可譏也。譏,諷刺也。泉源无多,不能荒己之丘園而博濟衆之名,故无譏焉。

次七　火,夜。唫於體,黄肉毁。體,與黄肉相連綴者。民貧亦國之病也,況加之以重賦苛斂,剥削民膏,而黄肉有不毁者乎!《測》曰:唫於體,骨肉傷也。温公曰:七爲消爲敗損而又當夜。黄,中也。骨肉在中,以氣血爲養,唫而不及於四體,則骨肉毁傷矣。恩澤所以綴親戚,唫而不及於九族,則内外乖離矣。

次八 木,晝。唫遇禍,禱以牛解。八以敗木而在火世,上遇不雨之金,无以克火,禱以牛,祈雨以禳災也。牛屬丑土,土爲金母,故以牛禱,冀其子以生水也。《測》曰:唫遇禍,大費當也。大費牛也。

上九 金,夜。唫不雨,孚乾脯。八木畏火,金亦畏火。八能不惜大費,以牛禱解,九不肯用牛,惟薦以饗乾脯,而欲求天降大雨,是雨日益无而脯日益乾,焉能望其有感耶?孚乾脯,信如脯之乾也。《測》曰:唫不雨,何且望也。范曰:孚其枯槁无潤,故无可希望也。

☷

三方一州一部三家。守。陽家,三木,下上,卦準否。

陰守户,陽守門,物莫相干。

傳:户,地户。門,天門。是月也,殺氣浸盛,陰防陽之突出,賈其敗殘之衆以襲己也,故謹守其户。陽亦畏陰之潛師全出,而肆虐以攻己也,故謹守其門。天門既守,地户又把,萬物出入无所,上下否隔。干,求也。小民遇有凶荒饑饉之歲,艱難困苦之時,窮无所告,亦惟有向隅自泣而已矣。

初一 水,晝。閉明牖,守元有。牖,户牖。閉者,即老子"絶圣去智"之謂也。元有,本來自有之好德也。能守其自有之好德,不爲外物所誘,則爲善保其有者也。《測》曰:閉明牖,善持者也。

次二 火,夜。迷自守,不如一之有。二爲思中而當夜,守固爲美,然泥於執中而不知權變,是迷於守也,固不若一之渾然全德,應變无方也。《測》曰:迷自守,中无所以也。以,用也。徒膠執中道,无以適於用也。

次三 木,晝。无喪去聲。无得,往來默默。温公曰:三爲進人,當日之晝,德成於内,能守而勿失者也。外物之往,於我何喪?外物之來,於我何得?默而成之,不言而信也。《測》曰:无喪无得,守厥故也。守其固根,是能安於土者也。

次四　金,夜。象艮有守。艮,狗也。四在陰而當夜,故有似乎守户之犬。《測》曰:象艮有守,廉无樞也。廉,堂廉。樞,禁籞也。外户有犬守護,則堂上之禁籞固毋庸設也。

次五　土,晝。守中以和要平聲。侯之貞。《周禮·春官》:太史有約劑要盟之辭,所以合諸侯也。五爲天子,守中和之道以要約諸侯,雖在要荒,莫不畢至,故得其正也。《測》曰:守中以和,侯之素也。

次六　水,夜。車案軔,圭璧塵。軔,止車木也。天子執守失貞,不接侯國,故車案軔不行,圭璧塵不用,則諸侯朝覲聘問之禮廢矣。《測》曰:車案軔,不接鄰也。

次七　火,晝。群陽不字,男子之貞。七爲陽家之陽,故曰群陽。字,孳生也。男子无孳生之理,守其陽之貞也。《測》曰:群陽不字,守貞信也。

次八　木,夜。臼无杵,其碓畢。天陰不雨,白日毀暑。"臼无杵,其碓畢",待米舂也。天陰不雨,无澤可望也。時白露節近而殘暑未退,无雨生涼,坐看白日沈西,待炊不至,是空使白日坐毀於溽暑之中也。描寫斷炊之家情景,可憫。《測》曰:臼无杵,其守貧也。此正陰陽各守門户之時,故百姓窮无所告也。

上九　金,晝。與荼有守,辭於盧首,不殆。荼白盧黑也。九爲禍終而當晝,能堅其節而甘於白頭共老,不羨少年黑首,初終易志,故不至於爲人遺棄也。殆,棄也。《測》曰:與荼有守,故愈新也。《詩》:"誰謂荼苦,其甘如薺。"茹苦有守,故久而味愈新也。

𝌿

三方一州二部一家。① 翕。陰家,四,金,中下。日入軫,斗建西,律中南吕,白露氣應,卦準巽。

陰來逆變,陽往順化,物退降集。

---

① "三",原作"二",據稿本、廣陵本改。

傳：翕，合也。日陰來者，見其氣勢甚張；日逆變者，見其不守臣節，直欲逆上而生變也。陽往順化者，陽爲強陰所脅，反往聽其命令而行也。陽既如此，則萬物之隨陽而往者，亦皆降集自退，莫敢與之抗也。

初一　水，夜。狂沖於冥，翕其志。雖欲梢同逍。摇，同遥。天不之兹。衡，盱衡，揚眉上視貌。此時陽已順化，萬物退降，陰氣奄有華夏，其志滿矣。翕者，如鳥之翕羽欲飛也。冥，青冥。梢遥，扶摇也。賊心陰懷逆變，直欲上干雲霄，欲如鯤鵬之摶扶摇而上者九萬里也。志願雖奢，无如天之不兹何！兹，許也。《測》曰：狂衡於冥，天未與也。史稱莽盱衡厲色，則其目无君上，狂放縱恣，非一日矣。

次二　火，晝。翕冥，中射貞。火在水世，故相射。二在思中當晝，能冥翕其中，故曰翕冥。中射貞者，射必正己而後發，發无不中。正者，射之鵠也。《測》曰：翕冥，中正予同與。也。予，施也。鵠得其正，則射之者亦得正其矢以施之也。

次三　木，夜。翕食噈楚快切。噈。噈噈，一舉盡嚮意。翕食，與人共食也。與人共食，不相推讓，其貪饕无厭之求可知矣。《測》曰：翕食噈噈，利如舞也。言其嗜利之急，如舞之赴節也。

次四　金，晝。翕其羽，利用舉。羽，友朋也。四近於五，土能生金，得友之助，且進在禄位，故利用舉也。《測》曰：翕其羽，朋友助也。

次五　土，夜。翕其腹，辟金穀。葉曰：辟，絶也。金穀，美食。五以陰暗，其養不充而欲翕腹辟穀以求沖舉，其道左矣。《測》曰：翕其腹，非所以轝音豫。也。轝，舉也。翕腹辟穀，豈求仙沖舉之方！

次六　水，晝。黄心鴻翼，翕於天。温公曰：六爲中上，故稱黄。鴻，鳥飛之高者也。六位尊而當晝，君子以黄中爲心，鴻翼爲臣，臣賢君明，下順於上，故能翕於天也。《測》曰：黄心鴻翼，利得輔也。

次七　火，夜。翕繳音灼。惻惻。范曰：七爲繩爲射。射用繩者，繳之謂也。七爲失志，又爲飛鳥。鳥而失志，故高飛遇繳，欲去不得，惻惻心痛也。《測》曰：翕繳惻惻，被離同罹。害也。

次八　木，晝。撣同揮。其罦，絶其罥，古縣切。殆。葉曰：罦、罥皆網也。八在禍中而當晝，故能揮而絶之，雖漏網脱縶，然亦殆矣。《測》曰：撣罦絶罥，危得遂也。

上九　金，夜。撣其角，維用抵族。揮，奮也。抵，觸也。戴角爲獸。族，獸類也。九爲殄絶，爲禍極，不自懼禍悔過，猶欲奮其角以觸人，則人必殺之，是自取其滅族之禍也。《測》曰：撣其角，殄厥類也。

☷

三方一州二部二家。聚。陽家，五，土，中中，卦準萃。

陰氣收聚，陽不禁禦，物相崇聚。陽非不欲禁禦也，特苦力弱不能敵陰故也。

傳：聚者，群陰彙聚也。陰乘陽之順化不能禁禦，輒敢招集黨侶，收兵聚衆，意在爲亂。物相崇聚者，謂若妖邪狐貍之屬及鬼魅精怪之類，莫不崇聚壇廟，以俟陰之大舉而竊發也，故曰聚。

初一　水，晝。鬼神以无靈。鬼，陰之靈。神，陽之靈。一在土世，水爲土克，故无形與聲，然其靈在於冥漠之中，固以弗見弗聞爲貴。若鬼見其形，神聞其聲，則是怪矣，故曰以无靈。《測》曰：鬼神无靈，形不見也。

次二　火，夜。燕聚嘻嘻。二爲游魂而當夜，群鬼喜陰，將大舉得功有日，勒勛名於金石，盟帶礪於山河，故燕聚爲樂，笑語嘻嘻也。《測》曰：燕聚嘻嘻，樂淫衍也。衍，游衍自恣也。

次三　木，晝。宗其高年，群鬼之門。鬼，歸也。門，冥漠之門。人至高年，雖未必就木，然精神離形，與鬼近矣。宗，尊也。宗高年，所以盡事人之道，即所以盡事鬼之道也。高年去冥漠之門不遠，一入其門，則爲鬼矣，故曰群鬼之門。鬼出入是門，以圖祭祀，以享烝嘗，故曰鬼待敬也。《測》曰：宗其高年，鬼待敬也。

次四 金，夜。牽羊示於叢社，執圭信，音申。辟其左股，野。叢社，秋林之社，神所憑依以爲享祀之所也。羊，牲也。圭信，幣帛也。牲不殺，惟牽以示之而已。執圭，重禮也。拜當屈左而伸右，今乃辟其左股，是不免於鄙野也。四爲金而在土世，金乃土生，時當節届秋分，正秋社報賽之期，其禮之粗野如是，豈事神事鬼之道乎？《測》曰：牽羊於叢，不足勞也。不殺而牽，何必勞此一獻也。

次五 土，晝。鼎血之蕕，同。九宗之好，乃後有孚。《周禮·大宗伯》：以血祭祭社稷，五祀五岳。蕕者，積柴實牲，燎以祀司中、司命、飌師、雨師也。九宗之好，宗廟之禮也，祭有禘、祫、春祠、秋嘗之禮。九宗者，合九族之宗主而祫祭之也。有孚者，惟天子乃能祭天地，享親尊祖，一誠之感，然後乃孚於禮而非僭也。《測》曰：鼎血之蕕，信音伸。王命也。禮，不王不禘。信王命，正君道也。莽居攝元年正月，祀南郊，自謂黄帝虞舜後，乃立祖廟五，親廟四，以漢高爲文祖廟，是豈能有孚乎禮而信乎人也？

次六 水，夜。畏其鬼，尊其禮，狂作昧淫，亡。狂作謂非其鬼而祭之也。昧，迷也。淫，謂淫祀也。莽以黄帝爲初祖，虞舜爲始祖，追尊陳胡公爲陳胡王，田敬仲爲齊敬王，謚濟北王安爲愍王，立廟祭祀，此所謂狂作昧淫也，其亡必矣。《測》曰：畏鬼之狂，過其正也。

次七 火，晝。竦萃於丘冢。葉曰：竦，怵惕起敬貌。丘冢，所以藏祖考之體魄也。孝子思親，怵惕起敬，思聚祖考之精神於丘冢，以祭祀而歆格之也。《測》曰：竦萃於丘，不可廢也。

次八 木，夜。鴟鳩在林，咙音伐。彼衆禽。咙，鳥怒噪聲。○温公曰：八爲禍中而當夜，小人惡聲已著，如鴟鳩所在之林，衆禽必聚而噪之也。《測》曰：鴟鳩在林，衆所咙也。

上九 金，晝。垂涕纍鼻，聚家之彙。纍，縈也。九處聚之極，聚極必散，如人之生也聚，死則散矣。垂涕纍鼻，狀死者易簀時也。聚家之彙,彙,猬也,狀家人環而泣之者如猬之集也。《測》曰:垂涕纍鼻,時命絶也。

☵

三方一州二部三家。積。陰家,六,水,中上,卦準大畜。

陰將大閉,陽尚小開,山川藪澤,萬物攸歸。

傳:積,儲蓄也。是時陰將大舉,故先儲蓄其倉廩府庫而又大閉其關防,恐陽之潛通消息於外也。陽尚小開者,此時玉步雖移,而國家之洪運丕基固未斬也,漢之宗室猶散處民間,山林藪澤之所藏民之來歸者,陽尚小開其徑而納之,以待天下勤王之兵起也。

初一　水,夜。冥積否,作明基。否,不善也。小人陰積不善以圖明作丕基,其志在於惡舉也。《測》曰:冥積否,始而在惡也。

次二　火,晝。積不用而至於大用,君子介心。火在水世,无可用之處,然位中當晝而值積世,故能積其不用以蓄其德,而期於大用。介者,堅確不拔之謂。君子雖困於下位,能堅其不拔,如石之貞,其經綸抱負,人固不能窺測也。《測》曰:積不用,不可規度音鐸。也。

次三　木,夜。積石不食,費其勞力。葉曰:三失中不明,徒積其不可耕之石田,豈不自費其勞力乎?雖勤而不得食也。《測》曰:積石不食,无可穫舊訛獲。也。穫,耕穫也。

次四　金,晝。君子積善,至於車耳。車耳,車旁之屏蔽也。四爲陰家之陰而逢陽德,故能積善日益,以蔽障其身,而无意外之虞也。《測》曰:君子積善,至於蕃也。蕃,盈衍也。

次五　土,夜。藏去聲。不滿,盜不贏。葉曰:五居積聚之中,故以庫藏爲義。苟己无貪暴之實,則民無无竊之心,是藏苟不滿,則盜必不多。藏滿盜贏,固其所也。《測》曰:藏滿盜贏,還自損也。多藏必厚亡。

次六　水,晝。大滿碩施,得人无亢。亢,敵也。○葉曰:大滿碩施,積而能散也。得人无亢,无競維人也。蓋碩施則足以得人,得人所以无敵於天下也。《測》曰：大滿碩施，人所來也。

次七 火，夜。魁而顔而，玉帛班而，快欲招寇。七以衰火受克於家水，當謹慎自斂，乃更誇耀於人。魁而者，赫然以財富雄人也。顔而者，侈然以顔色驕人也。玉帛班而者，粲然以寶貨矜人也。庫藏充盈，快其大欲而不知"慢藏誨盜，冶容誨淫"，已有以招之也。《測》曰：魁而顔而，盜之招也。

次八 木，晝。積善辰禍，維先之罪。温公曰：辰，時也。《易》曰："積不善之家必有餘殃。"八爲禍中而當晝，身雖積善而有時遭禍，蓋先世之餘殃也。《測》曰：積善辰禍，非己辜也。

上九 金，夜。小人積非，至於苗裔。九以陰邪居積之極，是小人陰爲不善而不能改，以至日積而惡益日深，天之報應未盡，餘殃必貽禍於子孫也。《測》曰：小人積非，禍所骫同委。也。

☷

三方一州三部一家。飾。陽家，七，火，上下。日入角，斗指酉，律中南吕，秋分氣應，卦準賁。

陰白陽黑，分行厥職，出入有飾。

傳：飾者，分别衣色以爲標識也。此時陰已大閉其防，使商賈不通，澤梁有禁矣。陽前既已順化，今又私開關隘，以納山川藪澤之所藏，恐陰知而見責，故假托陰白陽黑之説以爲標識，辨别往來，蓋欲釋陰之疑而使其不防己也，故曰出入有節。

初一 水，晝。言不言，不以言。葉曰：言，身之文也。一以陽明得文之理。言不言，務先行其言。不以言，信在言前，不在於言也。《測》曰：言不言，默而信也。

次二 火，夜。无質，飾先文後，失服。服，衣也。物必先有質而後施以文采也，衣必先織成而後加采色也。今以未織之絲而先飾以文，必不能成衣，是失其製服之道矣。《測》曰：无質先文，失貞也。温公曰：小人内无誠實，徒事外飾，其始則文采信美矣，終則失其正服。

蓋服以喻德之形於外也。

次三　木,晝。吐黄黄下舊有酉字,衍。舌,拑黄聿,利見哲人。黄,中色。舌,言之所從出也。聿,筆也,文之所從出也。拑,執也。《易》曰:"君子黄中通理。"理通則言无不文。哲人者,黄中通理之人也。《測》曰:舌聿之利,利見哲人也。哲舊作如。〇温公曰:君子發言著書,不失中道,惟哲人能之,愚者不足語也。《法言》曰:"言,心聲也;書,心畫也。聲畫形,君子小人見矣。"

次四　金,夜。利舌哇哇,商人之貞。王曰:文飾虚辭以求衒鬻,故爲商人之貞,而非君子之正道也。《測》曰:哇哇之貞,利於商也。

次五　土,晝。下言如水,實以天牝。温公曰:天牝謂海也。五居尊位而當晝,能自下以納人言,則人爭以善道告之,如流之實海也。海自下而百川赴之,故能成其大;君自下而衆善歸之,故能成其聖。《測》曰:下言之水,能自沖也。

次六　水,夜。言无追如,抑亦飛如,大人震風。温公曰:大人謂在貴位之人。六過中而當夜,失言者也。一言之失,駟不及舌,故曰言无追如。清之而愈濁者,口也,雖欲抑之,已飛揚矣,故曰抑亦飛如。況夫威福在己,發口一言,①疾如風霆,爲物休戚,可不慎乎!《測》曰:言无追如,抑亦揚也。既言而欲抑之,亦不及矣,故曰抑亦揚矣。

次七　火,晝。不丁言時,微於辭,見去聲。上疑。丁,當也。〇温公曰:君子事暴君,非可以直言之時,但微辭諷切而已。苟爲章見,則上必疑之。孔子曰:"君子信而後諫,未信則以爲謗己也。"《測》曰:不丁言時,何可章也。章,明言也。

次八　木,夜。蛁音蜩。鳴喁音融。喁,血出其口。温公曰:喁喁,猶諄諄也。君不受諫,臣強以言聒之,不辱則刑矣。如蛁之喁喁不

① "一",原脱,據稿本、廣陵本補。

已，雖復血出其口，誰則聽之，徒自傷矣。《測》曰：蛁之喁喁，口自傷也。

上九　金，晝。白舌于于，屈於根，君子否信。金色白，故舌白。于于猶娓娓。家性爲飾，故其辭美而可聽。屈於根，理不直也。否，不也。《測》曰：白舌于于，誠可長去聲。也。長者，謂其言之可聽，似乎理有餘而誠實不足也。

三方一州三部二家。疑。陰家，八，木，上中，卦準震。

陰陽相磑，物咸凋離，若是若非。

傳：言不以實，彼此相猜，故疑。磑，磨也。相磑則彼此相傷。物在陰陽氣運之中，故亦各凋而離矣。若是若非者，此陰疑陽之辭也。若以爲是，則不應小開關隘而出入仍然如故也。若以爲非，則陰白陽黑，業已許其分行厥職矣，豈陽之誑我耶？故疑之也。

初一　水，夜。疑恛音回。恛，失貞矢。葉曰：恛恛，疑而未定之意。矢喻直。一以陰暗而在疑初，失其正直之道，故疑而不決也。《測》曰：不正之疑，何可定也。

次二　火，晝。疑自反，孚不遠。溫公曰：二爲思中而當晝，君子有疑則當屏去利欲，平除愛博，清其心，自反於身，義則行之，不義則捨之。以此決疑，夫何遠之有！《測》曰：疑自反，反清靜也。清靜自守，不爲外物所惑，此除疑妙法也。

次三　木，夜。疑強上聲。昭，受兹閔閔，於其心祖。疑則不明。昭，明也。今乃強以爲明，必至臨事顛倒錯亂，而心无所主。閔閔者，憂傷也。心无所主，則昏瞀憒亂，有累於其心也。《測》曰：疑強昭，中心冥也。

次四　金，晝。疑考舊，遇貞孚。考，問也。四爲陽明而在疑世，有疑而能問者也。舊者，前人之典型，先朝之法度也。能咨詢而考問之，則必遇正而有孚，其疑釋矣。《測》曰：疑考舊，先問也。

次五　土，夜。䞇同雄。黄疑金中。雄黄，石屬，光瑩似金。五爲土，土生金。黄者，中之色也。五處中而當夜，雖居尊位而陰邪不正，如雄黄之藥石，人疑其爲金，而不知其非中之正色也。《測》曰：䞇黄疑中，邪奪正也。

次六　水，晝。誓貞可聽，疑則有誠。六爲位當晝，能以誓誥釋天下之疑，解臣民之惑者也。《周禮》：春官掌詛祝盟誓之事，疑則有誠者，要質之於神明也。蓋貞則可聽，疑則盟神，此王政之所以能息群疑也。《測》曰：誓貞可聽，明王命也。

次七　火，夜。鬼魂疑，舊有貞厲二字，衍文，删。嘎舊訛嘎。嗚，弋舊訛戈。木之烏，射穴之狐，反目耳，厲。七爲陰火。秋夜見磷火飛，遂疑以爲鬼魂來也。嘎，風動林木聲，乃疑以爲烏，遂張羅以弋之。嗚，風鳴竅穴聲，更疑以爲狐，復關弓而射之，一派疑團莫釋，反令人耳視而目聽也，故曰厲。《測》曰：鬼魂之疑，誠不可信也。

次八　木，晝。顛疑，遇幹客，三歲不射。音亦。○顛，狂也。射，厭也。八在木世，木氣太重，故疑而成顛。幹客者，上九之金。金能斧其腐蠹，削其壅腫，隱繩中墨，而顛疑霍然頓愈。三歲不射者，感其醫之神妙，故久而敬之也。《測》曰：顛疑遇客，甚足敬也。

上九　金，夜。疑无信，控弧擬，麋無。无信，謂不信其無，疑其爲有也，故控弧以擬之，其實无麋也。无麋而猶張弧以擬之，是其疑終迷而不解也。《測》曰：疑无信，終无所名也。

𝌅

三方一州三部三家。視。陽家，九，金，上下，卦準觀。

陰成魄，陽成妣，物之形貌咸可視。

傳：視，瞻也。魄者，附形之陰靈，所謂游魂爲變者也。陰成魄者，狀陰之形體也。是月也，以陽視陰則如晦夜游魂暗影於愁雲霧雨之中，天地皆爲之晦冥，无處而非鬼魅世界矣。陽成妣者，以壯陰視老陽，則骨髓乾枯，形容如妣，萬物之隨陽憔悴者，亦皆變而爲老嫗矣。咸可視者，見陰陽之善惡變相，可一望而知之矣。

初一　水，晝。内其明，不用其光。内其明，自視其内也。一在金世，金水内明，故君子韜光養晦，不求人之知也。《測》曰：内其明，自窺深也。自窺者，仁義根於心，忠信存乎性，明於庶物，察於人倫，故自窺深也。

次二　火，夜。君子視内，小人視外。葉曰：君子視内，求諸己也。小人視外，求諸人也。二逢夜陰，是以不能自見。《測》曰：小人視外，不能見心也。

次三　木，晝。視其德，可以幹王之國。温公曰：三當日之晝，德成而外形者也。《測》曰：視德之幹，乃能有全也。

次四　金，夜。粉其題頯，雨其渥須，同鬚。視无姝。題，額。頯，顴也。渥須，以墨染鬚也。粉欲其白，渥欲其黑，一經雨濕，粉淋墨落，則醜態畢露矣。姝，美也。此刺飾外貌而苟且食禄者。《測》曰：粉題雨須，不可忍瞻也。不能爲姝，適足令人掩目。

次五　土，晝。鸞鳳紛如，厥德暉如。葉曰：鸞鳳，靈禽，喻君子。紛如，多也。暉，光也。五爲陽明之君，其朝多君子，故曰鸞鳳紛如。既多君子，其德豈不極其暉光之盛乎！《測》曰：鸞鳳紛如，德光皓也。

次六　水，夜。素車翠蓋，維視之害。害下舊有貞字，衍，删。○地皇二年，莽仿黄帝造登仙車。華蓋九重，高八丈一尺，金瑵葆，載以秘機四輪車。駕六馬，力士三百人，皆衣黄衣幘。車上人擊鼓，挽者皆呼登仙。莽出，令在前。是徒飾觀瞻，而不知其諸臣謂似輪車也。《測》曰：素車翠蓋，徒好外也。

次七　火，晝。視其瑕，无穢。葉曰：七已入禍，故有瑕。然遇陽明，故能自視其瑕。是過而能自訟者也，其能改必矣，所以至於无穢也。《測》曰：視其瑕，能自矯也。矯，强也。

次八　木，夜。翡翠於飛，離同罹。其翼。狐貂之毛，躬之賊。翡翠、狐貂皆羽毛之美者也，美則適爲身之災也。《測》曰：翡翠狐貂，好作咎也。

上九　金，晝。日没其光，賁於東方，用視厥始。賁於東方，夕陽返照也。終必顧始，見君子之心終始如一也。《楚詞》曰："撰余轡兮高馳翔，杳冥冥兮以東行。"用視厥始也。《測》曰：日没賁東，終顧始也。自《減》首起至《視》首止，爲人玄之初九，九首終。

𝌠

三方二州一部一家。沈。陰家，一，水，下下，卦準兑。

陰懷於陽，陽懷於陰，志在玄宫。

傳：此時陰陽别行久矣，何以忽然而有懷也？蓋陰氣日益上，陽氣日益下，各欲去而不返，然君臣之誼未忍恝然忘懷，而時還繫念於心也。玄宫者，北方幽玄之府。陽生於子，北方乃其本根之地，陰極於子，北方乃其歸宿之地，故俱志在玄宫。

初一　水，夜。沈耳於閨，不聞貞。沈，溺也。閨，閤也。不溺於閨閤之言，若弗聞之也者，則正矣。〇范曰：一爲耳，耳在水中，故沈也。《測》曰：沈耳於閨，失德體也。損乾剛之德，失丈夫之體也。

次二　火，晝。沈視自見，賢於眇之眄。音面。〇眇，一目盲也。眄，邪視也。沈視者，返觀内視也。内視於身，善惡自見，豈不賢於眇目者不能審視自己而好邪窺他人之是非以爲明也？《測》曰：沈視之見，得正美也。

次三　木，夜。沈於美，失貞矢。温公曰：三爲思上而當夜，小人沈溺聲色之美，失其正直之性，如聾盲之无所見聞也。《測》曰：沈於美，作聾盲也。《老子》曰："五音令人耳聾，五色令人目盲。"

次四　金，晝。宛雛沈視，食苦貞。温公曰：四爲下禄當晝。宛雛，鳳雛也，非竹實不食。君子茹苦守正，非有道不仕，故曰擇食方也。

《測》曰：宛雞沈視，①擇食方也。

次五 土，夜。雕鷹高翔，沈其腹，好同孕。惡粥。同育。○《樂記》曰：“羽者嫗伏，毛者孕育。”所以遂其生也。今乃好食其初生之胞胎，而惡其蕃育，其爲食也虐矣。○温公曰：五處尊位而當夜。外望高而志趣卑，如雕鷹鷙鳥，其翔非不高，下視腐鼠則志欲攫之，以實其腹，始若善而終於惡，故曰好惡粥也。《測》曰：雕鷹高翔，在腐糧也。腐糧，腐鼠也，出《莊子》。

次六 水，晝。見票同熛，卑遥切。如纍明，利以正於王。票，火之飛光也。六在水世，上近七火，波光與火光相照耀，如纍明也。六爲上禄。君子之道，重明麗正，光輝宣著，故利以正於王也。《測》曰：見票如纍，其道明也。

次七 火，夜。離如婁淩如切。如，赤肉鴟梟，厲。離婁者，狀赤肉之紛披狼藉也。鴟梟奪食，利在於攫。小雀被攫，羽毛脱落，惟存赤肉之紛披狼藉，故曰離如婁如也。《測》曰：離婁赤肉，食不臧也。不臧，言其凶殘慘酷也。

次八 木，晝。盼得藥，利征。盼，目黑白分明也。目既美，又得明目之良藥，則所見益明矣，故利征。○范曰：藥以除疾，猶明君用賢以袪蔽也。《測》曰：盼得其藥，利征邁也。

上九 金，夜。血如剛，同岡。沈於頽，平聲。前尸後喪。温公曰：血猶膏澤也。沈有漁利之象。九爲禍極，爲盡弊。漁利不已，朘民膏澤，聚如岡陵，至於沈頽而不知止，故危亡相聚也。《測》曰：血剛沈頽，終以貪敗也。

𝍁

三方二州一部二家。內。陽家，二，火，中下。日入氐，斗指戌，律中無射，寒露氣應，卦準歸妹。

---

① “雞”，原作“離”，廣陵本同，據稿本改。

陰去其内而在於外，陽去其外而在乎内，萬物之既。

傳：内外者，陰陽之大閑也。陰不可去内，陽不可去外。今陰陽道乖，内外逾閑。前沈首陰陽尚有懷戀之情，此則婦棄其内而志在外，夫棄其外而志在内，各自去而不相顧也。是萬物无情，生理盡矣，故曰既。

初一① 水，晝。謹於嬰同妃。執。同逑。初貞後寧。寧家之道，貴得淑女。謹者，慎之於始也。正始之道，《關雎》爲風化之首也。《測》曰：謹於嬰執，始女貞也。子雲著《玄》，於女誠獨諄諄言之，蓋有鑑於當時也。

次二 火，夜。邪其内主，迂彼黄牀。范曰：内主，婦也。火爲水妃，動必見克，故内主邪也。迂，遠。黄，中也。黄牀，房中之牀。内主不正，故宜遠也。《測》曰：邪其内主，遠乃寧也。邪者，非淫即妒。遠者，出之也。

次三 木，晝。爾儀而悲，坎我西階。坎，款也。我，母自謂也。《昏義》："厥明，舅姑共饗婦以一獻之禮，奠酬，舅姑先降自西階，婦降自阼階，以著代也。"著代者，子代父事，婦代姑事。儀，著代之儀。爾儀而悲者，婦代姑任事，姑退聽於西階，見婦成禮而有感也。三以木在火世，火盡薪傳，故有著代之義。《測》曰：爾儀而悲，代母情也。曰母者，對子言也。情者，古詩："休洗紅，洗多顔色淡，記得初按茜。人壽百年能幾何，後來新婦今爲婆。"今昔新舊之感，寧不有動於中乎？故曰情。

次四 金，夜。好去聲，下同。小好危，喪去聲。其緼袍，厲。小，纖細也。危，不正也。莽既風單于以王昭君女入侍皇太后矣，而又以所納徵錢千萬遺太后左右奉共養，方故萬端，故莽凡有所請，太后皆可其奏。《綱目・發明》云：書以莽爲大司馬者，太母也。詔莽居攝踐祚者，亦太母也。詔莽稱假皇帝，詔莽號令奏事毋言攝，又皆太母也。莽之爲奸飾詐，誑耀媚事，非元后主之於内，亦何以肆其謀哉！太后受其共奉，此

① "一"，原作"二"，據稿本改。按：廣陵本亦作"二"。

所謂好小好危，以致天下失矣。《測》曰：好小好危，不足榮也。以太皇太后之尊，而受小人詛耀媚事，及莽即位，不過易其號曰新室文母而已，又何足榮哉！

次五　土，晝。龍下於泥，君子利用取同娶。嬰，遇庸夷。乾之九二曰"見龍在田"，出潛離隱之時也。此日"龍下於泥"者，蟄而蟠伏於泥中也。然得位當晝，有剛中之德，能以陽下陰，男下女，故利用取女。嬰，配耦也。庸，中德。夷，平也。君子處困窮蟄伏之時，能求賢自輔，必得道同德合之人，平其難而拯其危也。《測》曰：龍下於泥，陽下陰也。

次六　水，夜。黄昏于飛，内其羽。雖欲滿宫，不見有女。黄昏非于飛之時，且逆翅而退飛於内，是飛不以正也。雖欲滿宫不見有女者，妃嬪雖多，无當意者。六居盛滿而失位當夜，其縱欲自恣如是，豈處内之道耶！《測》曰：黄昏内羽，不能自禁也。爭寵獻媚者多，故欲不能自禁也。

次七　火，晝。枯垣生莠，皭頭内同納。其雉婦，有。皭頭，髮之斑白者。雉，野雞而有文彩者，以之名婦，見其妖嬈而以色媚人也。《易》曰："枯楊生荑，老夫得其女妻，无不利。"有者，喜詞也，喜其懷孕而能有也。《測》曰：枯垣生莠，勿慶類也。枯垣，敗址也。莠似稷而无實。勿慶者，言老夫少婦，雖生不育，亦如莠之秀而不實，故曰類也。

次八　木，夜。内不克婦，荒家及國，涉深不測。葉曰：八以陰邪而居禍中，是内有失德之婦，必至荒廢家國，譬如涉深之不可測，言其爲禍不可量也。《詩》云"禍匪降自天，生自婦人"，又曰"哲婦傾城"，此之謂也。《測》曰：内不克婦，國之孽也。此刺太皇太后也。國之孽與國之賊同一《春秋》書法。

上九　金，晝。雨降於地，不得止，不得過。范曰：金生水，故雨降也。雨降於地，施惠及下也。不得止者，禄有常數也。不得過者，不賞无功也。《測》曰：雨降於地，澤節也。

三方二州一部三家。去。上聲。○陰家，三，木，下上，卦準无妄。

陽去其陰，陰去其陽，物咸倜倡。此首獨以陽居陰上者，見陰之淩逼太甚，萬不能留，故先決絶而去之耳。

傳：去，棄絶也。内首之去尚云去外去内，此則夫先絶其婦，故婦亦絶其夫。陰陽之氣既離，不能復合，萬物无主。倜倡者，皇皇无所之之象。

初一　水，夜。去此靈淵，舍彼枯園。枯園指二一在木世，不舍於淵，反去靈淵而舍於火，木遇火焚，故園爲枯園。去善就惡，此不善於去者也。《測》曰：去此靈淵，不以謙將也。范曰：水以就下爲善，今去下即高，非謙德也。

次二　火，晝。去彼枯園，舍下靈淵。二以陽明能避高就下，卑以自牧也。《測》曰：舍下靈淵，謙道光也。去高即卑，道光大也。

次三　木，夜。高其步，之堂有露。三陰躁不中，妄希躐等而進，故高其步也。《詩》"厭浥行露"，畏其衣之沾濕也。堂，朝堂。今乃不問其堂階之崇高，夜露之沾濕，輒欲高其步而登焉，竊恐階未升而衣已濕，步未舉而屨益濡矣。《測》曰：高步有露，妄升也。平帝元始五年，奉太皇太后詔，升莽宰衡，位在諸王上。露者，隱喻内竅有路，所謂妄升也。

次四　金，晝。去於父子，去於臣主。去於父子，父子相離也。去於臣主，君臣相離也。父子離則天倫絶，君臣離則大義乖，此去天之大不宜者也。《測》曰：去於父子，非所望也。平帝三年，莽長子宇非莽隔絶衛氏。莽執宇送獄，宇飲藥死。宇妻懷孕，繫獄，俟産子已，亦殺之。此所謂去於父子也。莽因是獄，坐死者凡數百人，海内震焉。北海逢萌謂友人曰："三綱絶矣。不去，禍將及人。"遂挂冠浮海去。此所謂非所望也。

次五　土，夜。攓同搴。其衣，之庭有麋。五爲陽主而遇陰邪，故攓其衣而欲去也。庭，内庭也。麋，澤獸也。以内庭禁地忽有澤獸在焉，見國非其國也。《測》曰：攓衣有麋，亦可懼也。懼其欲食人也。

次六　水，晝。躬去於成，天遺以醉切。厥名。成帝崩，太皇太后詔莽就第，避帝外家。莽正宜於此時去。建平三年，復經丞相御史奏莽抑貶尊號，虧損孝道，當伏顯誅。詔遣歸國。莽又宜於此時去。此正天遺其美名也。迨哀帝崩，詔公卿舉可大司馬者，孔光以下皆舉莽。於是，莽爲大司馬，領尚書事，遂擅權篡立，遺臭萬世，此豈天遺之耶？《測》曰：躬去於成，讓不居也。綏和二年，莽未央宫置酒，徹傅太后御幄坐。傅太后大怒，不肯會。莽遂乞骸骨。罷就第。此蓋因懼而去，非讓而不居者也。

次七　火，夜。去其德貞，三死不令。木能生火，火反克木，是以子弑父，臣弑君，猶得謂之德與貞乎？三爲終。令，善也。不令者，不得令終也。《測》曰：去其德貞，終死醜也。醜謂惡德穢行，終當遺臭萬年也。

次八　木，晝。月高弦，火幾縣，同懸。不可以動，動有愆。月高弦，下弦月也，其光易盡。火，大火，心星也。幾縣，歲將晚也。陰氣日盛，禍亂將作，君子惟守身俟時以待天下之自變也。《測》曰：月弦火縣，恐見咎也。此子雲自危之語。

上九　金，夜。求我不得，自我西北。九乃陽之窮，禍之極。我者，陽自謂也。西北乾方，正老陽退位避禍之地。求我不得，慘情苦語，大惡逆滔天，君王下殿走，故曰"求我不得，自我西北"也。《測》曰：求我不得，安可久也。言欲去之速，不可久留也。

☳

三方二州二部一家。晦。陽家，四，金，中下，卦準明夷。

陰登於陽，陽降於陰，物咸喪去聲。明。

傳：晦，月盡夜也。此時老陽退避西北，強陰踐祚稱尊，故曰臣升君位也。孺子嬰降封爲定安公，故曰君降臣列也。物咸喪明者，此刺當時附莽諸臣，如瞽者之處暗室，天地盡變爲黑世界矣，故曰喪明。

初一　水，晝。同冥獨見，幽貞。水在金世，金水内明。同在晦冥之世，而於幽暗之中獨有所見，葢猶能識天日之光者也。《測》曰：同冥獨見，中獨昭也。子雲自道也。

次二　火，夜。盲征否。葉曰：二在晦中，倀倀然如瞽者之擿埴索塗，冥行而已，宜其否也。《測》曰：盲征否，明不見道也。

次三　木，晝。陰行陽從，利作不凶。三在金世，金陰木陽，木之曲直必由金以裁正之，木之成器必由金斫削之，故曰陰行陽從，亦猶内有賢妻能規夫以正，而夫從之，不致僨事於外，故不凶也。《測》曰：陰行陽從，事必外也。

次四　金，夜。晦其類，失金匱。晦，隱諱也。類，黨與也。初始元年，梓潼人哀章作銅匱，爲兩檢，一署曰天帝行璽，一署曰赤帝璽。日昏時衣黄衣，持匱至高廟，付僕射。僕射以聞。十二月戊辰，莽至高廟，拜受金匱神禪，即真天子位，建有天下之號曰新。按金匱内所列姓名，如哀章等，凡十一人，皆封爲公，并有賣餅兒亦厠名於内。此所謂諱其類，失於金匱神禪之義矣。《測》曰：晦其類，法度廢也。自欺欺人，何以號令天下？所謂法度廢也。

次五　土，晝。日正中，月正隆，君子自晦不入窮。葉曰：日中月隆，喻時位正盛。五居福禄之中，處時位之盛，如日月中天，君子能韜晦以持其滿，故不入於窮也。《測》曰：日中月隆，明恐挫也。此亦代附莽諸臣自危之語。

次六　水，夜。玄鳥維愁，明降於幽。天命玄鳥，降而生商，此興朝之瑞，何乃愁降於幽耶？平帝遇殺，孺子嬰嗣平帝後。莽廢爲定安公，幽之於四壁中，敕阿乳母不得與語。及長大不能名六畜。此所謂明降於幽也。《測》曰：玄鳥維愁，將下昧也。

次七　火，晝。睄同宵。提明德，或遵之行。睄，夜中也。提，挈也。七在晦世而逢黑夜，路暗不明，欲倩明德之人挈之同行以代燭也。七上近八，火不能自明，必藉木生明，故或遵之行也。《測》曰：睄提明德，將遵行也。

次八　木，夜。視非其直，夷其右目，滅國喪家。八爲敗木而上近九，以小人處晦世，乃敢眇其右目，斜視九金，且欲生火以克之，不知金性堅剛，不但右目被其夷傷，並國家亦爲之滅喪也。《測》曰：視非夷目，國以喪也。小人不識利害，故被禍至此。

上九　金，晝。晦冥冥，利於不明之貞。温公曰：九爲晦極而當晝，君子用晦爲正。《易》曰："内難而能正其志，箕子以之。"又曰："箕子之明夷，利貞。"《測》曰：晦冥之利，不得獨明也。晦冥冥者，舉世皆濁也。利於不明之貞者，衆人皆醉也。舉世皆濁，何不淈其泥而揚其波？衆人皆醉，何不餔其糟而歠其釃？此漁父諷屈子之詞也。

卷　六

江都陳本禮纂述　貴池劉世珩校刊

☷

三方二州二部二家。瞢。陰家，五，土，中中。日入房，斗指戌，律中无射，霜降氣應，卦準明夷。

陰征南，陽征北，物失明貞，莫不瞢瞢。

傳：瞢，同夢，昏昧不明也。前晦首曰“物咸喪明”，譏附莽諸人之无目也。此曰“莫不瞢瞢”者，痛憤獻符命者之在夢中也。陽雖往矣，明德未泯，苟天命有在，必有應運而興者，如少康之不失舊物，祀夏配天。今乃甘心從賊，獻頌者至四十八萬人，何以瞢瞢若是耶？

初一　水，夜。瞢腹睒音閃。天，不睹其軫。同畛。○睒，窺也。軫，界也。○葉曰：一在瞢初而當夜，陰暗不明，是猶瞢腹之人而欲窺天，其何所見其畛域哉？《測》曰：瞢腹睒天，无能見也。天之高遠，豈盲人能測？

次二　火，晝。明腹睒天，睹其根。王曰：二以陽剛得位當晝，是以明達之腹仰視於天，必能究其根本矣。《測》曰：明腹睒天，中獨爛也。

次三　木，夜。師或導射，豚同遁。其埻。音準。○葉曰：師，瞽師。埻，射之的也。三陰暗不中，是猶瞽者之導人射，何由辨其埻的而教人中耶？《測》曰：師或導射，无以辨也。

次四　金，晝。鑑貞不迷，於人攸資。范曰：四，金也，故爲鑑。

鑑之正者猶可照人，況得賢者與爲治乎？資，取也。《測》曰：鑑貞不迷，誠可信也。葉曰：四以陽明，故鑑照貞正而不迷，宜其爲他人之取資也。《孟子》曰"賢者以其昭昭，使人昭昭"是也。

次五　土，夜。倍同背。明仮光，觸蒙昏。葉曰：五爲瞢王，陰暗昏弱，其不明甚矣。乃背其明而反其光，是以觸處莫不昏蒙，其何所明哉？正所謂反鑑素照者也。《測》曰：倍明仮光，人所頻也。頻，比也，言觸處蒙昏莫不比比然也。

次六　水，晝。瞢瞢之離，不宜熒且婐。五果切。○離，明也。熒，小火光也。婐，燈之焰蕊也。燈生蕊則暗而不明。六爲陰主而當晝，宜大有離火之明以照耀群瞢，今乃以熒然一焰之光，豈能開其愚蒙而發其覺性耶？《測》曰：瞢瞢之離，中薆音飄。薆也。薆薆，鬱蓊隱蔽貌。

次七　火，夜。瞢，好明其所惡。范曰：七爲失志而在瞢家，益以不明，及事至禍生，不知歸過於己，反自文飾求明於人，故曰好明其所惡也。《測》曰：瞢好之惡，著不可昧也。

次八　木，晝。昏辰，利於月，小貞未及星。昏辰，日没時也，固利於有月，然究屬夜陰大不及晚景之餘光一照也。未及星，未及見星之時。此時太陰未升，殘陽在樹，餘光晻靄，人事固尚可爲也。若已見星，則日没久矣，尚焉能成小貞乎？《測》曰：昏辰利月，尚可願也。以月繼日，猶不失其爲光明世界也。

上九　金，夜。時瑳同嗟。瑳，不獲其嘉。男子折笄，婦人易哿。同珈。○上九居瞢之極，一生夢夢，未遇明時。瑳瑳，長嘆也。嘉，美也。折笄，男死不用。易珈，夫死爲服也。《測》曰：不獲其嘉，男死婦嘆也。男死謂陽亡也。

𝍊

三方二州二部三家。窮。陽家，六，水，中上，卦準困。

陰氣塞宇，陽亡其所，萬物窮遽。

傳:窮,厄窮也。遽,急也。塞宇者,天下皆爲陰賊所據。陽无立錐之地,故窮而亡其所也。萬物无主,各窮遽奔逃,芒芒然无所歸也。

初一 水,晝。窮其窮,而民好中。一以陽剛而在水世,剛柔得中,不偏不倚,故雖遇窮而不窮,其所好者然也。《測》曰:窮其窮,情在中也。

次二 火,夜。窮不窮,而民不中。二在窮世,正宜匿影韜光,豈可以寒微陰濕之火,漫自耀揚於人,而佯爲不窮?失其中矣。《測》曰:窮不窮,詐可隆也。葉曰:窮不安其窮,則放僻邪侈无不爲矣。

次三 木,晝。窮思達。木在水世,雖窮欲藉水力顯榮其身,以達其道,爲救窮蘇困之地也。《測》曰:窮思達,師在心也。未能達身,先必達心。心能達理,身自不窮。此顔子簞瓢陋巷之所以樂也。〇温公曰:三爲成意,爲進,人困而學者也。能盡其心,則无不達矣,師何遠哉!故曰師在心。

次四 金,夜。土不和,木科楕。徒和切。〇王曰:科楕,木病也。〇温公曰:四爲下禄而當夜,小人得位,困民以自奉,民困則危,譬猶土瘠則木病矣。《測》曰:土不和,病乎民也。

次五 土,晝。羹无糝,桑感切。其腹坎坎,不失其範。糝,碎米也。〇葉曰:坎坎,空餒貌。食之而腹枵,尚不失其範,言能安貧樂道也。《測》曰:羹无糝,猶不失其正也。

次六 水,夜。山无角,水无鱗,困犯身。天鳳四年,莽置羲和命士,以督五均六管,皆以富賈爲之,乘傳求利,交錯天下,因與郡縣通奸,百姓愈病。莽復申明六管之令,命縣官酤酒、賣鹽鐵器、鑄錢。采取名山大澤衆物者,税之。爲設科禁,犯者罪至死。民摇手觸禁,不得耕桑。繇役煩劇,力作所得不足以給貢税。閉門自守,又坐鄰伍鑄錢挾銅。奸吏旁緣莽禁,侵刻小民,富者不自保,貧者无以自存,故曰困百姓也。《測》曰:山无角,困百姓也。

次七 火,晝。正其足,蹕同滯。於狴音弊。獄,三歲見録。

葉曰：録，審辨也。七本陽明，行无不善之失，顧其過時入禍，所以无辜而滯陷於獄，故終得見白於明時也。《測》曰：正其足，險得平也。

次八　木，夜。涉於霜雪，纍項於軔。同膝。○葉曰：八居窮極剥落之時，陰塞陽亡之際，一涉霜雪，則枝垂幹折。項纍於軔，狀其窘凍局縮之甚也。○莽以私鑄犯法者多，乃更輕其法，鑄者與妻子没入爲官奴婢，吏及比伍知而不舉告，與同罪。由是犯者愈衆，檻車鎖頸，傳詣長安鍾官以十萬數，死者十六七，故曰亦不足生也。《測》曰：纍項於軔，亦不足生也。

上九　金，晝。破璧毁圭，臼竈生蛙，天禍以他。王曰：時數已極，雖得位當晝，而不免於患。破璧毁圭，失其所寶也。臼竈生蛙，无所復食也。天禍以他者，咎由他作也。○他指莽也。國破君亡，萬民无主，非常之禍，固由天降，然天不生莽，則漢室山河固不至顛覆如此其速也。以他者，歸罪之辭。《測》曰：破璧毁圭，逢不幸也。葉曰：圭璧，天子諸侯之重器。圭璧破毁，是君臣之道盡矣。臼竈生蛙，是民生之計窮矣。九居窮極，適丁厄數之會，禍豈己之所招致哉，蓋亦天命所定也。

☳

三方二州三部一家。割。陰家，七，火，上下，卦準剥。

陰氣割物，陽形縣平聲。殺，七日幾絶。妙在是縣形而殺，猶今之楦草繪像而殺之類。

傳：陰爲刑殺。小人暴貴稱尊，遂欲鞭笞天下，宰割萬物。是時陽已逃避西北，陰猶含怒未已，縣其形而殺之，以示威於天下，俾薄海臣民毋敢有犯其法而逆其命者。七日絶，猶鑿七竅而渾沌死也之意。

初一　水，夜。割其耳目，及其心腹，厲。耳目，君之監察官也。心腹，君之樞密臣也。二者割而君孤矣，故曰厲。《測》曰：割其耳目，中无外也。先割其耳目者，令君无所見聞也。見聞既无，則中外不通。中外不通，則權臣得以據其中以圖其外，誰敢不從？挾天子以令諸侯,誰敢不服?故曰中无外也。此賊臣之狡計也。

次二 火,晝。割其肬贅,利以无穢。肬贅謂貪饕竊禄之小人。平居既无所建白,有事則假公濟私,在朝如身外贅肉,割之反覺其清淨也。○葉曰:以一國而言則小人去而朝廷清,以一身而言則慝惡修而德業進也。《測》曰:割其肬贅,惡不得大也。割其肬贅,是代國家除冗員,去污穢,割之應爾,雖被爲惡之名,然事屬因公,不得加以大惡也。

次三 木,夜。割鼻食去聲。口,喪其息主。鼻爲肺竅,通乎内者也。賊臣既割其君之耳目矣,而慮其鼻之呼吸,潛通帝座,故一併割之,所以防閑之者至矣。口者,出納之官。賊臣陰謀不軌,恐樞機不密,宣泄於外,故先割其通息之鼻以塞其易啓之口,蓋息主喪口,亦難以一喙鳴矣。《測》曰:割鼻喪主,損无榮也。鼻在上,口在下,割鼻食口,是損上以益下。然鼻去孔存,氣猶可通。口雖得食,究屬己肉。是在上者何所損,而在下者亦何足榮哉!

次四 金,晝。宰割平平。宰,切割也。四在火世,金畏火克,故不敢大肆其惡,但平平誅殺,以懾服天下之人心而已耳。《測》曰:宰割平平,能有成也。

次五 土,晝。割其股肱,喪其服馬。股肱者,君之輔弼,所以贊襄國政者也。服馬者,君之騎乘,所以效奔走,疏附後先者也。人君不察而割之喪之,是自賊其大臣也,亡无日矣。《測》曰:割其股肱,亡大臣也。

次六 水,晝。割之无創,飽於四方。創,傷也。水不畏割,割已復平,无創痕也。水之利濟,源源不絶,故能飽於四方,而任其取攜也。《測》曰:割之无創,道可分也。道可分者,君子教思无窮,容保民无彊,能以其利利天下,而己亦不傷廉惠也。

次七 火,夜。紫蜺矞雲朋圍日,其疾不割。紫蜺,妖氛。矞雲,日旁刺日之氣。朋圍日者,此等小人結黨營私,不顧國家之急,專事蒙蔽。君昏不知,受其欺罔顧,猶留之左右而不知刊,是自取滅亡也。

《測》曰：紫霓矞雲，不知刊也。

次八　木，晝。割其蠹，得我心疾。蠹之食木，先從心起。八爲敗木，心被蠹食，木幾死矣，幸近九金，得割除其心疾，俾枝葉復榮，亦猶國之去賊臣而人民安也。《測》曰：割其蠹，國所便也。

上九　金，夜。割肉取骨，滅頂於血。割肉取骨，滅頂取血，則民之生命盡矣。建國元年，莽更天下田爲王田，禁民不得買賣。立五均、司市、錢府等官，斂取民財。更作寶貨。民不便用，皆私以五銖錢市買。莽復下書，諸挾五銖錢者投四裔。民之抵罪死亡者不可勝數。農商失業，食貨俱廢，民人泣涕於道路，此所謂滅頂於血也。《測》曰：割肉滅血，不能自全也。

𝍌

三方二州三部二家。止。陽家，八，木，上中，卦準艮。

陰大止物於上，陽亦止物於下，下上俱止。

傳：此時霜降已過，蟄蟲咸俯，雀入大水爲蛤，物之脂膏爲陰朘剥已盡，无可復徵，故停其暴虐苛政於上，爲暫止計。而陽亦止於下者，畏陰之威，懼其殘害，故匿影玄宫，不敢復出，以避其割也。故下上俱止。

初一　水，晝。止於止，内明无咎。范曰：陰陽隔絶，各止其所，如水内自清明，時行則行，時止則止，故无咎。《測》曰：止於止，智足明也。

次二　火，夜。車軔，俟馬酋止。葉曰：軔，止車木。酋，就也。二逢陰而在止世，不可以有爲，故車軔以俟馬就，以止藏其器，以待時之通也。《測》曰：車軔馬止，不可以行也。

次三　木，晝。關其門户，用止狂蠱。葉曰：狂蠱，狂亂之人。三以陽明，憂深思遠，能重門以待暴客之意也。《測》曰：關其門户，禦不當去聲。也。不當，不善也。

次四　金，夜。止於童木，求其疏穀。葉曰：童木，无枝葉之木。疏，薄也。穀，禄也。四爲下禄，故曰疏穀。止童木，其蔭既微；求疏穀，其得既薄。四陰暗不明，故其所托所求皆非其所也。《測》曰：止於童木，求其窮也。

次五　土，晝。柱奠盧，蓋蓋車，轂均疏。王曰：奠，定也。如柱定於廬舍之中，則得其所止矣。蓋之覆於車，車運轉而蓋不運，轂之均其疏數以湊群輻，輻雖運而轂常居中不動，此皆以止爲用者也。五居中得位，善於止道，故取象焉。《測》曰：柱及蓋轂，貴中也。

次六　水，夜。方輪廉軸，坎坷音可。其輿。王曰：輪方必止，軸廉必輆，以之進路，必坎坎然振其車輿而不獲適矣。《測》曰：方輪坎坷，還自震也。温公曰：六爲上禄而當夜，小人進不以道，雖止於盛位，終不得安也。

次七　火，晝。車纍其俿，音馳。馬獵音獵。其蹄，止貞。俿，輪。獵，折也。〇王曰：纍，有所繫也。獵，有所絓也。車纍馬獵，宜乎止以求止。《測》曰：車纍馬獵，行可鄰也。行可鄰，言不能遠也。

次八　木，夜。弓善反，音翻。弓惡反，善馬很，惡馬很。絶弸音崩。破車，終不偃。弓反者，弛而外張也。很，用力鞭馬，強乘之也。綳，弦絶也。偃，止也。弓善尚不可以反張而射，況惡弓乎？馬善尚不可以力鞭強乘，況惡馬乎？小人陰躁褊急，不能駕馭群才，止於絶弦破車，猶不懲戒而改其行，則必至於顛躓也，亡身必矣。《測》曰：弓反馬很，終不可以也。

上九　金，晝。折於株木，輆音愷。於砒音止。石，止。株木，車輞木。輆，礙也。砒，搗繒石。九處禍之窮而不知止，至於輞折石輆，進退維谷，然後知所止而止焉，蓋亦危矣。《測》曰：折木輆石，君子所止也。

𝌇

三方二州三部三家。堅。陰家，九，金，上上。日入尾，斗指亥，律中應鍾，立冬氣應，卦準艮。

陰形胼冒，陽喪其緒，物競堅強。

傳：此時陰稱形而陽不稱形者，陽爲陰割，入无形矣。緒者，陽氣茫茫之墜緒也。胼，固。冒，覆也。是月也，元冥陵陰，霜風送冷。寒則凝，凝則堅。物競堅強者，物痛陽亡无主，咸競其心，堅其志，強其力，以待天下之變，欲復陽以滅陰也。

初一　水，夜。磐石固内不化，貞。葉曰：一以陰暗而居堅始，故其粗頑如磐石之固，然内无通變，堅而不化，雖貞何益？《測》曰：磐石固内，不可化也。内不化，謂其執一也。

次二　火，晝。堅白玉形，内化，貞。温公曰：二爲思中而當晝，君子心雖堅固，潔白如玉，然見善則遷，有過則改，内化日新以就於正。《易》曰："介如石，①不終日，貞吉。"《測》曰：堅白玉形，變可爲也。形則變，變則化。

次三　木，夜。堅不淩，去聲。或泄其中。當天地閉塞之時，正宜三緘其口，今乃冰而不淩，是質本不堅，反泄消息於外，透漏樞機。《易》曰："君子不密則失臣，臣不密則失身，機事不密則害成。"②冰之堅而不淩，其殆以此也。《測》曰：堅不淩，不能持齊也。君臣相失，則堅貞之操不能持齊也。

次四　金，晝。小蜂營營，螮同蒂。其蝌。音詡。蝌不介，在堅螮。螮，根蒂。蝌，蜂房。介，大也。○温公曰：螮以喻德，蝌以喻國。四爲下禄而當晝，君子修德以保位，務本以固國，亦猶蜂之爲房，必先營其蒂。房不在大，但蒂堅則房不墜矣。《測》曰：小蜂營營，固其氏也。氏，根蒂也。

次五　土，夜。蝌大螮小，虚。葉曰：蝌大蒂小，喻君弱臣強，即尾大不掉之謂，國鮮不虚也。《測》曰：蝌大螮小，國空虚也。

---

① "如"，阮刻《十三經注疏》本《周易》作"于"。

② "機"，阮刻《十三經注疏》本《周易》作"幾"。下《馴》首次六贊注同。

次六　水，晝。鐵同纖。蟒紗同眇。紗，縣同懸。於九州。葉曰：六處尊位，居福禄之極，是人君以眇然之身維繫天下，如鐵蟒紗紗縣於九州之象。《書》曰："子臨兆民，懔乎若朽索之馭六馬。"皆謙小兢惕之辭。《測》曰：鐵蟒之縣，民以康也。温公曰：六爲上禄而當晝，一人有慶，兆民賴之，如堅蒂之縣大房也。

次七　火，夜。堅顛觸冢。顛，頂也。冢，土之墳起者。七在金世而當夜，小人恃其强很，路遇高冢，惡其有礙於步，而以頭觸之，欲使之平，此真愚之至者也。不知天衢甚廣，何獨嫌於一冢之阻耶！《測》曰：堅顛觸冢，不知所行也。

次八　木，晝。惆同怙。堅禍，維用解同獬。豸同豸。之貞。温公曰：八爲禍中而當晝，恃其堅而犯禍者也。然君子之志在於觸邪，雖堅以蹈禍，不失其正也。《測》曰：惆堅禍，用直方也。

上九　金，夜。蜂焚其蛝，喪去聲。於尸。尸，主也。○温公曰：九爲禍極而當夜，小人爲惡之堅，至於覆家，如蜂自焚其房，失其所主也。《測》曰：蜂焚其蛝，所憑喪也。范曰：七火八木，上炎克金，故焚九也。蛝以喻民。民而見焚，君將安在，故主喪也。

☷

三方三州二部二家。成。陽家，一，水，下下，卦準既濟。

太陰方清，陽藏於靈，物濟成形。

傳：陰而忽稱太者，見尊无二大也。方清者，是時天氣上升，地氣下降，閉塞成冬，故世界一清，所謂四海一家，中外一統，莫不秉新莽之正朔，遵攝皇之詔旨。靈者，陽神也。此日陽亡形化，僅剩一靈之氣渺渺藏乎玄宫，孕毓根荄，保和元氣，以濟物而成形也。

初一　水，晝。成若否，其用不已，冥。王曰：處成之初，得位當晝，功成若否，不伐其功，則其用不已，而冥契於道也。《測》曰：成若否，所以不敗也。陽亡藏靈，隱而不見，故終得濟物而不致敗絶也。

次二　火，夜。成微改改，未成而殆。王曰：失位當夜，成之尚微，而又改之，則事必不成，其危殆也。《測》曰：成微改改，不能自遂也。改改者，一改而不已，又再改也。不知事經屢改，必无成功也。

次三　木，晝。成躍以縮，成飛不逐。古語：將躍者足縮，將飛者翼伏。尺蠖之屈，以求伸也。此時物濟成形，各已成躍而能飛矣，何用逐爲！言可不必逐也。《測》曰：成躍以縮，成德壯也。

次四　金，夜。將成矜敗。葉曰：四陰躁易盈，故功將成而輒以驕矜致敗也。《測》曰：將成之矜，成道病也。

次五　土，晝。中成獨督，大。督，總統而督正之也。〇温公曰：中和莫盛乎五而當晝，王者功成，獨運皇極以督四方，故德業大也。《測》曰：中成獨督，能處中也。

次六　水，夜。成魁瑣瑣，以成獲禍。王曰：六居盛滿而失位當夜，雖爲成之魁主，而内懷瑣細之行，必且墮其功而獲禍矣。《測》曰：成魁之瑣，不以讓也。范曰：功成不讓，禍之招也。

次七　火，晝。成闕補。范曰：七爲失志，故闕也。君子之道善於補愆，故有闕則補之。《測》曰：成闕之補，固難承也。成功之下，忌娼者多，難以承應，當思補過之方。

次八　木，夜。時成不成，天降亡貞。葉曰：七居衰落，時已暮矣。是時當成，而不能及時以成之，天反降之以亡貞之咎，古所謂“天與不取，反受其殃”。《測》曰：時成不成，獨失中也。

上九　金，晝。成窮入於敗，毁成，君子不成。九爲成之終，終則窮。日中則昃，月滿則虧。君子當成終之時，常自貶損，留有餘以防事之敗與毁，故每不成以全其終也。蓋九爲盡弊而當晝，故能如是。《測》曰：成窮以毁，君子以終也。

三方三州一部二家。闞。同緻。〇陰家，二，火，下中，卦準噬嗑。

陰陽交跌，相闔成一，其禍泣萬物。

傳：前《成》首曰“太陰方清”，此時六合蕩平，孰敢有潛踪匿迹而自成一旅者，不意亡陽之衆尚敢藏靈濟物，各已成形，若不翦除餘孽，必致蔓延生患。跌，踢蹷足也。交跌者，陽靈與陰神交相力敵也。《易》稱坤道善闔，陽爲陰併，故相闔成一，不分陽之爲陰，陰之爲陽也。泣萬物者，萬物以陽爲君，君存與存，君亡與亡，故其禍泣萬物。

初一　水，夜。圜方杌梲，其内窾換。范曰：家性爲闞，當密如一，而水在火家，動即相克，如圜鑿方枘之杌梲也。《測》曰：圜方杌梲，内相失也。

次二　火，晝。闞无間。范曰：二，火也，而在火世，二火合會，闞密如一，故无間也。《測》曰：无間之闞，一其二也。温公曰：其合无間，二如一也。

次三　木，夜。龍襲非其穴，光亡於室。襲，因也。龍至立冬後始行襲穴而藏，業已後時，況襲非其穴乎！蓋是時龍失位无歸，故欲襲他人之穴而妄據之耳，故曰光亡於室也。《測》曰：龍襲非穴，失其常也。

次四　金，晝。臭肥滅鼻，利美貞。温公曰：闞準噬嗑，故有食象。四爲福始而當晝，飲食之來，先覺臭芳，見得思義，不可失正也。《測》曰：滅鼻之貞，没所芳也。噬嗑之六二曰：“噬膚滅鼻，无咎。”注：“膚，肉之柔脆者。”而此云臭肥者，蓋四爲金，君子嫌其臭肥不芳，故掩其鼻而過之也。

次五　土，夜。嚙骨折齒，滿缶。温公曰：五爲福中而當夜，小人貪利以自傷者也。《易》曰：“噬腊肉，遇毒。”《測》曰：嚙骨折齒，大貪利也。

次六　火，晝。飲汗吭音慷。吭，得其膏滑。汗出於心，在内爲血，在外爲汗，人身之膏液也。吭吭，咽液聲。六以陽剛而在□世，不肯苟且食禄，寧甘自食其力，如飲己身之汗，反得其膏滑之益也。《測》

曰:飲汗吭吭,道足嗜也。君子甘貧自守,其刻苦如此者,道在故也,故雖多飲而无害也。

次七　火,夜。閺其差,前合後離。二得中而當晝,故相合无間。七之火爲消敗而當夜,故閺密差跌,前合而後離也。《測》曰:閺其差,其合離也。

次八　木,晝。輔其折,廅音盍。其缺,其人暉且偈。音傑。○偈,武也。廅,藏也。八爲敗落而當晝,能補助其折,廅藏其缺,當亂世而能自振拔,以進於道,是其人之光明英武,自不同於流俗也。《測》曰:輔折廅缺,猶可善也。

上九　金,夜。陰陽啓佸,同化。其變赤白。九居閺極而當夜,亥月已盡,行將交子,正陽同蠢動之時。此時元冥雖厲,然物極則反,反者化之機。化機既啓,則赤者變白,白者變赤,其變无窮,是皆啓於閺之上九,早有以開其端也。《測》曰:陰陽啓佸,極則反也。

𝍐

三方三州一部三家。失。陽家,三,木,下上。日入箕,斗指亥,律中應鍾,小雪氣應,卦準大過。

陰大作賊,陽不能得,物陷不測。

傳:失者,錯也。陰自悔其閺之未密,被陽潛逸,以致今日復開啓佸之端,於是陰謀作賊,更大爲厲。令元冥造冰,青女鍊霜,彤雲幕天,沍寒坼地。使陽進无所據,退難自守,故萬物亦各懼陷於不測。

初一　水,晝。刺虚滅刃。此正陰大作賊之初,故滿懷利刃以刺人。一以陽明當晝,君子見幾而作,虚以受之,如水之受刺无迹,故曰刺虚。《測》曰:刺虚滅刃,深自幾也。

次二　火,夜。藐德,靈徵失。二爲火,以刃刺火,金先受克。藐德者,小人不種德,專嗜殺人,欲求禎祥之應,豈可得乎!靈徵,休徵也。《洪範》曰:人有五事,五事修則休徵以類應,五事失則咎徵亦以類應。莽假符命以惑人,豈得謂之禎祥類應耶!《測》曰:藐德之失,不知畏徵也。畏徵，畏咎徵也。

次三 木，晝。卒同猝。而從而，恤而竦而，於其心祖。三以木在失世，不測橫逆之來，能自修慝改過，順而從之，所謂攻其惡，毋攻人之惡。恤而竦而者，憂惕戒懼也。心祖者，本源之地也。自謹於本源之地而无失也。《測》曰：卒而從而，能自改也。

次四 金，夜。信過不食，至於側匿。過，愆也。四以金值木世，自性堅剛，有克木之愆，然能自信其過，不敢食君之禄，以至於側匿。雖非矯廉，然失之拘而泥矣。《測》曰：信過不食，失正禄也。

次五 土，晝。黃兒以中蕃，君子以之洗於愆。葉曰：黃，髮，兒，齒，謂耆德之人。五中而剛，陽能親耆德之人以爲蕃輔，葢君子資以自新其德也。《測》曰：黃兒以中，過以洗也。

次六 水，夜。滿其倉，蕪其田，食其實，不養其根。六陰而不中，小人據上禄，惟知自滿其倉，不顧百姓之罷弊，是食其實而不知養其根，失之甚者也。《測》曰：滿倉蕪田，不能修本也。

次七 火，晝。疾則藥，巫則酌。藥以除疾，巫以禳災，疾瘳災禳，故酌以酬巫毉也。七雖入禍，然陽明當晝，故能轉禍爲福也。《測》曰：疾藥巫酌，禍可轉也。

次八 木，夜。雌鳴於辰，牝角魚木。葉曰：八失時已甚，復值失世，故其反道悖德，猶雌不當鳴晨而鳴，牝不當有角而角，魚不當登木而木，三者皆言變其常也。《測》曰：雌鳴於辰，厥反正也。

上九 金，晝。日月之逝，改於尸。范曰：君子之道執行於世，雖没猶存，不以年高。日月已逝，其有得失，雖在尸柩，猶思改過，其志不泯也。《測》曰：改於尸，尚不遠也。家性爲失，九爲禍極，知己之爲惡，失於太甚，急求改過之方。改於尸，恐生時不及改也。此諷陰大作賊者，言此而不改，轉眼便有大泣之時。

三方三州二部一家。劇。陰家，四，金，中下，卦準大過。

陰窮大泣，於陽无介，噂舊作儔。離之劇。

傳：窮者陰之極，物極則反。獨陰不生，故轉而思陽。然陽爲陰氣剥蝕已盡，隱藏玄宫，伏而不出。孤陰无耦，深悔從前待陽過刻，故大泣也。於陽无介者，恨无一介之使以通於陽也。噂，類也。噂離之劇者，蓋其噂類思念故主，亦望陽之早回而並獲其祉也。劇，甚也。望之深，故情之劇。〇史稱莽見天下大亂，率群臣至南郊，陳符命本末，仰天搏心大哭。氣盡，又伏地叩頭。並會同諸生小民旦夕哭，其悲哀甚者，除爲郎，至五千餘人之多，真可謂大泣矣。

初一　水，夜。骨纍其肉，内幽。纍，囚纍也。此追咎其噂離之始，釁由内作也。内者，太皇太后也。骨之纍肉，潛隱莫見。幽者，冥暗也。《測》曰：骨纍其肉，賊内行也。

次二　火，晝。血出之食，凶貞。二爲火而在金世，金爲火克，故有血出之象。食而血出，由於唇齒相咋故也。唇齒如昆弟者然，今相咋血出，雖无大害，然鬩牆之禍從此起矣。《測》曰：血出之食，君子傷之也。

次三　木，夜。酒作失德，鬼睒音閃。其室。木遇金剛而逢劇世，有伐木之象。《伐木》之詩曰："有酒湑我，无酒酤我。民之失德，乾糇以愆。"①酒以爲人合歡，此則因酒致禍。睒，瞰視也。鬼瞰其室者，小人陰伺其失而禍之也。《測》曰：酒作失德，不能持也。葛洪云："子雲酒不離口而《太玄》成。"鬼若伺飲禍人，則人不能持瓢而飲矣。此雖諧謔之詞，然《太玄》中所言辭皆刺莽，且間有歸咎太皇太后語。幸當時无人知之者，文網尚寬，否則赤族矣，豈但粉身乎！

次四　金，晝。食於劇，父母采餕，若。劇，艱苦也。采，取也。餕，食之餘也。内則父母在，朝夕恒食，子婦佐餕。佐餕者，勸父母再食，子婦始食。餕，食其所餘也。若，順也。四爲下禄而在劇世，甘旨

① 阮刻《十三經注疏》本《詩經》後兩句在前。

之奉，貧難佐餕，亦惟聽父母之所取耳。《測》曰：食劇以若，爲去聲。順禄也。此於劇世見孝子之養其親也。

次五　土，夜。出野見虚，同墟。有虎牧猪，搼同撑。褌與繻。温公曰：五爲中福而當夜，小人乘亂世而居盛位，務爲貪暴以殘民，如虎牧猪者然，使民无所措其手足矣。《測》曰：出野見虚，无所措足也。

次六　水，晝。四國滿斯宅。四國，薄海内外也。六爲陽明福盛之主，膏澤下於民，民之仰之，四海如歸，猶百川之赴壑也。宅，安居也。《測》曰：四國滿斯，求安宅也。

次七　火，夜。麃音鑣。而丰音介。而，戴禍顔而。麃，武勇貌。丰，象草散亂也。七出福入禍而居劇世，不思明哲保身，乃既武且亂，反以厲色淩人，是乃取禍之道，可以一望其顔而知之矣。《測》曰：麃而丰而，戴禍較同角。也。

次八　木，晝。瓶纍於繘，貞顇。繘，綆索。顇，勞悴也。八居禍中而在金世，動即被克，不得安寧，如瓶纍於綆，取汲不停，雖非不正，然亦勞悴之甚也。《測》曰：瓶纍於繘，職迫也。瓶非繘不汲，職在故也。子雲《酒箴》曰："子猶瓶矣，居井之眉。不得左右，牽於纆徽。一旦叀礙，爲甇所轠。身提黄泉，骨肉爲泥。"此自危之辭。

上九　金，夜。海水群飛，弊於天杭。九居劇終而在夜，時海内大亂，干戈四起。始於五原代郡，繼則臨淮琅琊。及荆州緑林兵起，衆各聚黨數千人。海水群飛者，民皆聚而爲盜也。天杭，天漢也。《測》曰：海水群飛，終不可語也。時莽忌諱盜賊，有使者還，言民窮爲盜者，輒大怒，免之，故不可語也。

☷

三方三州二部二家。馴。陽家，五，土，中中，卦準坤。

陰氣大順，渾沌无端，莫見其根。

傳：馴，順也。此時否極泰來，氣運將轉，天道如此，故不得不順而從陽。渾沌无端者，外雖未見而中心向化歸誠。與渾沌合德，无端倪可象，故云莫見其根。

初一　水，晝。黃靈幽貞，馴。黃靈，地也。一爲水，水能包地，故曰幽貞。《測》曰：黃靈幽貞，順以正也。

次二　火，夜。娠同懷。其膏，女子之勞，不靜亡命。女子懷孕，一月爲胚，二月爲膏。孕育之事，女子之勞也。二爲火而生土，故有娠其膏之象。不靜亡命者，婦人有孕，當遠嗜欲，薄滋味，節飲食，慎寒暑，靜以養之。否則，必致有墮胎橫生之患矣。《測》曰：娠膏之亡，不能清靜也。

次三　木，晝。牝貞常慈，衞其根。牝貞，指太皇太后也。史稱莽使王舜索璽，太后不肯與，怒罵之曰："而屬父子宗族蒙漢家力，富貴累世。既无以報，受人孤寄，乘便利時奪取其國，不復顧恩義。人如此者，狗猪不食其餘。"此所謂衞其根，不忘其本也。《測》曰：牝貞常慈，不忘本也。

次四　金，夜。徇其勞，不如五之豪。徇，矜誇也。四爲夜陰，小人竊位食禄，偶有微勞，必誇示於人，固不如五之豪宕不伐也。《測》曰：徇其勞，伐善也。

次五　土，晝。靈囊大包，其德珍黃。五爲重土。靈囊，坤土也。《易》曰："坤厚載物，德合无疆，含弘光大，品物咸亨。"所謂大包也。五以中和爲德，黃乃土之正色。《易》曰："君子黃中通理，正位居體，美在其中，而暢於四支，發於事業，美之至也。"故曰珍黃。《測》曰：靈囊大包，不敢自盛也。《易》曰："陰雖有美，含之以從王事，弗敢成也。地道也，妻道也，臣道也。地道无成而代有終。"故不敢自盛也。

次六　水，夜。囊失括，泄珍器。温公曰：六過中而當夜，小人不能含章以從王事，如囊之失括而泄珍器也。《易》曰："臣不密則失身，機事不密則害成。"《測》曰：囊失括，臣口溢也。

次七 火,晝。方堅犯順,利臣貞。葉曰:堅,剛也。七以陽明能守其方正堅剛之節,以犯顔納諫於君,是利於臣之守其正也。《測》曰:方堅犯順,守正節也。

次八 木,夜。馴非其正,不保厥命。八以敗落之木而欲克家世之土,是馴非其正矣。不知上九之金,乃其子也。土能生金克木,故不保厥命也。《測》曰:馴非其正,无所統一也。此指不静亡命者言。此時陰已大順,而尚有馴非其正者雜乎其間,故曰无所統一也。

上九 金,晝。馴義忘生,賴於天貞。葉曰:九居殄絶之地,不能逭於死亡,尚幸得陽之貞,能馴義以忘生,得其正命,以死盡人道之宜,所以得天理之正也。《測》曰:馴義忘生,授舊訛受。命必也。子張曰:"士見危授命,見得思義。"君子徇義忘生,是所欲有甚於生者,故曰授命必也。

☷

三方三州二部三家。將。陰家,六,水,中上。日次星紀,斗建子,律中黄鍾,大雪氣應,卦應未濟。

陰氣濟物乎上,陽信將復始之乎下。

傳:濟,助也。此時陽氣胚胎朕兆已見,故坤道大順,冀陽速升,故先濟物乎於上,以俟陽之復始乎於下也。此正陰之知名處,跟上馴義忘生來。將者,已然未然之辭。

初一 水,夜。將造邪,元厲。此又爲馴非其正者所累,使陰无所統。元,始也。厲,危也。小人陰謀作惡,仗倚水勢,欲挺而走險,是以危作主也。《測》曰:將造邪,危作主也。

次二 火,晝。將无疵,元睟。王曰:二得位當晝,欲寡其過,故曰將无疵也。二之質本純粹,故云元睟。始而无疵,故後必易爲也。《測》曰:將无疵,易爲後也。

次三 木,夜。爐鈞否,利用止。冶必用爐,陶必用鈞。三以木逢夜陰,其爲爐鈞已非,焉能煅煉美器。蓋用非其人,寧能成功? 用非其法，寧有善治？知其不能，不若止之爲愈也。《測》曰：爐鈞否，化内傷也。

次四　金，晝。將飛得羽，利以登於天。四以陽剛而在公侯之位，上近於五，如將飛之鳥得羽翼之助，必能上賓於王也。《測》曰：將飛得羽，其輔強也。

次五　土，夜。大爵同雀。將飛，拔其翮。毛羽雖衆，不得適。翮，翅也。大爵摶扶摇而上者，翮之力也。今乃拔去其有用之翮，其餘羽毛雖多，不得適我之用。五陰暗不君，不知敬大臣，體群臣，是先自拔其翮，焉能高飛遠逝哉！《測》曰：大爵拔翮，不足賴也。

次六　水，晝。日失同昳。烈烈，君子將衰降。五爲日中，六爲日昳。日之昃矣，而猶烈烈，必不久矣，故君子知其將衰，先自貶損而降於下也。《測》曰：日失烈烈，自光大也。謙尊而光，故能成其大也。

次七　火，夜。跌音抶。船跋車，其害不遐。船車者，任重載道之器也。家有船車而不能用，反蹴蹋之，破壞之，使其不適於用，豈能達於道耶！宜其害之不遠也。《測》曰：跌船跋車，不遠害也。

次八　木，晝。小子在淵，丈人播船。小子，黎民也。丈人，大人也。在淵者，謂天下胥溺矣。不有有力之大人拯其溺而救其災，則天下蒼生胥淪没於水矣。《測》曰：丈人播船，濟溺世也。

上九　金，夜。紅蠶緣於枯桑，其繭不黄。紅蠶，老蠶也。蠶老則紅。枯桑，桑之无葉者。緣者，蠶飢循樹而覓食也。九居亢極而當夜，狀失德之人如老蠶之緣於枯桑，終不能望其吐絲結繭而黄矣。《測》曰：緣於枯桑，蠶功敗也。

☷

三方三州三部一家。難。去聲。○陽家，七，火，上下，卦準蹇。

陰氣方難，水凝地拆，陽弱於淵。小朱曰：陰氣窮極，陽信來復。陰懼於陽，大作險難。

傳：前陰氣既已濟物乎上，而又何難之有？蓋是月元冥當令，朔風凛冽，諸多造邪者邪心未靖，皆倚之肆虐，而陽又力弱，不能達物於深淵，若陰氣難之者然。

初一　水，晝。難我冥冥。我，陽自謂也。冥冥，暗中人所不見之地。一在難初，水先克火而人不覺，故曰難我冥冥。《測》曰：難我冥冥，未見形也。陽被懸殺，形亡久也，今雖潛靈地中，然原形未復，况在純陰冥暗之中，故曰未見形也。

次二　火，夜。凍冰瀆，狂馬揣舊訛椯。木。瀆，敗也。冰而遇火，故敗。二爲火中之馬，飆飛焰走，故若狂也。然陰火力弱，不足以融壯冰，欲藉三之木生火以助己也。揣者，意中忖度之辭，故曰妄生也。《測》曰：狂馬揣木，妄生也。

次三　木，晝。中堅剛，難於非常。木本堅剛而值火世，生已被克，乃忽遇狂馬上炎，突被焚燒，豈非禍出非常之難乎！《測》曰：中堅剛，終莫傾也。午火之力弱也。

次四　金，夜。卵破石毈。音段。○四在火世，爲火所克，如卵之破於石也。鳥之敗卵曰毈。金喻卵，火喻石。金遇火則熔，卵遇石則破。言小人不可與君子爲難也。《測》曰：卵破之毈，小人難也。

次五　土，晝。難无間，雖大不勤。王曰：得位處中，爲難之主，是能窒塞其端而无間，則禍難无自而入，雖遇大難之際，不勞勤力而遂免焉。《測》曰：難无間，中密塞也。无隙可入。

次六　水，夜。大車巛古川字。巛，上輆音改。於山，下觸於川。輆，礙也。六爲上禄故稱大車。巛巛者，見其車之多也。輆於山，礙於石也。觸於川，阻於水也。六居盛滿，不思减賦薄斂以濟難世，而其輜重至於如是之多，宜其窒礙而難行也。《測》曰：大車巛巛，上下軔也。軔，止車木。

次七　火,晝。拔石碜音軫。碜,力没以引。引一作盡。石喻遇難之君。碜碜,用力難拔貌。七以陽明之資,猶拯難之臣盡心竭力,欲引主以出於難也。《測》曰:拔石碜碜,乘時也。

次八　木,夜。觸石決木,維折角。范曰:陰爲石。陰氣欲上觸陰而進,故觸石也。八爲龍,木當用事,然上而見克於金,故折角也。《測》曰:觸石決木,非所治也。葉曰:八居禍難之中,用非其時,不能有濟於事,徒自傷也。

上九　金,晝。角觟同獬。虒,同豸。終以直其所施。王曰:處難之極而得位當晝,是以直免禍,若用其獬豸之角,以直觸之,終必有以正其理而解其難也。《測》曰:角觟虒,終以直之也。

☷

三方三州三部二家。勤。陰家,八,木,上中,卦準坎。

太陰凍沍懃音赧。創於外,微陽邸同抵。冥膂力於内。

傳:懃,悚懼也。邸,抵也。膂力,努力也。此時太陰雖凍沍於外,然微陽日增於内,努力冥抵,无難冒土而出,故太陰亦懼其迸裂而被創也。

初一　水,夜。勤於心,否貞。勤於心者,前欲助陽而濟物乎上,見陽弱於淵,遂又從元冥之令而難物於冥冥,是其心否貞也。心雖勤而不正,故懃然也。《測》曰:勤否貞,中不正也。

次二　火,晝。勞有恩勤,悾悾,君子有中。火在木世,能助陽之力,冥抵沍寒於外,故曰勞有恩勤也。悾悾,誠慤貌,狀萌蘖初生,雖緣火力,然火由木生,是木之恩勤,勞而有功者也。君子有中者,君子重其母并及其子,不肯没其勞也。《測》曰:勞有恩勤,有諸情也。情,顧復之也。木火相生,如鬻子者然。《鴟鴞》之詩曰:"恩斯勤斯,鬻子之閔思。"故曰有諸情也。

次三　木,夜。羈角之吾,其泣呱呱,未得繈扶。三爲木,男羈女角,狀木初出土中,如稚子之在母懷也。之吾,兒童學語聲。呱呱泣者,此痛孺子嬰之被幽於四壁中,雖阿乳母尚不得與語,何能訥訥望父母之繈負之耶?《測》曰:羈角之吾,不得命也。我生不辰,命也,如之何?

次四 金,晝。勤於力,放上聲。倍忘食,大人有克。葉曰:放,比也。四爲公侯而當勤世,能勤於國政,比於群臣,加倍用力,所謂鞠躬盡瘁,以至於忘食。此非公忠有德之大人弗克能之。《測》曰:勤力忘食,大人德也。

次五 土,夜。往蹇蹇,禍邇福遠。五在木世,受木之克,故往而蹇蹇也。《易》之蹇曰:"蹇,難也,險在前也。"五在勤世,不宜有爲,往而涉險,故禍邇而福遠也。《測》曰:往之蹇蹇,遠乎福也。

次六 水,晝。勤有成,功幾於天。六,君也。大君勤於政事,自強不息,法天之健,故其成功幾與天合其德也。《測》曰:勤有成,天所夾輔也。君能不倦於勤,則四海蒼生咸被其澤,故能得天之佑助也。

次七 火,夜。勞牽,不於其鼻於尾,弊。葉曰:七過時而失志,故其制人處事不得其道,如牽牛然,乃不於其鼻而於其尾,必有踶趹之患矣。《測》曰:勞牽之弊,其道逆也。

次八 木,晝。勞踖踖,心爽,蒙柴不卻。踖踖,勞貌。《詩》:"執爨踖踖。"此公卿祭於宗廟,君婦執爨以爲燔炙也。八爲老木,故稱柴。爽,明。蒙,被也。木既老乃勞。王君之婦躬親執我燔炙牲醴以祀神,則我之心亦甘爲柴而不卻也。《測》曰:勞踖踖,躬殉國也。得正命而死,是亦可以報國矣。此子雲暮年見兵戈滿眼,世道孔亟,故懼而作此想也。

上九 金,夜。其勤其勤,抱車入淵,負舟上山。王曰:九居亢極之地而又失時當夜,勤而不得其道者也。《測》曰:其勤其勤,勞不得也。車淵舟山,勞而无功,此爲勤心否貞者作夢醒時指點語也。

𝌋

三方三州三部三家。養。陽家,九,金,上上,卦準頤。

陰弸同崩。於野,陽蘯同漚。萬物,赤之於下。

傳:此時陽既冒土欲出,陰不能固,故外弸於野也。蘯者,陽氣融和,煦育萬物,如雞抱卵。赤者,胞胎初生,含乾元大赤之氣,故色皆變而爲赤也。

初一　水,晝。藏心於淵,美厥靈根。淵,深靜也。靈根,善本也。養心之要,在涵養於深靜之中而致謹於宥密之地,神不外馳,故功益密矣。○此與《中》首"陽氣潛萌於黄宫"語意相應。然《中》首屬水,《養》首屬金。金生水,一亦水,故曰藏心於淵,美厥靈根也。《測》曰:藏心於淵,神不外也。

次二　火,夜。墨同默。養邪,元函否貞。二逢夜陰,故稱墨。火伏金中,金受火克,故曰養邪。元,始也。函,容也。始見包容,終相克害,故否貞也。《測》曰:墨養邪,中心敗也。

次三　木,晝。糞以肥丘,育厥根荄。三在金世,理當相克,然以陽明而在養世,得二火之助,反克金以生土,如以糞肥丘園,育厥根荄也。《測》曰:糞以肥丘,中光大也。根之茂者其實遂,故光大也。

次四　金,夜。燕食扁同翩。扁,其志𠎝同攫。𠎝,利用征賈。音古。○扁扁,飛食自得貌。𠎝,以爪撲而取之也。四以陰邪而居公侯之位,食君之禄而猶復攫人之食,此其志不在養而在於奪也。此關吏壠斷征商者之所爲,非君子之行也。《測》曰:燕食扁扁,志在賴也。賴,利也。

次五　土,晝。黄心在腹,白骨生肉,孚德不復。此刺莽也。黄心在腹,則心不可以外求。白骨生肉,則肉由骨生。孚德不復,則人當修德以感天。莽世受漢家豢養之德,苟有良心者,當亟思感恩圖報,乃乘時利便,奪取其國,此正太皇太后所謂不復顧恩義,狗猪不食其餘者也。《測》曰:黄心在腹,上得天也。

次六　水,夜。次同孜。次,一日三餼,祇牛之兆,肥不利。葉曰:次次猶孜孜。餼,生牲。祇,神祇。六居福盛,陰而不中,專利无厭，孜孜然厚奉其身，一日至享三牲之饇，酣於豢養而不知其身之禍，譬之祭神之牛，已得卜兆，雖飽飫芻豆以肥其身，而不知其死之將及矣。《測》曰：次次之饇，肥无身也。知其肢解臠分之惡劫不遠也。

次七 火，晝。小子牽象，婦人徽猛，君子養病。火在金世，有克金之象。小子，稚陽也，雖赤根於下，已具有牽象之勢。婦人，老陰也，雖土弸於野，尚欲恃力以制猛出之陽。是時天下州郡兵起，莽猶鑄威斗以服猛，可謂愚矣。君子養病者，漸臺之誅，莽將授首。君子不肯與其難，故托言養病，欲以引避之耳。《測》曰：牽象養病，不相因也。不相因，謂各行其志也。莽自篡殺以來，歲歷一紀，人事幾更，天道幾改，數窮理極。雄恐不能目擊其敗，惟冀養病自壽以俟《太玄》早成，藏之名山，以垂不朽。雖无補於世，然較之獻符命以求榮寵者，其事固迥不相因也。

次八 木，夜。鯁不脱，毒疾發，鬼上壟。史稱莽末年見軍師外破，大臣内畔，憂懣不能食亶，飲酒啖鰒魚而已。鯁不脱，毒疾發，則死期近矣。《測》曰：鯁疾之發，歸於墳也。子雲極知陰陽之數，故能預知之明如此，記於《養》首之末，以爲日後之驗也。

上九 金，晝。星如歲如，復繼之初。星如歲如，二如字見《太玄》托始之義。是月也，日窮於次，月窮於紀，星回於天，歲將更始。復繼之初者，見天道之无窮，世運將復起。言外見莽死後，漢室山河固依然若漢之初也。《測》曰：星如歲如，終始養也。天道終則又始。養者，言天未絶漢，必將陰佑，默相待其中興，若養之者然。《詩》云："保佑命之，自天申之。"此養字之義也。一部《太玄》，此爲結穴。〇從《成》首起至《養》首止，人玄之三九，九首終。

△踦 屬水，象閏以準朔虚。

凍登赤天，晏入淵泉。陰本在下，今反在上；陽本在上，今反在下。陰極則凍。日晚爲晏。乾爲大赤。故曰赤天凍登。赤天者，以賊臣而君臨天下也。晏入淵泉者，真陽退位，入於虞淵，其蟠天際地者皆陰爲之主，故曰陰作首也。《測》曰：凍登赤天，陰作首也。首逆作惡，由陰始也。

◎嬴　屬火，象閏，以準氣盈。

一虛一嬴，踦奇所生。一虛一嬴，見陰陽有循環之理。此時陰極陽生，否極泰來。奇者，零餘也。漢高祖正脈已盡，將來代興者皆漢火之餘燼旁支庶族也。《法言》曰："漢興二百一十載而中天，其庶矣乎！"是光武中興，子雲生前早已預知，故其言如龜卜而燭照之也。後儒何可浪讀！《測》曰：虛嬴踦奇，儃同禪。无已也。

卷　七

江都陳本禮纂述　貴池劉世珩校刊

太玄沖沖，對沖也。

中則陽始，應則陰生。周復乎德，迎列乎刑。礥大戚，遇小願。閑孤而竈鄰。少，微也。大，肥也。戾内反，廓外違。上觸素，文多故。干，狂也。禮，方也。狩則來，而逃則亡。羨私曲，唐公而無欲。差，過也，而常穀。穀，善也。童寡有而度無乏。增始昌而永極長，鋭執一而昆大同。達日益其類，減日損其彙。交，相從也。唫，不通也。耎有畏，守不可攻。傒也出，翕也入。從，散也，而聚，集也。進多謀，積多財。釋，推也。飾，衰也。格好也是，而疑惡也非。夷平而視傾。樂上揚，沈下藏。爭，士齊也。内，女懷也。務則喜而去則悲。事尚作，晦尚休。更變而共笑，瞢久而益憂。斷多事，窮無喜。毅敢而割懦。裝徙鄉，止不行。衆温柔，堅寒剛。密不可間，成不可更。親親乎善，闕闕乎恩。斂也得，失亡福。疆善不倦，劇惡不息。睟，君道也。馴，臣保也。盛壯而將老也。居得乎位，難遇乎詘。法易與天下同也，勤苦而無功也。養受群餘，君子養吉，小人養凶也。

太玄錯錯,雜也。一陰一陽對待成文,錯綜而言,故曰錯。

中始周旋。羨曲毅端。睟文之道,或淳或班。彊也健,傒也弱。積也多,而少也約。視也見,而晦也瞀。童無知,而盛有餘。去離故,而將來初。大也外,而翕也内。夵也進,耎也退。樂佚遏,勤蹶蹶。達思通,窮思索。干在朝,而内在席。差自憎,飾自好。格不容,而昆寬裕。增日益,而減日損。馴奉令,而戾相反。釋也柔,而堅也剛。夷平易,而難頡頏。斷多決,而疑猶與。去聲。逃有避,爭有趣。進欲行,止欲鶩。廓無方,務無二。應也今,而度也古。迎知前,永見後。從也牽,守也固。礥拔難,劇無赦。唐蕩蕩,而閑瘞音翳。塞。更造新,常因故。失大亡,斂小得。竈好利,法惡刻。禮也都,而居也室。聚事虛,衆事實。闕也皆合二,而密也成用一。上志高,沈志下。交多友,唫少與。鋭鏩鏩,音尖。瞢剸跙。上租感切。下才與切。親附疏,割犯血。遇逢難,裝候時。事自竭,養自茲。格也乖,而昆也同。增有益,而減有損。成者功就不可易也。秘閣陸績本及宋維幹得古本皆无末五句。

太玄攡音離。

玄者,幽攡萬類而不見其形者也。資陶虛无而生乎規,攔神明而定摹,通同古今以開類,攡措陰陽而發氣。攔,音關。○資,取也。陶,甄也。虛无,太極也。規象天圜。太極從无始來,至天而始有象。神明者,玄之樞機也。古今者,過化之迹也。陰陽者,玄之關鍵也。生定開發者,玄之作用也。人必先明乎此,然後知子雲所以取玄之義以爲法也。一判一合,天地備矣。天日迴行,剛柔接矣。

還復其所,終始定矣。一生一死,性命瑩矣。此發明玄之實理也。判,分也。瑩,明也。案范曰:判謂純陰純陽,合謂陰陽交錯。迴行,運行也。天左旋如西,日右行如東,周而復始,故云還復其所。行无遲疾,度不參差,故云終始定也。死生者,謂月之晦明也。知月之有晦明,則天人性命之理可得而明矣。仰以觀於象,俯以視乎情。察性知命,原始反終。三儀同科,厚薄相劘。圜則杌棿,方則嗇吝。嘘則流體,唫則凝形。以下言《玄》取法乎天地以立人之極也。性者,人所稟之於天。命者,天所赋之於人。察其性之所始則知其命之所終。三儀者,日月星也。日月之行有遲速,陰陽之分有厚薄。得天之氣厚者爲人,得天之氣薄者爲物。劘者,切磨也。人與物切磨而爲萬化之機。圜方不同體,嘘則流形,唫則凝滯。造化之鼓蕩各有不相因襲而自成形體者。

是故闔天謂之宇,闢宇謂之宙。日月往來,一寒一暑。律則成物,曆則編時。律曆交道,聖人以謀。闔闢者,即晝夜之謂也。寒暑者,即陰陽之謂也。律爲陽,吕爲陰。聖人定律授時,所以前民用,而爲開物成務之基也。《玄》之作也,以星紀應律候,以歲時協曆紀,亦如大撓之作甲子,容成之作蓋天,故曰聖人以謀。

晝以好之,夜以醜之。一晝一夜,陰陽分索。夜道極陰,晝道極陽。牝牡群貞,以攡吉凶,則君臣、父子、夫婦之道辯矣。葉曰:晝好夜醜,以分陰陽;牝牡間配,以分吉凶。晝陽則爲君、爲父、爲夫,夜陰則爲臣、爲子、爲婦,而天人之道一矣。是故日動而東,天動而西。天日錯行,陰陽更巡,死生相摎,萬物乃纏。葉曰:摎,相繞纏也。天每日繞地一周而過一度,日亦每日繞地一周而不及天一度,是以天漸差而西,日漸差而東。積三百六十五日四分日之一,而天日復會於元分之所而成歲,所謂天周歲終是也。天日陰陽,更錯巡行,此天道之所以終始也。萬物死生,摎擾相纏,此人物之所以死生也。人物之死生,即天道之終始,由其不齊,所以無窮已也。

故玄者，聘天下之合而連之者也。聘，取也。合者，謂天與日、斗與極、吕與律、歲與曆，天元甲子萬有不齊之數，无不使之連貫而相合。其所以連之者，則玄之力也。綴之以其類，分之以其觚。曉天下之瞶瞶，瑩天下之晦晦者，其惟《玄》乎！葉曰：觚，法也。分首繫贊，莫不因其類，旦經夕緯，莫不著其法，所以定嫌疑，決猶豫也。夫玄晦其位而冥其畛，深其阜而眇其根，攘其功而幽其所以然者也。晦位言其无方所，冥畛言其无畔岸，深阜言其至博厚，眇根言其至微妙。攘其功者謂聘天下之合而連之，及曉天下之瞶瞶、瑩天下之晦晦也。幽其所以然者，謂泯其造化之迹，不示人以機，緘而自有其所以然者也。故《玄》卓然示人遠矣，曠然廓人大矣，淵然引人深矣，渺然絶人眇矣。此非贊《玄》，乃深惡當時賊莽横行，上敢弑君，下敢賊民，而群奸附和，莫有知其非者，淩遲至於三綱絶，五常滅，此子雲所目擊深痛而不敢言者，故寓意於《玄》，令其明白而曉暢也。嘿而該之者《玄》也，擢而散之者人跟上四人字來。也。稽其門，闢其户，叩其鍵，然後乃應，況其否者乎！擢，發揮其辭。散，布散其義。理備於《玄》，稽也，闢也，叩也，求之則應，未有不求而應者也。此申言上文之辭，欲人之求之也。

人之所好而不足者，善也；人之所醜而有餘者，惡也。君子日強其所不足，而拂其所有餘，則玄之道幾矣。日強其所不足，即指上求之之人，苟能從善除惡，則无待於占筮而知吉凶矣。仰而視之在乎上，俯而窺之在乎下，企而望之在乎前，棄而忘之在乎後。欲違則不能，嘿則得其所者，玄也。人能誠心求玄，玄固不遠，日在於人之上、下、前、後，一叩而即應，又何用稽門闢户耶！此勉日強其所不足者，欲其勿畏難而苟安也。故玄者，用之至也。以下言人之用玄。至者，謂其理至精至密。見而知之者智也。見物即知休咎，是其智也。視而愛之者仁也。視其辭之吉凶，令人愛而從善，是其仁也。斷而決之者勇也。以義斷心,不憚於改過,是其勇也。兼制而博用者公也。不偏於一是,用其中而无私,是其公也。能以偶物者通也。能以陰陽五行配合萬物,是其通也。无所繫輆者聖也。不爲物所宥,不爲事所域,流行而无所窒礙者,謂之聖也。時與不時者命也。時與不時,有遇有不遇。孔子曰:"道之將行也與命也,道之將廢也與命也。"此所謂命也。虛形萬物所道之謂道也。虛,空也。空无形象而萬物由之而出,故謂之道。因循无革,天下之理得之謂德也。革,更也。因天地自然之性,无所更改,而得其理者謂之德。理生昆群,兼愛之謂仁也。昆,同也。同愛萬物,無有偏私曰仁。列敵度宜之謂義也。列,序。敵,匹也。序其彙匹,度其時宜而處之之謂義。秉道德仁義而施之之謂業也。秉,執也。執此四者,施於世用,爲進修之大業。已上十二條目皆明人之用玄,其造詣之功效有如此也。瑩天功,明萬物之謂陽也;幽无形,深不測之謂陰也。陽知陽而不知陰,陰知陰而不知陽,知陰知陽,知止知行,知晦知明者,其唯玄乎!陰陽爲太極根本,故末以陰陽二端結出本旨,倒煞出玄字以盡一篇大義。以下至末則推廣《玄》文,泛論各條,以補前所未備。讀者須細尋其結構脈絡,辯其微文隱喻,然後知其反復波瀾,變化不測也。

縣之者權也,平之者衡也。濁者使清,險者使平。縣,平聲。○此泛言權衡之用以起下文。離乎情者必著乎僞,離乎僞者必著乎情。情僞相蕩,而君子小人之道較然見矣。離,去也。著,歸也。情僞不可以兩立,去情必歸於僞,去僞必歸於情,此君子小人之所以分也。

玄者,以衡量者也。高者下之,卑者舉之,饒者取之,罄者與之,明者定之,疑者提之。言玄之爲用,如衡之於輕重,量之於多少也。高卑言衡之用也。饒罄言量之用也。明疑言玄之用也。其高下與奪莫不因其理之自然也。規之者思也，立之者事也，説之者辯也，成之者信也。規之者，法制也。立之者，建樹也。説謂發其藴，成則要其終也。四者言玄之所以開物而成務也。

夫天宙然示人神矣，夫地他然示人明矣。天地奠位，神明通氣。他，去聲。○闢宇謂之宙，天之開朗也。他者，妥然而安泰也。神明者，天地之作用也。氣謂陰陽二氣。相通者，二氣通則生人生物，變化無窮矣。有一有二有三，數寓理中，由一而推至十，而復歸於一，循環相推，則轉運亦無窮矣。位各殊輩，回行九區，終始連屬，上下无隅。方州部家位雖不同，而回行於九區之中，《中》始《養》終之首雖不斷，而混元於一氣之内，初固无廉角之可指也。察龍虎之文，觀鳥龜之理，運諸桼政，繫之泰始，極焉以通璇璣之統，以正玉衡之平。龍虎爲東西，鳥龜爲南北。桼政，日月五星也。泰始謂北極，天之樞也。列宿所以定經天之象，七政所以錯緯天之度。極焉者，謂造其極，莫能越乎璇璣之儀而正玉衡之平，則觀天之術盡矣。圜方之相研，剛柔之相干。天圜地方以成歲功，陽剛陰柔以成晝夜。盛則入舊訛人。衰，窮則更生。物盛則衰，數窮則變。有實有虚，流止無常。天地虚贏，或流或止，无定體也。

夫天地設故貴賤序，天尊地卑，貴賤位也。四時行故父子繼，五行相生，則父子繼代。律曆陳故君臣理，律和聲，曆紀時，上下相生，寒暑遞禪，見君臣之誼也。常變錯故百事枬，同析。○常變者謂事有經權常變，不可執一。若泥於常而不知變，則天地皆爲呆物，故必欲錯之，則四時不忒而天地常新矣。質文形故有无明，有質方能顯文，有文方能見質，質文不形則有无何以明其真僞耶！吉凶見故善否著，吉凶者，因人之善惡而著也。虚實蕩故萬物纏。陰虚陽實。蕩，動也。陰陽動蕩，故萬物纏綿，生生不窮。陽不極則陰不萌，陰不極則陽不牙。極寒生熱，極熱生寒。信平聲。道致詘，詘道致信。物窮則變，盛極則衰。天道且然，況於人乎！其動也，日造其所無而好其所新；其靜也，日減其所有而損其所成。陽之生也，物自无而趨有；陰之消也，物自有而趨无。故推之以刻，參之以晷，反覆其序，軫轉其道也。推刻以漏，參晷以表，皆自微而至著，因往知來，以古驗今，知其循環有常，是謂反覆其序，軫轉其道也。以見不見之形，抽不抽之緒，與萬類相連也。可見可抽者象也，不見不抽者理也。理无形，因象而著，則理者乃萬類之本也。其上也縣平聲。天，下也淪淵，纖也入薉，同穢。廣也包畛。此申明上文萬類相連之理，其大无外，其小无内，皆包括於其中也。其道游冥而挹盈，存存而亡亡，微微而章章，始始而終終。冥，幽也。游冥者，謂常處於幽，不欲自滿，虚以接物，所以能存存而亡亡，微微而章章，始始而終終，各隨其事而應之者也。近玄者玄亦近之，遠玄者玄亦遠之。譬若天蒼蒼然在於東面、西面、南面、北面，仰而無不在焉，及其俯則不見也。天豈去人哉！人自去也。此特爲不信玄者作指點語也。玄之理即天之理。天之蒼蒼在於東南西北面者，无日不鑑臨下土。人可不畏玄，寧不畏天乎？故獨提出天字以見玄之不可遠也。冬至及夜半以後者，近玄之象也。進而未極，往而未至，虚而未滿，故謂之近玄。玄道好謙，常自重虚，故以未極未至未滿爲近。玄亦始於子，冬至斗指子，夜半時亦子。夏至及日中以後者，遠玄之象也。進極而退，往窮而還，已滿而損，故謂之遠玄。玄道惡盈，故以已極、已滿爲遠。《玄》亦始於午，夏至斗指午，日中時加午。日一南而萬物死，日一北而萬物生。夏至日南在東井，冬至日北在牽牛。斗一北而萬物虚，斗一南而萬物盈。斗指亥子，寒氣殺物，斗指巳午，薰風阜物，故有盈虚。日之南也右行而左還，斗之南也左行而右還。日之南行由西方，故言右，還從東方，故言左。斗之南行由東方，故言左，還從西方，故言右也。或左或右，或死或生，神靈合謀，天地乃并。天神而地靈。末以日星之行度定萬物之死生，雖自古大聖大賢莫能逃乎其數，彼逆天悖理者欲以巧詐奪造化，其如神靈合謀何？文凡一千一百五十餘言，洋洋纚纚，罄所欲言，末只一句結出《太玄》諷刺本旨，何等筆力！

太玄瑩瑩，明也。

天地開闢，宇宙拓坦。天元咫步，日月紀數。周渾曆紀，群倫品庶。或合或離，或贏或踦。拓，開。坦，廣也。咫，八寸也。步，六尺也。上古以甲子歲十一月甲子朔夜半冬至爲天元。日一年有南北之行，月一月有朔望之異。積三十日爲一月，積十二月爲一歲之數也。周渾，言其周運也。贏，有餘也。踦，不足也。此言上天下地之氣闢而宇宙之位分。天元推步之法陳而日月之數定。周運而爲曆紀之無盡，參錯而有群品之不同，故或合而爲晦，或離而爲望，或贏而爲氣盈，或踦而爲朔虚。此言天道曆數之大概也。

故曰假哉天地，啗函啓化，罔裕於《玄》。始終幽明，表贊神靈。太陽乘陰，萬物該兼。周流九虚，而禍福絓羅。神靈者，承上《玄攡》天神而地靈來。表贊者，闡發其理也。太陽，日，君也。天地啓化以太陽爲主，乘群陰而周流九虚，寓禍福於九九八十一首之中，如天網恢恢，疏而不漏。此正見《玄》之爲用，與天同體，故曰大哉天地啗函啓化，罔裕於《玄》！

凡十有二始，群倫抽緒，故有一二三，以絓以羅，《玄》術瑩之。始，朔也。一歲十有二月皆以朔始，而昏明晝夜莫不由此抽緒而出。一二三者，思禍福也，錯綜於九贊之中，以絓以羅而連綴之，所以明吉凶也。以下凡十三條，皆泛言律曆五行人事，以推廣著《玄》之術，而明其理也。鴻本五行，九位重施，上下相因，醜在其中，《玄》術瑩之。鴻，大也。鴻本者，首辭也。重施者，贊辭也，各以五行分次序。上下相因者，謂贊辭有上因下，下因上，各因類而立義。醜，類也，如一六爲水,二七爲火,三八爲木,四九爲金,五五爲土也。天圜地方,極植中央。動以曆靜,時乘十二以建七政,《玄》術瑩之。極,北極,天之樞也。天之運轉以極爲中,七政之所繫,十二辰之所建,寒暑晝夜之變遷,惟曆能測之,所以四時分而七政平也。斗振天而進,日違天而退,或振或違,以立五紀,《玄》術瑩之。振,動也。斗衡隨天左回,故言進。日行右回,故言退。進退相錯,五紀以立。五紀者,《洪範》:一曰歲,二曰月,三曰日,四曰星辰,五曰曆數。五者天之經紀也。植表施景,揄音輪。漏率刻,昏明考中,作者以戒,《玄》術瑩之。揄,傾瀉也。率,審也。植表驗景以分二至,瀉水審刻以定晨昏。中,中星。考中者,謂如《月令》孟春參昏中、尾旦中之類。作以戒者,謂教戒農事,而禁伐木、毋覆巢、毋殺胎夭之事也。泠竹爲管,室灰爲候,以揆百度,百度既設,濟民不誤,《玄》術瑩之。泠,伶倫也,黄帝樂官,製十二管以定律。室,緹室。以葭灰置密室中,候十二月之氣以明時。《玄》以《中》首定黄鍾之氣,以《應》首定蕤賓之氣。律定則百度正,百度正故民事無忒。東西爲緯,南北爲經,經緯交錯,邪正以合,吉凶以形,《玄》術瑩之。天以東西爲緯,南北爲經。《玄》以一、二、五、六、七爲經,三、四、八、九爲緯。經緯交錯,則物之邪正以分,事之吉凶以見矣。鑿井澮水,鑽火爇音然。木,流金陶土,以和五美。五美之資,以資百體,《玄》術瑩之。美,好也。五行相生則美,相克則惡。鑿井取水必濟以火,鑽木取火木反被克,然範金陶土,非火不能。欲其適民用而資民生也,莫若以和。和者,調劑之也,使其不相克而反相生,以之造器則成物,以之養人則百體以資矣。奇平聲。以數陽,偶以數陰。奇偶推演,以計天下,《玄》術瑩之。計,會計也。陽之數圜,徑一圍三,故奇。陰之象方,徑一圍四,故偶。陽數一、三、五、七、九,陰數二、四、六、八、十,以此推演天下方圜之數,其奇偶可知矣。六始爲律,六間去聲。爲吕。律吕既協,十二以調,日辰以數,《玄》術瑩之。陽爲始,陰爲間,律爲陽,吕爲陰,故云六始六間也。陰陽既和,則律吕以調。律吕既協,則日星躔度莫不順適而周布矣。方州部家,八十一所,畫下中上,以表四海,《玄》術瑩之。《玄》列方州部家者,蓋以表四海之大,人物貴賤之殊,吉凶貞吝之别,莫不盡於此四畫之内,由此推之,則各方各州各部各家可以舉一隅而三隅反也。一辟、三公、九卿、二十七大夫、八十一元士,少則制衆,無則治有,《玄》術瑩之。辟,君也。此言大小相制,有无相生,非《玄》不明。古者不諐音迁。不虞,慢其思慮,匪筮匪卜,吉凶交瀆。於是聖人乃作蓍龜,鑽精倚神,箝知休咎,《玄》術瑩之。諐,疑也。虞,憂也。鴻荒之世,人皆任天而動,无憂疑之事,故慢其思慮。設遇有憂疑而卜,筮不以蓍,占不以龜,吉凶交瀆。自羲皇氏出畫卦,以前民用,而後世始得憑筮龜以決休咎耳。鑽精言卜,倚神言筮。箝者,總括其要,神而明之也。是故欲知不可知則擬之以乎卦兆,測探摹遠則索之以乎思慮,二者其以精立乎。精,純誠不雜也。夫精以卜筮,神動其變;精以思慮,謀合其適;精以立正,莫之能仆;精以有守,莫之能奪。故夫抽天下之蔓蔓,散天下之混混者,非精其孰能之!推純誠之道而極言之。

夫作者貴其有循而體自然也。其所循也大,則其體也壯;其所循也小,則其體也瘠;其所循也直,則其體也渾;其所循也曲,則其體也散。作謂作八十一首七百二十九贊之辭。循謂有所因。體謂有所本。所因,《易》也,所本,道也。循則有大小曲直之不同,體則有壯瘠渾散之或異,惟在於作者之如何耳。後四體字以質而言,與前體自然字義不同。故不擢舊詑懼。所有,不彊所無,譬諸身,增則贅,而割則虧。擢,去也。道有定體,不能增減也。故質幹在乎自然,華藻在乎人事。人事也具,可損益歟?理氣象數由於道體之自然,繫筮占辭出乎聖賢之著作。質幹其本也,華藻其末也,二者皆因乎人事之詳明。人事具則數理豈能有所損益歟?

夫一一所以摹始而測深也，三三所以盡終而極崇也，二二所以參事而要中也，人道象焉。葉曰：以一首九贊而統言之，初一、次二、次三爲始，次四、次五、次六爲中，次七、次八、上九爲終。以一首九贊而分言之，則初一、次四、次七爲始，次二、次五、次八爲中，次三、次六、上九爲終。又以八十一家而統言之，自天玄《中》首至《事》首爲始，自地玄《更》首至《昆》首爲中，自人玄《減》首至《養》首爲終。又以八十一家而分言之，自天玄《中》首至《辨》首、地玄《更》首至《强》首、人玄《減》首至《視》首爲始，天玄自《羡》首至《傒》首、地玄自《睟》首至《大》首、人玄自《沈》首至《堅》首爲中，天玄自《從》首至《事》首、地玄自《廓》首至《昆》首、人玄自《成》首至《養》首爲終。以至方州部皆準此。推之言一一者，非止初一爲一言，凡四、七亦皆中上之一也。三三、二二仿此。推之非止天道有始中終，而人道亦有思福禍，皆分三截看。務其事事謂八十一家。而不務其辭，辭謂七百二十九贊。多其變而不多其文也。不約則其指不詳，不要則其應不博，不渾則其事不散，不沈則其意不見。是故文以見乎質，辭以睹乎情。觀其施辭，則其心之所欲者見矣。沈，深也。約以辭言，要以事言，渾以理言，沈以意言。非文无以明質，非辭无以見情，故觀辭足以知其心之所欲矣。

夫道有因有循，有革有化。因而循之，與道神之；革而化之，與時宜之。故因而能革，天道乃得；革而能因，天道乃馴。道頂上文人道來，重在因革二字。本其固有爲因，從其成法爲循，改其宿弊爲革，變其舊習爲化。人道本乎天道，能盡人之道即所以盡天之道也。

夫物不因不生，不革不成。故知因而不知革，物失其則；知革而不知因，物失其均。革之匪時，物失其基；因之匪理，物喪其紀。因革乎因革，國家之矩范也。矩范之動，成敗之效也。因，仁也。革，義也。二者相須，不可偏廢。若用之非其時，行之非其理，則更失矣。苟當因而因，當革而革，不失其當，誠國家之法度也。法度變動，乃爲成敗之效乎。

立天之道曰陰與陽，形地之緯曰從與横，表人之行曰晦與明。南北爲從，東西爲横。晦，愚也。明，賢也。表人之行曰晦與明，蓋以氣稟之不齊，則有清有濁，有賢有愚，有善有不善之分矣。陰陽日舊訛曰，下同。合其判，從横日緯其經，晦明日別其材。陰陽該極也，經緯所遇也，晦明質性也。陽不陰無以合其施，經不緯無以成其誼，明不晦無以別其德。陰陽殊氣，從横殊勢，晦冥殊質，莫不交相用而互相成也。該極所以包天地之理，所遇所以襲水土之宜，質性所以異賢愚之稟。蓋無判不能成合，故曰合施；無緯不能成經，故曰成誼；无小人莫辨君子，故曰別德。陰陽所以抽嘖也，從横所以瑩理也，明晦所以昭事也。嘖，情也抽，理也瑩，事也昭，君子之道也。嘖情也，一陰一陽所以達天之情，一從一横所以明地之理，一明一晦所以昭人之事。人苟能於天之情也達，於地之理也明，於人之事也昭，則爲君子之道也。

往來熏熏，得亡之門。夫何得何亡？得福而亡禍也。天地福順而禍逆，山川福卑而禍高，人道福正而禍邪，故君子内正而外馴，每以下人，是以動得福而亡禍也。《玄瑩》之末借禍福二字發出天地鬼神等大議論，皆爲刺莽設也，讀者勿誤認作釋氏談報應、道家談感應篇也。往來熏熏指附莽者言。當時附之者拜爵封侯，逆之者滅門絶户。雄恐《交》首之辭人不知爲刺莽，特於此發明之。福不醜不能生禍，禍不好不能成福，醜好乎醜好，君子所以亶表也。醜，恶也。好，善也。亶表，信明也。福而不爲善，禍能不生乎？禍而至於悔，福能不成乎？蓋惡是禍之階，善乃福之基。重言醜好乎者，致其丁寧之意也。夫福樂終而禍憂始。天地所貴曰福，鬼神所祐曰福，人道所喜曰福。其所賤在惡皆曰禍，故惡福甚者其禍亢。反覆申説，不啻再三。晝人之禍少，夜人之禍多，晝夜散者其禍福雜。温公曰：瑩以昭事，使人知禍福之歸者也。晝人之禍少，純於明也。夜人之禍多，純於晦也。晝夜散者其禍福雜，則或晦或明，不純故也。

卷 八

江都陳本禮纂述　貴池劉世珩校刊

太玄數《玄》有理、氣、象、數。理者萬殊，歸於一本也。數者一氣，化爲萬殊也。《攡》之後有《瑩》，《瑩》之後又《數》。以其數而計之，則天下萬事萬物之理舉矣。

昆侖天地而産蓍，參音驂。珍睟精，三以捸數，散幽於三重而立家，旁擬兩儀則睹事，逢遭並合，捀音戛。繫其名而極命焉。精則經疑同擬。之事其質乎。蓍草生滿百莖，乃天地靈氣所産。參，錯也。三，相參爲參。蓍之德圓而神，故曰參珍睟精。《玄》以三捸數，以三立家。旁擬兩儀者，分而揲之也。晝則逢陽數，夕則遇陰數，星時數辭並合，則吉凶見矣。名謂八十一家之首，命謂七百二十九贊之詞。精則經疑之者，謂首則準乎卦，而贊則以事爲質也。

令曰：假《太玄》，假《太玄》，孚貞。爰質所疑于神于靈。休則逢陽，星時數辭從，咎則逢陰，星時數辭違。已上命筮之辭。凡筮有道，不精不筮，不疑不筮，不軌不筮，不以其占不若不筮。精，專也，不專則不誠。不疑則無事，不軌則無道，皆所不筮。以，用也，謂不用所值勸戒之占辭，不如不筮也。

神靈之，神靈之，曜曾卓越。已上禱神之詞。曾同層。曜曾，高明也。卓越，超邁也。此嘆美《玄》數之神靈高明而超邁也。三十有六而策視焉。以三分，終於六成，故十有八策。天不施，地不成,因而倍之,地則虚三以扮天十八也。别一以挂於左手之小指中,分其餘,以三搜之,并餘於艻。一艻之後而數其餘,七爲一,八爲二,九爲三。六算而策道窮也。此示人以揲蓍法也。《玄》以三分爲本數,二其三爲六,六其三爲十八,倍之爲三十六,以成天數。地則虚三以受天,故策用三十三。揲時别以一策挂於左手小指間,中分其餘,三搜之,并餘於艻。一艻之後,將三搜之策又以三數之,不復中分。數至十以下,得七爲一畫,餘八爲二畫,得九爲三畫。其前所挂及餘艻不在數限。凡四揲而成首,初揲定方,二揲定州,三揲定部,四揲定家,共成一揲,凡四揲而成首也。按:三揲有餘一、餘二、餘三,而无餘七、餘八、餘九之理。解者不通其法,蓋以一準七、二準八、三準九,則七八九自定矣。逢有下中上。下,思也。中,福也。上,禍也。思福禍各有下中上,以晝夜别其休咎焉。首名既定,然後觀其所逢之贊。以九贊而細分上中下,則初一、次二、次三在下,爲思,次四、次五、次六居中,爲福,次七、次八、上九居上,爲禍。以九贊而細分上中下,則初一爲思之下,次二爲思之中,次三爲思之上,次四爲福之下,次五爲福之中,次六爲福之上,次七爲禍之下,次八爲禍之中,上九爲禍之上。逢陽家則一、三、五、七、九爲晝,二、四、六、八爲夜。逢陰家則一、三、五、七、九爲夜,二、四、六、八爲晝。逢晝則吉,逢夜則凶也。

極一爲二,極二爲三,極三爲推,推三爲羸贊,贊羸入表,表羸入家,羸,滿也。表者,見其休咎也。一、五、七爲一表,三、四、八爲一表,二、六、九爲一表。贊,九贊之位。贊滿而入二百四十三表,表滿而入八十一家,總成七百二十九贊。此由體達用,自内而推之於外也。家羸入部,部羸入州,州羸入方,方羸入玄。方羸入玄者,玄,天也,君也,以少制多,以无治有,以大統小也。一辟象玄,三方象三公,九州象九卿,二十七部象大夫,八十一家象元士。此由萬殊而歸之於一本也。

一從二從三從,是謂大休。一從二從三違,始、中休,終咎。一從二違三違,始休,中、終咎。一違二從三從,始咎,中、終休。一違二違三從，始、中咎，終休。一違二違三違是謂大咎。凡筮須分經緯、晝夜、表贊，以占吉凶。經者，謂一、二、五、六、七也，旦筮用焉。緯者，三、四、八、九也，夕筮用焉。日中夜中，雜用一經一緯。表者，一五七爲一表，屬經，三、四、八爲一表，屬緯，二、六、九爲一表，雜用經緯。凡旦筮者用經，當九贊一、五、七之表，遇陽家，則一、五、七並爲晝，是謂一從二從三從，始、中、終皆吉，遇陰家則一、五、七並爲夜，是謂一違二違三違，始、中、終皆凶。凡夕筮者用緯，當九贊三、四、八之表，遇陽家，始休，中、終咎，遇陰家，始咎，中、終休。若日中夜中雜用二經一緯，當九贊之二、六、九也，遇陽家始、中咎，終休，遇陰家始、中休，終咎，故經謂晝夜散者禍福雜。凡休咎止二端，反覆所值而有是六等也。

占有四，或星，或時，或數，或辭。星者，所配之宿，各以其方，與本首五行不相違克，假如中首所配牽牛屬北方水，與首水行同德，是星從也。時者，所筮之時與所遇節氣相逆順也。假如冬至筮遇十月已前首爲逆，冬至已後首爲順也。數者，陰陽奇偶之數，以定所遇晝夜之吉凶。辭者，九贊之辭，與所筮之意相違否也。

旦則用經，夕則用緯。觀始、中，決從終。葉曰：不言日中夜中雜經緯者，舉旦夕則中可知也，雖觀始、中，當以中爲重也。

三八爲木，天三生木，地八成之。〇《易》以卦理備物，故有天地風雷等象。《玄》以五行備物，故有木金水火土等象。然《易》始於一，《玄》起於三，此則各有其理，然究不能離乎《易》之理，而特推而廣之耳。爲東方，爲春。日甲乙，辰寅卯，聲角，色青，味酸，臭膻，形詘信，生火，勝土，時生，藏脾，侟音存，義同。志，性仁，情喜，事貌，用恭，撝肅，徵旱。帝太昊，神句芒，星從其位。東方蒼龍七宿。類爲鱗，爲雷，爲鼓，爲恢聲，爲新，爲躁，爲户，爲牖，爲嗣，爲承，爲葉，爲緒，爲赦，爲解，爲多子，爲出，爲予，上聲。爲竹，爲草，爲果，爲實，爲魚，爲疏器，爲規，爲田，爲木工，爲矛，爲青怪，爲鼽，爲狂。鼽音求。鼻塞曰鼽。

四九爲金，地四爲金，天九成之。爲西方，爲秋。日庚辛，辰申酉，聲商，色白，味辛，臭腥，形革，生水，勝木，時殺，藏肝，侔魄，性誼，情怒，事言，用從，撝乂，徵雨。帝少昊，神蓐收，星從其位。奎婁七宿。類爲毛，爲毉，爲巫祝，爲猛，爲舊，爲鳴，爲門，爲山，爲限，爲邊，爲城，爲骨，爲石，爲環珮，爲首飾，爲重寶，爲大哆，爲叩音口。器，爲舂，爲椎，爲力，爲縣，平聲。爲燧，爲兵，爲械，爲齒，爲角，爲螫，爲毒，爲狗，爲入，爲取，爲罕，爲寑，爲賊，爲理，爲矩，爲金工，爲鉞，爲白怪，爲瘖，爲譖。

二七爲火，地二生火，天七成之。爲南方，爲夏。日丙丁，辰巳午，聲徵，色赤，味苦，臭焦，形上，生土，勝金，時養，藏肺，侔魂，性禮，情樂，事視，用明，撝哲，徵熱。帝炎帝，神祝融，星從其位。井鬼七宿。類爲羽，爲竈，爲絲，爲網，爲索，爲珠，爲文，爲駁，爲印，爲綬，爲書，爲輕，爲高，爲臺，爲酒，爲吐，爲射，爲戈，爲甲，爲叢，爲司馬，爲禮，爲繩，爲火工，爲刀，爲赤怪，爲盲，爲舒。

一六爲水，天一生水，地六成之。爲北方，爲冬。日壬癸，辰子亥，聲羽，色黑，味鹹，臭朽，形下，生木，勝火，藏腎，侔精，性智，情悲，事聽，用聰，撝謀，徵寒。帝顓頊，神玄冥，星從其位。斗牛七宿。類爲介，爲鬼，爲祠，爲廟，爲井，爲穴，爲竇，爲鏡，爲玉，爲履，爲遠行，爲勞，爲血，爲膏，爲貪，爲含，爲蟄，爲火獵，爲閉，爲盗，爲司空，爲法，爲准，爲水工，爲盾，爲黑怪，爲聾，爲急。

五五爲土，天五生土，地十成之。爲中央，爲四維。日戊己，辰辰戌丑未，聲宫，色黄，味甘，臭芳，形殖，生金，勝水，時該，藏心，侔神，性信，情恐，事思，用睿，撝聖，徵風。帝黄帝，神后土，星從其位。北極、紫宫，大角、軒轅之屬，中央之宿也。類爲裸，爲封，爲瓶，爲宫，爲宅，爲中霤，爲内事，爲織，爲衣，爲裘，爲繭，爲絮，爲牀，爲薦，爲馴，爲懷，爲腹，爲脂，爲漆，爲膠，爲囊，爲包，爲輿，爲轂，爲稼，爲嗇，爲食，爲宍，音肶。爲棺，爲櫝，舊誤犢。爲衢，爲會，爲都，爲度，爲量，爲木工，爲弓矢，爲黄怪，爲愚，爲牟。五行用事者王，音旺。○如春則木王。王所生相，夏火受生，故相。故王廢，冬水已生春木，故廢。勝王囚，秋金克木，故囚。王所勝死。土受木克，故死。餘四行仿此。

其在聲也，宫爲君，徵爲事，商爲相，角爲民，羽爲物。凡聲，重不逾宫，輕不過羽。宫之絲八十一，徵之絲五十四，商之絲七十二，角之絲六十四，羽之絲四十八。絲多者聲濁，絲少者聲清。

其以爲律吕也，六律爲陽，六吕爲陰。律配吕爲同類娶妻，如黄鍾以大吕爲配也。隔八生子如黄鍾生林鍾之類。黄鍾生林鍾，黄鍾，十一月之律也，管長九寸。三分損一，下生林鍾六寸。林鍾生太簇，去聲。○林鍾，六月之吕也。三分益一，上生太蔟八寸。太簇生南吕，太簇，正月之律也。三分損一，下生南吕五寸三分寸之一。南吕生姑洗，上聲。○南吕，八月之吕也。三分益一，上生姑洗七寸九分之一。姑洗生應鍾，姑洗，三月之律也。三分損一，下生應鍾四寸二十七分寸之二十。應鍾生蕤賓，應鍾，十月之吕也。三分益一，上生蕤賓六寸八十一分寸之二十六。蕤賓生大吕，蕤賓，五月之律也。三分益一，上生大吕八寸二百四十三分寸之七十八。○陽生於子，陰生於午。從子至巳，陽生陰退，故律生吕皆下生，吕生律皆上生。從午至亥，陰升陽退，故律生吕皆上生，吕生律皆下生。蓋陰在陽中陰順行，陽在陰中陽逆行，所以蕤賓陰生反變而上生。大吕生夷則，大吕，二月之律也。三分損一，下生夷則五寸七百二十九分寸之四百五十一。夷則生夾鍾，夷則，七月之律也。三分益一，上生夾鍾七寸二千二百八十七分七之千七百三十五。夾鍾生無射，音亦。○夾鍾，二月之吕也。三分損一，下生無射四十六千五百六十一分寸之六千五百二十四。無射生仲吕。無射，九月之律也。三分益一，上生仲吕六寸萬九千六百八十三分寸之萬二千九百七十四。至仲吕四月之吕，當復生黄鍾，若三分益一，不能復與黄鍾分寸合者葢律吕取天地之中聲爲用，所以至黄鍾而復自生也。○凡樂，黄鍾爲宫則林鍾爲徵，太蔟爲商，南吕爲羽，姑洗爲角；林鍾爲宫則太蔟爲徵，南吕爲商，姑洗爲羽，應鍾爲角；太蔟爲宫則南吕爲徵，姑洗爲商，應鍾爲羽，蕤賓爲角。凡五聲六律十二管之族，還相爲宫也。

子午之數九，丑未八，寅申七，卯酉六，辰戌五，巳亥四。子一陽生，午一陰生。氣生一分則數虚一分，故子午之數虚一而止九。丑二陽生，未二陰生，而丑未之數虚二而止八，馴而至於六陽六陰之月而巳亥之數虚六而止四，皆自十而逆除也。九陽盛爲數之統，此《玄》之所以爲用也。子午虚一而無位，此《玄》之所以爲體也。故律四十二，吕三十六，并律吕之數，或還或否，凡七十有八，黄鍾之數立焉。上文陽數九、七、五積二十一，因而加倍，得四十二，陰數八、六、四積十八，因而加倍，得三十六。合二者之數，或如黄鍾以下可以旋生諸律，或如仲吕之上不可以復生黄鍾。總其大數凡七十八，而黄鍾之數立焉。其以爲度也，皆生黄鍾。黄鍾之長九寸，空圍九分，以秬黍實其中者九十枚，則其長九寸，此度之所由生也。實秬黍千二百枚而爲籥，合籥爲合，此量之所由生也。其所實秬黍計重十二銖，合二十四銖而爲兩，此衡之所由生也。度量衡皆生於黄鍾，所以爲萬事根本。此獨言度者，舉一以見其餘也。

甲己之數九，乙庚八，丙辛七，丁壬六，戊癸五。子之數九，甲爲子幹，己爲甲妃，故俱九。丑之數八。乙，丑之幹。乙妃於庚，故俱八。寅之數七，丙爲寅幹，辛爲丙妃，故俱七。卯之數六，丁爲卯幹，壬爲丁妃，故俱六。辰之數五，戊爲辰幹，癸爲戊妃，故俱五。聲生於日，甲乙爲角，丙丁爲徵，庚辛爲商，壬癸爲羽，戊己爲宫。律生於辰，辰謂十二時。聲以情質，質謂正也。凡音之起，由人心生也，感於物而后動,故謂之情。律和聲,吹中律之管以調和清濁之聲。聲律相協,而八音生。協,和也。鍾律和則成音。五聲:宫、商、角、徵、羽。八音:金、石、絲、竹、匏、土、革、木也。

九天:一爲中天,二爲羨天,三爲從天,四爲更天,五爲睟天,六爲廓天,七爲減天,八爲沈天,九爲成天。自九天以下九條,皆子雲創爲之説,故无是名也。

九地:一爲泥沙,二爲澤地,三爲沚崖,四爲下田,五爲中田,六爲上田,七爲下山,八爲中山,九爲上山。

九人:一爲下人,二爲平人,三爲進人,四爲下禄,五爲中禄,六爲上禄,七爲失志,八爲疾瘀,九爲極。

九體:一爲手足,二爲臂脛,三爲股肱,四爲要,同腰。五爲腹,六爲肩,七爲喉音痕。咶,音怙。八爲面,九爲顙。

九屬:一爲元孫,二爲曾孫,三爲仍孫,四爲子,五爲身,六爲父,七爲祖父,八爲曾祖父,九爲高祖父。

九竅:一六爲前、爲耳,二七爲目,三八爲鼻,四九爲口,五五爲後。前後謂前陰後陰也。

九序:一爲孟孟,二爲孟仲,三爲孟季,四爲仲孟,五爲仲仲,六爲仲季,七爲季孟,八爲季仲,九爲季季。

九事:一爲規模,二爲方沮,三爲自如,四爲外他,五爲中和,六爲盛多,七爲消,八爲耗,九爲盡弊。規模,始終營也。方沮,疑而未定也。自如,已決也。外他,已行也。中和,得宜也。盛多,已極也。消、耗、盡弊言其極而衰也。

九年:一爲一十,二爲二十,三爲三十,四爲四十,五爲五十,六爲六十,七爲七十,八爲八十,九爲九十。

推玄算:家一置一,二置二,三置三。葉曰:算謂筮所得家,不知陰陽,而以算求之也。遇一家則置一算,隨所得之位多寡而置之,數得奇爲陽家,數得偶爲陰家也。部一勿增,二增三,三增六。葉曰:部凡三九二十七。部統屬八十一家,一部實該屬三家。部一乃其本部,即得其屬之三家,故勿增。及至第二州部增三者,以前第一部所屬之三家已在前,第四始屬第二部之家,故必增三而始得本部之家數。及至第三部必增六者,以前兩部所屬六家已在前,第七始屬第三部之家,故必增六始得本部之家數。後二十四部皆仿此推之。州一勿增,二增九,三增十八。葉曰:州凡三三九州,亦統屬八十一家,每一州實該屬九家。州一乃其本州,即得其屬之九家,故勿增。至第二州必增九者,以前第一州所屬之九家已在前,第十始屬第二州之家,故必增九而始得本州之家數。及至第三州必增十八者,以前兩州所屬十八家已在前,第十九家始屬第三州之家,故必增十八而始得本州之家數。後六州皆仿此推之。方一勿增,二增二十七,三增五十四。葉曰:方凡三方,亦統屬八十一家,每一方實統二十七家,故第二方增二十七,三方增五十四,餘仿上二節推之。

求表之贊:置玄姓,去太始策數,減而九之,增贊,去玄數,半之,則得贊去冬至日數矣。偶爲所得日之夜,奇爲所得舊訛明之。日之晝也。葉曰:表凡二百四十三表,贊凡七百二十九贊。表以分贊,贊以該表。若求表之贊,則置所遇《玄》姓去太始策數,而求其直日之數。太始謂中首也。假如筮遇《應》首,姓去《中》首凡四十一策數則減所遇《應》首初一、次二之數,以九乘四十得三百六十,然後增《應》首所遇初次一、二之數,卻將所乘三百六十半除之,而得一百八十,兼所遇之贊數,或一或二,則得本贊所直之日數,此即去冬至之日數矣。葢減本贊則可以成數而乘,易於推算也。以九乘,由其一首有九贊也。增本贊,則因其既乘而易於加增也。去半數,由其二贊當一日也。若遇應首之初一,則爲一百八十一爲奇,是晝。在《應》首之次二,則爲一百八十二,爲偶,是夜,合晝夜共成一日也。此奇偶非專言本贊之初一爲奇,次二爲偶,是統言七百二十九贊,總計其隻奇雙偶之數,如《中》首之九贊固是一、三、五、七、九爲奇,二、四、六、八爲偶,到《周》首之初一反爲偶,二反爲奇,何則?是通計《中》首九贊及《周》首之初一,正當第十,是偶,次二正當第十一,是奇也。求星從牽牛始,除算盡,則是其日也。葉曰:已得日數,則星度可知矣。冬至日起牽牛一度,除一百四十算,則是井二十九度也。

卷 九

江都陳本禮纂述 貴池劉世珩校刊

太玄文

罔直蒙酋冥。子雲丁漢室陽九百六之厄，一腔忠憤无所發泄，特假此諷刺當時以罔爲直之徒誑惑愚蒙，而世之受其惑者是如楚囚之冥然无知也。范望不識，妄謂此五者猶《易》元亨利貞之四德，似未知末尾有“天地神時皆馴，而惡入乎逆”二句，則通身諷刺皆見。讀書固貴乎有眼。以下反復論著，皆子雲自爲造作之辭，掩飾上文，然句中亦大有諷刺之義在。罔，北方也，冬也，未有形也。大惡未著。直，東方也，春也，質而未有文也。朕兆初萌。蒙，南方也，夏也，物之修長也，皆可得而載也。蒙者，其欺君罔上之事不一而足，皆可載筆而書之也。酋，西方也，秋也，物皆成象而就也。秋金肅殺，殺逆之勢已成，故群奸皆附而和之也。有形則復於无形，故曰冥。首以方位四時言者，蓋以誚當時之人如盲鼓之不辨東西，蟪蛄之不知春秋也。有形復於无形，言終歸於盡也。故萬物罔乎北，直乎東，蒙乎南，酋乎西，冥乎北。再以四方言者，欲如相師之指迷也。故罔者，有之舍也。有生於无。直者，文之素也。文由質顯。蒙者，亡之主也。禍因惡集。酋者，生之府也。死生互根。冥者，明之藏也。幽明相代。罔舍其氣，斂其剛暴。直觸其類，譤其群醜。蒙極其修，化其頑蠢。酋考其親，察其所愛。冥反其奥，歸於至誠。此言五者之德，人能自新，則惡者可變而爲善矣。罔蒙相極，直酋相敕，出冥入冥，新故更代。陰陽迭循，清濁相廢，將來者進，成功者退，已用則賤，當時則貴。天文地質不易厥位。此推廣五者之義而極言之，相極則日入於亂，相敕則日入於治。存亡治亂之機，日夜相代乎前，而人莫之省也。

罔直蒙酋冥，再提特起。言出乎罔，行出乎罔，禍福出乎罔，罔之時玄矣哉！言行，人之樞機也。樞機之發，禍福隨之。人知罔之感召速，而不知玄之靈不測也。行則有踪，人皆見。言則有聲，人皆聞。福則有膊，鋪枚切，同肧。禍則有形之謂直。有直則可蒙也，有蒙則可酋也，可酋則反乎冥也。《易》曰："直其正也。"今以不正之人而妄謂之有直，則已受其蒙。既被其蒙，則必至於酉，展轉不已，遂必至於歸乎冥矣。是故，罔之時則可制也。禍必有所始，福必有所因，人當謹之於始，慎之於微，故禍自可弭矣。八十一家，由罔者也。指出著《玄》本旨。天炫炫出於無畛，熿熿出於無垠，故罔之時玄矣哉！玄猶天也。天道不可測，人豈可誣枉以欺天，故重言罔之時以警之也。○罔，不直也。孔子曰："人之生也直，罔之生也幸而免。"又曰："可欺也，不可罔也。"《集注》欺謂誑以理之所有，罔謂昧以理之所无。今子雲創爲已上諸説，皆非罔字正義，至此處方吐露出玄字，正以見昧理以罔人者，其如天道之不可測何？是故，天道虚以藏之，頂上天字來，即以天道證《玄》道。動以發之，崇以臨之，刻以制之，終以幽之。淵乎其不可測也，曜乎其不可高也，故君子落到自己，又以人事證天道。藏淵足以禮神，發動足以振衆，高明足以覆照，制刻足以竦懝，幽冥足以隱塞。君子能此五者，指上文言。故曰罔直蒙酋冥。再落再叠。○君子證之以天道，驗之於人事，深懼爲衆惡所歸，是以事未至而先有以刻制之，隱塞之，使不至墮入此五字惡境，故深惡而痛絶之日罔直蒙酉冥也。

或曰:"昆侖旁薄幽,何爲也?"此惡人不明上文八十一家由罔而作,故設爲或人問答之辭,以發明《中》首九贊之義,俾其由一首推之於八十一家七百二十九贊之辭,皆所謂由罔而作者也。曰:"賢人。句。天地思而包群類也。昆諸中未形乎外,獨居而樂,獨思而憂,樂不可堪,不可堪貧故也。憂不可勝,不可勝亂故也。故曰幽。"有賢人之量而後知小人之心雜,有龍德之著而後知无因大受者否,有日正於天而後知月闕其博爲小人盛滿也,有酉酉之包而後知黄不黄爲失刑中也。以下皆兩兩相形,辭意自見。惟上九爲運窮數盡,氣數既乖,鬼神有阻,雖聖人不能逃,何況權奸?此賢人之所以懼,而小人獨怙其惡而不畏,何耶?

"神戰於玄,何爲也?"曰:"小人之心雜,將形乎外,陳陰陽以戰其吉凶者也。陽以戰乎吉,陰以戰乎凶。風而識虎,雲而知龍,賢人作而萬類同。"撓萬物者莫疾乎風,虎性暴猛,故識虎。潤萬物者莫潤乎雨,雲興雨降,故知龍。

"龍出乎中,何爲也?"曰:"龍德始著也。陰不極則陽不生,亂不極則德不形。君子修德以俟時,不先時而起,不後時而縮。動止微章不失其法者,其唯君子乎!故首尾可以爲庸也。"

"庳虚無因,大受性命,否,何爲也?"曰:"小人不能懷虚處乎下。庳而不可臨,虚而不可滿,無而能有,因而能作,故大受性命而无辭辟也,故曰否。"无因大受,身之災也。无辭謂不義之富貴而安處之,必遭刑誅也。辟,刑也。"庳不可臨,虚不可滿"即"地道无成"之意也。"无而能有,因而能作"即"代有終"之意也。

"日正於天,何爲也?"曰:"君子乘位,爲車爲馬,車軨音靈。馬駘,音介。可以周天下,故利其爲主也。"車馬喻所乘以行,軨駘喻所行之道備也。唯聖人得天子之位足以當之。

"月闕其博,不如開明于西,何爲也?"曰:"小人盛滿也。

白虛毁者水息淵，木消林，山殺瘦，澤增肥，賢人睹而衆莫知。”極言滿損謙益之義。

“酋酋之包，何爲也？”曰：“仁疾乎不仁，誼疾乎不誼，君子寬裕足以長衆，和柔足以安物，天地無不容也。不容乎天地者，其唯不仁不義乎？故水包貞。”

“黄不黄，何爲也？”曰：“小人失刑中也。諸一則始，諸三則終，二者得其中乎？君子在玄則正，在福則沖，在禍則反；小人在玄則邪，在福則驕，在禍則窮。故君子得位則昌，失位則良；小人得位則横，失位則喪。八雖得位，然猶覆秋常乎？”

“顛靈，氣形反，何爲也？”曰：“絶而極乎上也。極上則運，絶下則顛。靈已顛矣，氣形惡得在而不反乎？君子年高而極時者歟？陽極上，陰極下。氣形乖，鬼神阻，賢者懼，小人怙。”九乃運窮數盡之時，雖聖人不能已其已窮之運，故聖人原始要終，知其如此，是以生順死安，以聽夫消息盈虛之數也。小人怙其惡而不知懼，其如天命何？

昆侖旁薄，大容也。神戰於玄，相攻也。龍出於中，事從也。庳虛之否，不公也。日正乎天，光通也。月闕其博，損贏也。酋酋之包，法乎則也。黄不黄，失中經也。顛靈之反，窮天情也。罔直蒙酋，贊群冥也。冥者，陰幽晦昧之象。群冥指上文群小之辭，而概目之爲冥者，可以知子雲用意之深，直瞞過劉歆輩，故覆瓿之譏，公笑而不應也。昆侖旁薄，資懷無方。神戰於玄，邪正兩行。龍出於中，法度文明。庳虛之否，臣道不當。日正乎天，乘乾之剛。月闕其博，以觀消息。酋酋之包，措任乎刑德。黄不黄，不可與即。顛靈之反，時則有極。罔直蒙酋，乃窮乎神域。再提作收。窮乎神域者，極言此四字之奇，直揭出小人肺肝，而使之无能逃遁也。

天地之所貴曰生，物之所尊曰人，人之大倫曰治，治之所因曰辟。君也。崇天普地，分群偶物，使不失其統者，莫若乎辟。是一篇命意處。夫天辟乎上，地辟乎下，君辟乎中。葉曰：辟，法也。君者，法之宗也。仰天而天不惓，至誠无息。俯地而地不怠。健順承天。惓不天，怠不地，惓怠而能乎其事者，古未有諸。此以天地人倫大義諷之，使知敬君法天，不惓不怠，能盡人之道，則能盡事君之道，而爲純臣矣。是以聖人仰天則常，窮神掘變，極物窮情，與天地配其體，與鬼神即其靈，與陰陽同其化，與四時合其誠。視天而天，法天。視地而地，測地。視神而神，窮神。視時而時。知化。天地神時皆馴而惡平聲。入乎逆。常，倫常。掘，鑿而求深之意。視，取以爲法之意。聖人窮神知化，與天地同其體用，故能成聖賢。彼誦六藝以文奸言者，直是罔直蒙酉冥之徒也，惡足以當聖人功用。洋洋纚纚，演出此一大篇文字來，末只以惡入乎逆一句詰問分明，如畫能點睛。

太玄棿

棿，擬也，舊訛挩。《易》曰："夫象，聖人有以見天下之賾而擬諸其形容，象其物宜，是故謂之象。"棿亦象也。棿，擬之者以物象形，而言其理也。

《玄》之贊辭也，或以氣，葉曰：謂陰陽五行節候之類。或以類，謂因家姓之義，觸類而長之。或以事之骫同委。卒。隨其家姓之事而委曲以終其義。謹問其姓而審其家，觀其所遭遇，劘之於事，詳之於數，逢神而天之，觸地而田之，則《玄》之情也得矣。葉曰：劘，切劘也。問之以剛柔之姓，審之以陰陽之家，觀之以經緯之逢，察之以事數之歸，莫不因事驗理，物各付物，其有不得《玄》之情也乎？此教人索《玄》求贊之旨。故首者，天性也。首者，八十一家之首辭也。天性，五行造化自然之性也。《沖》，對其正也。《錯》，絣音崩。也。《測》，所以知其情。《攡》，張之。《瑩》，明之。《數》爲品式，《文》爲藻飾。《棿》，擬也。《圖》，象也。《告》，其所由往也。此釋《沖》、《錯》、《測》、《攡》、《瑩》、《數》、《文》、《棿》、《圖》、《告》十篇之辭，皆以發明天性二字之義也。

維天肇降生民，使其貌動、口言、目視、耳聽、心思，有法則成，无法則不成，誠有不威，棿擬之經。法，禮法。成者，成人也。无禮法則不可謂之成人。威，畏也。經，常也。綱常名教，人之所畏也。

垂禎，衣袵。舊訛消。爲衣，襞幅爲裳，衣裳之制，舊訛示。以示天下，棿擬之三八。東方爲木，衣裳象其枝葉覆被之象。

比札舊訛扎。爲甲，冠矜爲戟，被甲荷戟，以威不恪，棿擬之四九。札，甲葉。矜，戟柄。西方爲金。取金堅剛以爲甲戟，備禦不虞，以威不敬。

尊尊爲君，卑卑爲臣，君臣之制，上下以際，舊訛制。棿擬之二七。舊訛漆。〇南方爲火、爲禮。際，合也。禮莫大於尊卑上下之分。

鬼神耗荒，想之無方，无冬无夏，祭之無度，故聖人著之以祀典，棿擬之一六。北爲太陰，耗荒空虛冥漠之區，鬼神无形，故想之无方。蒸嘗不時，故祭之无度。是以聖人制爲祀典，而後民神不瀆。

時天時，力地力，維酒維食，爰作稼穡，棿擬之五五。察時於天，盡力於地，所以播百穀以養人也。《洪範》曰："稼穡作甘。"維酒維食，皆土之力也。

古者寶龜而貨貝，後世君子易之以金幣，國家以通，萬民以賴，棿擬之思慮。思者思其足國之方，慮者慮其阜民无術。

建侯開國，渙爵般同班。秩，以引百禄，棿擬之福。福因善致。

越隕不令，維用五刑，棿擬之禍。禍由惡積。

秉圭戴璧，臚湊群辟，棿擬之八十一首。臚，陳也。湊，聚也。群辟，諸侯也。諸侯朝見於君，如八十一家之繫於《玄》也。

棘木爲杼，削木爲柚，杼柚既施，氏得以燠，棿擬之經緯。杼柚之爲物，所以織也。地以南北爲經，東西爲緯，《玄》以一、二、五、六、七爲經，三、四、八、九爲緯，故取以爲象。

�割匏竹，革木土金，擊舊訛繫。石彈絲，以和天下，棿擬之八風。聖人移風易俗莫善於樂，故能調和天下，使之同歸於善而不爲惡。風乃天之號令。天有八風，能鼓動萬物，通其候而宣其氣，故《太玄》取之以配聲律，亦如天之有八風也。

陰陽相錯，男女不相射，音石。人人物物，各由厥彙，棿擬之虚羸。相錯者，男女之體不同，男奇女偶，奇則羸，偶則虚，如《易》爻之有單拆也。人人物物者，言人如是而物亦如是也，所以成造化而配陰陽也。

日月相斛，星辰不相觸，音律差别，奇耦異氣，父子殊面，兄弟不孿，帝王莫舊訛不。同，棿擬之歲。斛，量也。此條專爲歲之節序參差不齊，故歷舉日月星辰及樂之律吕、數之奇耦，並人世之父子兄弟，帝王之所不同者，一一比而擬之，葢物之不齊，物之情也。六甲至天元甲子，至統朔分盡之時，歷數不齊，古猶今也，可以見天地之運數矣。

嘖以牙者童其角，撣以翼者兩其足，无角无翼材以道德，棿擬之九日平分。上文言物之不齊，此條見物无兼足之理，如虎豹之以牙嚙食，故无角。鴟梟之以翼獵食，故兩足。唯人无翼无角，必須材之以道德。无道无德是禽獸也。九日平分者，《玄》一首四日，分則有餘，二首九日，分則平，故人當修己，以有餘補不足，則可以希聖希賢矣。

存見知隱，由邇擬遠，推陰陽之荒，考神明之隱，棿擬之晷刻。存，考察也。荒，渺茫也。隱，宥密也。積晷以知刻，累刻以成日。一由外以推内，一由近以驗遠，則天下无難明之事也。

一明一幽，跌剛跌柔，知陰者逆，知陽者流，棿擬之晝夜。

幽明難知，柔剛難慮。流，順也。順以測陽，晝之謂也。逆以測陰，夜之謂也。

上索下索，遵天之度，往述來述，遵天之術，無或改造，遵天之醜，棿擬之天元。《玄》文棿擬之者，蓋以七百二十九贊不盡其類，故設爲棿辭，得以比義而推廣之。索，探索也。述，傳述也。醜，類也。天行有度，日月有經。往，已往。來，未來。无或改造者，謂歷法也。歷法定則三統一元，三元甲子，先天地始，後天地終，无能出乎其類者也。

天地神胞，法易久而不已，當往者終，當來者始，棿擬之罔直蒙酋冥。天地，萬物之胎胞也。神者，言其孕育萬物，生生不已也。當往者終，當來者始，此喻漢運已終，莽運方始。擬之罔直蒙酋冥者，直言刺莽也。點明此句，正應首節"維天肇降生民，使之貌動、口言、目視、耳聽、心思"。五者皆天之所生人之所同也，何以大奸巨慝獨與人異耶？

故擬水於川，水得其馴，擬行於德，行得其中，擬言於法，言得其正。此復以水起者，見天地内惟水爲馴，順流而不逆，潤物於无窮，猶人之言行然。行必主乎德，則得其中，言必歸乎法，則得其正也。言正則無擇，行中則无爽，水順則无敗。无敗故可久也，无爽故可觀也，无擇故可聽也。可聽者聖人之極也，可觀者聖人之德也，可久者天地之道也。歸到天地紐合，聖人倒施逆挽，筆法變化不測。是以昔者群聖人之作事也，上擬諸天，欲天之從也。下擬諸地，欲地之從也。中擬諸人。欲人之從也。天地作函，總一句。日月固明，五行該醜，擬天。五岳宗山，四瀆長上聲。川，擬地。五經括矩。擬人。聖人作經，取法乎天地，故无違逆之事。天違地違人違，而天下之大事悖矣。三者既違，則其人之逆倫叛道可知，故曰大事悖矣。

卷　十

江都陳本禮纂述　貴池劉世珩校刊

太玄圖擬《易·大象》

一玄都覆三方，天以玄統地，以方分。三分其方，所以該九州也。方同九州，方有三州，三三而九。枝載庶部，三分其州，共成二十七部。分正群家。部再三分，共成八十一家。事事其中，中指圖言。則陰質北斗。日月畛營，陰陽沈交。四時潛處，五行伏行。六合既混，七宿軫轉。馴幽推曆，六甲内馴。九九實有，律吕孔幽。曆數匿紀，圖象玄形，贊載成功。此備言《玄》之配合乎斗日、陰陽、四時、五行、六合、七宿、六甲以至律吕曆數，莫不具於八十一首之中，所以《玄圖》傳著而昭列焉。

始哉中羨從，《玄》有九天，中、羨、從，三天名也。中天起冬至十一月，主四十日半，通率三天主百二十一日半。百卉權輿，乃訓感天，雷椎㰝音毯。窞，音談。輿物旁震。音珍。寅贊柔微，拔根於元。東動青龍，光離於淵。摧上萬物，天地輿新。此天玄也。中天起冬至，故曰始。權輿，始也。訓，問。雷椎，狀其始發聲也。輿物，衆物。柔微，言物尚弱細。拔根於元，言物得元氣而挺舉也。青龍，東方七宿也。光離於淵，言陽氣漸出於幽深之地。摧上，推而上也。輿新，言物受天地春生之氣，莫不欣欣而向榮也。此形容其陽氣之始，萬物初生之時也。

中哉更睟廓，此亦三天之名，通主一百二十一日半。象天重明。雷風炫煥，與物時行。陰酋西北，陽尚東南。内雖有應，外抵亢貞。龍翰翰，飛也。舊訛幹。於天，長類无疆。南征不利，遇崩光。此地玄也。更天起穀雨，故曰中。重明，純陽也。炫煥，光明貌。酋，就也。蓋四月六陽已極，五月一陰始萌。内應謂陰萌也。抵，觸也。外亢謂陽極也。南征不利謂陰生於南方。遇崩光爲衰謝之始也。此形容其陽極生陰，物盛將衰之時也。

終哉減沈成，此亦三天之名，通主一百二十一日半。總九天共計三百四十四日半，爲一歲之日數。天根還向，成氣收精。閲入庶物，咸首艱鳴。深合黄純，廣含群生。泰柄雲行，時監地營。邪謨高吸，乃馴神靈。旁該終始，天地人功咸酋貞。此人玄也。減天起處暑，故曰終。天行始於北方，日移一度，至七月復向北方，故曰天根還向也。成氣收精言氣將斂藏也。庶物衰落，皆始艱苦而悲鳴。黄純，黄泉之純氣也，謂十月之候。泰柄，斗柄也。雲行，如雲之行也。時監地營，謂斗柄時指視地之營域而分十二辰也。邪，攲側也。謨，範圍也。吸，繫也。天道惟北辰正對天心，其餘三垣七政二十八宿皆乾罡之氣吸之旁行，運轉天上，故曰"邪謨高吸，乃馴神靈"也。至此則一歲終始之功咸就正矣。

天甸其道，地杝其緒。陰陽雜厠，有男有女。天道成規，地道成矩。規動周營，矩静安物。周營故能神明，安物故能類聚。類聚故能富，神明故能貴。甸，治也。杝，順其紋理而析之也。天包乎地，地承乎天。陰陽之氣互施，而男女之形質分矣。天圓成規，地方成矩。規則動而周營於外，矩則静而安物於中。周營所以成神明之德，安物所以就類聚之功。類聚則无物不備，故能富；神明則无化可先，故能貴。此一節極言天地之功用而兼統乎人也。

夫玄也者，天道也，地道也，人道也。兼三道而天名之，君臣父子夫婦之道。此總結圖中一玄都覆三方之義。玄之道即天之道，天之道即人之道，天統萬物，故以天名之，而道即人之道也。一理萬殊，萬殊一本，可類推也。

玄有二道，二從温公本。一以三起，一以三生。以三起者，方州部家也。以三生者，參分陽氣以爲三重，極爲九營。是爲同本離生，天地之經也。旁通上下，萬物并也。九營周流，始終貞也。葉曰：一則玄之體也，三則玄之用也。三起者，三其方爲九州，三其九爲二十七部，三其二十七爲八十一家，皆以三起而成四位也。三生者，分思福禍以爲三重，而思福禍又復各自爲三而爲九贊之營位也。同本謂皆始一。離生謂家極於八十一，贊極於七百二十九也。雖其數同出異生，莫不本於天地之常也，是以推之於上下，則其理无不備，運之於九營，則始終无不正，故可以備占筮而知吉凶也。始於十一月，終於十月，羅重九行，行四十日。葉曰：此承上文，言中天始於十一月，成天終於十月。每羅布重，數九天而行，其行計四十日半。不言半者，舉成數也。

誠有内者存乎中，中天主十一月。宣而出者存乎羡，羡天主十二月訖正月。雲行雨施存乎從，從天主正月訖二月。變節易度存乎更，更天主三月上旬訖四月中旬。珍光淳全存乎睟，睟天主四月中旬訖五月下旬。虚中弘外存乎廓，廓天主五月下旬訖六月上旬。削退消部存乎減，減天主七月上旬訖八月中旬。降隊幽藏存乎沈，沈天主八月中旬訖十月上旬。考終性命存乎成。成天主十月上旬至十一月朔。自睟天之前狀陽氣之生馴而至於極盛之時，自睟天之後狀陰氣之萌馴而至於極衰之日，以爲一歲始終之運也。

是故一至九者，陰陽消息之計耶。反而陳之，子則陽生於十一月，陰終十月可見也，午則陰生於五月，陽終於四月可見也。生陽莫如子，生陰莫如午。西北則子美盡矣，東南則午美極矣。計，會計也。反，再陳之也。西北亥位，亥爲十月，卦氣屬坤。午雖陰生而陽尚壯，至亥則純陰而陽氣盡矣。東南巳位，巳爲四月，卦氣屬乾。子雖陽生而陰尚盛，至巳則純陽而陰氣盡矣。故西北東南之隅，陰陽之美俱盡。

故思心乎一，反復乎二，成意乎三，條暢乎四，著明乎五，極大乎六，敗損乎七，剥落乎八，殄絶乎九。此推言九贊盛衰之義。

生神莫先乎一，中和莫盛乎五，倨劇莫困乎九。此錯言九贊始、中、終盛衰之義。夫一也者，思之微者也。四也者，福之資者也。七也者，禍之階者也。此錯言九贊思、福、禍三位之所以爲始。三也者，思之崇者也。六也者，福之隆者也。九也者，禍之窮者也。此錯言九贊思、福、禍三位之所以爲終。二、五、八，三者之中也，福則往而禍則承也。此錯言九贊思、福、禍三位之所以爲中。

九虚設闢，君子小人所爲宫也。九位設而君子小人之道莫不具於其内也。此結上文之意。自一至三者，貧賤而心勞。四至六者，富貴而尊高。七至九者，離咎而犯災。此分九贊作三截，以看盛衰。五以下作息，五以上作消。此分九贊作兩截，以看盛衰。數多者見貴而實索，數少者見賤而實饒。數多謂五以上六、七、八、九也。數少謂五以下一、二、三、四也。貴而實索，位高而作消；賤而實饒，位卑而作息。索，衰索也。此雖因數及理，然言世變盛衰，互相倚伏，至爲精當。天地生物之理亦然。外面枝葉茂盛而本根已虚，外面枝葉雕枯而本根反生息矣。天地盈消亦然。息與消糾，貴與賤交。福至而禍逝，此句從温公本，舊脱落。禍至而福逃。幽潛道卑，亢極道高。葉曰：幽潛謂初以上，亢極謂九以下。道卑謂謙，道高謂驕。此言造化互相倚伏，通結上文數節之意。

晝夜相承，夫婦繫也。終始相生，父子繼也。日月合離，君臣義也。孟季有序，長幼際也。兩兩相闔，朋友會也。日月合離者,有道合則從,不可則去之義。兩兩相闔謂河圖一與六合,二與七合,三與八合,四與九合,五與十合。此推言造化之理,即五常之道也。

一晝一夜然後作一日,一陰一陽然後生萬物。晝數多,夜數少,象月闕而日溢,君行光而臣行滅,君子道全,小人道缺。葉曰:晝夜長短以夏晝冬夜互相填補,亦各分齊,而此言晝數多夜數少者,蓋《玄》數止於九,爲陽數者五,爲陰數者四,是以七百二十九贊爲晝者三百六十五,爲夜者三百六十四,故云然也。下復推言陽盛陰微、陽全陰缺之義,明晝多夜少之理也。

一艮。與六坤。共宗,二震。與七離。爲朋,三巽。與八坎。成友,四兑。與九乾。同道,五天。與五地十。相守。葉曰:此河圖數,即《易》"五位相得而各有合"是也。

《玄》有一規一矩,一繩一準,以從横天地之道,馴陰陽之數,擬諸其神明,闡諸其幽昏,則八方平正之道可得而察也。規謂天圓,矩謂地方,繩謂南北爲經而直,準謂東西爲緯而平。由《玄》具此理,所以從横天地陰陽之道,擬其神明,闡其幽昏之奥,故於天下之道皆可得而察焉。

《玄》有六九之數,策用三六,儀用二九,《玄》其十有八用乎。葉曰:六九者,蓋天地人綜其實各有十八,故爲五十四。三六十八,二九亦十八,二者不殊,而分策儀而爲二者,蓋策以三而衍,儀以兩而配也,所以《玄》皆十有八用也。

泰積之要,始於十有八策,終於五十有四,并始終策數半之爲泰中。泰中之數三十有六策,以律七百二十九贊,凡二萬六千二百四十四策爲泰積。七十二策爲一日,凡三百六十四日有半,踦滿焉,以合歲之日而律曆行。始數十八,終數五十四,并始終共得七十二數。以七十二數折半,得所用三十六策,爲泰中之數。以三十六策乘七百二十九贊,則得二萬六千二百四十四策,爲泰積之數。以七十二策當一日,除二萬六千二百四十四策,凡爲三百六十四日有半,於歲法尚少四分日之三,故以踦滿以備進退盈縮之度,以合一歲之日,而律曆之道行焉。

故自子至辰,自辰至申,自申至子,冠去聲。之以甲而章會統元與月蝕俱没,《玄》之道也。十九年七閏爲一章。章者,至朔分齊,閏无餘分也。二十七章五百一十三歲爲一會。會者,日月交會一終也。凡三會八十一章一千五百三十九歲爲一統,閏朔並无餘分,但非甲子歲首也。凡三統二百四十三章四千六百一十七歲爲一元,至是閏朔既无餘分,又值甲子歲首也。自漢太初十一月甲子朔冬至起元,无餘分,後千五百三十九歲甲辰朔旦冬至无餘分,又千五百三十九歲甲申朔旦冬至无餘分,至是復再起元也。葢一章閏分盡,一會月蝕盡,一統朔分盡,一元六甲盡,此天地運數一終也。〇禮按:子雲以歷數配《玄》所以警人心而明世運也。考太乙統宗以上中下三元甲子紀算,從黄帝六十一年起爲上元甲子,至　本朝嘉慶九年止爲下元甲子,統計七十五甲子。若再算至嘉慶乙亥歲計,共四千五百一十一歲,即從黄帝元年起亦僅得四千五百七十一歲,較之《太玄》、《三統》一元之數尚少四十六年,爲一大終也。惟《皇極經世》所謂一元者,與泰積之説異。邵子曰:自有天地至於窮盡謂之一元。一元有十二會,一會有一萬八百年。子會生天,丑會生地,寅會生人,至戌會則閉物而消人,亥會則消天而消地,至子會則又生天而循環无窮矣。自寅會箕一度至午會星一度,該四萬五千餘年,正唐堯起甲辰之時也。又按:《春秋元命苞》曰:天地開闢至魯哀公十四年獲麟之歲,凡二百二十六萬七千年。今從獲麟歲再算至　本朝嘉慶乙亥歲止,則爲數更多,若以一元六甲盡爲天地運數一終較之,則渺乎小矣。而子雲設爲此説者,葢甚言天地終窮尚有厄運,人不可不早爲猛省乎!

太玄告

《玄》生神象二,神象二生規,規生三摹,三摹生九據。玄,一理也。神兼理言。象以氣言。規言神氣,二者圓而不滯也。又規者徑一圍三,已具三數,故生三摹。摹者,言其形象可摹索也。九據,九贊之位可依據也。

《玄》一摹而得乎天,故謂之有天;再摹而得乎地,故謂之有地;三摹而得乎人,故謂之有人。三索而三玄之道備。

天三據而乃成,故謂之始中終;地三據而乃形,故謂之下中上;人三據而乃著,故謂之思福禍。天地人又各自爲三位也。下欱呼合切。上欱,出入九虚,小索大索,周行九度。欱猶合也。此承上文推言九贊之相合,陰陽家之相錯也。上下相合謂初一與次六、次二與次七、次三與次八、次四與上九也。九虚,九贊之位也。小指陰家,大指陽家。《玄》以九贊當四日半,合陰家陽家通得九日。一日即一度也。

玄者,神之魁也。天以不見爲玄,地以不形爲玄,人以心腹爲玄。天奥西北,鬱化精也。地奥黄泉,隱魄榮也。人奥思慮,含至精也。魁,始也,藏也。神藏於玄之中。玄者,妙萬物而无不在,萬物莫不本之以始也。西北純陰,萬化未兆,故不見。黄泉潛氣,萬物未生,故不形。思慮入神,未致其用,故在心腹。鬱化精,氣之所由生。隱魄榮,體之所由藏。含至精,理之所由出。

天穹隆而周乎下,地旁薄而向乎上,人眘眘音泯。而處乎中。天渾而攆,故其運不已。地隤而静,故其生不遲。人馴乎天地,故其施行不窮。眘眘,衆多之貌。渾而攆,言其圓而轉也。隤而静,言其順而安也。不已,天運无窮。不遲,地道敏樹。

天地相對,日月相劇,山川相流,輕重相浮,陰陽相續,尊卑不相黷。劇,會也。此言物必對待成體,无孤立之理,所以成變化也。是故地坎而天嚴,月遄而日湛,五行迭王,去聲。四時不俱壯。遄,速也。湛,遲也。多險阻,故地坎;不可升,故天嚴。一日行十三度十九分度之七,故月速;一日止行一度,故日遲。迭王,功成者退。不俱壯,物无並盛之理。日以昱乎晝,月以昱乎夜。昴則登乎冬,火則發乎夏。南北定位,東西通氣,萬物錯雜乎其中。昱,明也。昴,十一月昏之中星。《書》曰:"日短星昴。"火,五月昏之中星。《書》曰:"日永星火。"不言春秋者,舉冬夏以見之也。南北定位,兩極爲之樞;東西通氣,三辰之所運。此一節蓋言日月所以分晝夜,中星所以正四時,南北所以定天經,東西所以分行天緯,而萬物莫不包羅於其内也。

《玄》一德而作五生,一刑而作五剋。五生不相殄,五剋不相逆。不相殄乃能相繼也,不相逆乃能相治也。相繼則父子之道也,相治則君臣之寶也。五行有相生,有相制。相生所以爲父子,相制所以爲君臣。

《玄》日書斗書而月不書,常滿以御虚也。滿謂日斗所行所指有常,故可書。虚謂月所行不常,故不可書。此蓋以有常而御无常也。歲寧悉一作恙。而年病,十九年七閏,天之償也。恙,憂也。寧恙言无憂也。蓋節氣爲歲,月朔爲年。歲道常舒而有餘,故无憂;年道常縮而不足,故有病。是以十九年而置七閏,以償還其不足之數也。

陽動吐,陰静翕,陽道常饒,陰道常乏,陰陽之道也。天強健而僑音蹻。蹻,音據。一晝一夜,自復而有餘。日有南有北,月有往有來。日不南不北則无冬无夏,月不往不來則望晦不成。聖人察乎朓朒側匿之變,而律乎日月雄雌之序,經之於无已也。故《玄》鴻綸天元,婁而拑之於將來者乎?僑蹻,動作貌。天一日繞地一周而過一度,積三百六十五日四分日之一復與日會。晦而月見西方爲朓,朔而月見東方爲朒。側匿,失正行也。雌雄之序謂大小月。鴻,大。綸,綱也。天元即上元甲子朔旦冬至。拑,脅持之也。婁拑謂章會統元之法,皆所以拑制人事於未來世也。蓋日與天會而成歲,月與日會而成月,此其常也。而有朓有朒有側匿,此其變也。聖人察乎其變,而但律乎日月大小望朔之常,經之於无已者,法天地。玄之道與天同,故能彌綸天地之道,拑制賢奸,使賢智不得逾其度,大奸不能逃其綱。將來二字與上无已相呼應。

大无方,易无時,然後爲鬼神也。神游乎六宗,魂魂萬物,動而常沖。神,陽神。鬼,陰神。《詩》曰:"皇矣上帝,監觀有赫。"又曰:"赫赫厥聲,濯濯厥靈。"鬼神之謂也。人可不畏天,寧不畏鬼神乎?是以提出鬼神以爲將來之驗也。神游乎六宗者,言其變化往來、神妙萬物而莫能測也。魂魂,混沌無知貌。動而常沖者,謂吉人遇之吉,凶人遇之凶,如虚舟之无心而觸物也,故曰沖。

故《玄》之贊辭也,沈以窮乎下,浮以際乎上,曲而端,散而聚,美也不盡於味,大也不盡其彙。上連下連,非一方也。遠近无常,以類行也。或多或寡,事適乎明也。窮下、際上,言極其高深。曲端、散聚,言極其精一。不盡於味、不盡其彙,書不盡言也。非一方、以類行,觸類而長也。是以或多或寡,事理務近乎明達而已。結出贊辭旨意之深,冀讀者之玩味而細繹之也。

故善言天地者以人事,善言人事者以天地。天地人事,其理一也。明有王法,幽有鬼神,勿謂天高而人事遠也。明晦相推而日月逾邁,歲歲相蕩而天地彌陶之謂神明不窮。逾邁,逾往也。相蕩謂化古成今。彌者補縫其闕陷,陶者和其水土而摶埴之也。由其神明不窮,所以生人生物亘古今而不息也。此明上文言天地之道。

原本者難由,流末者易從,故有宗祖者則稱乎孝,序君臣者則稱乎忠,實告大訓。此明上文言人事之理。人事有盡而天地无窮,何苦以百年必敝之身,而作不忠不孝之人,遺臭萬世耶?此諷莽也。其言隱而不露,躍如也。末句點明告字,爲《太玄》一部結穴。

附編

江都陳本禮纂述　貴池劉世珩校刊

太玄賦讀《太玄賦》已盡一書大意。可作先生自序文。

觀大《易》之損益兮，覽老氏之倚伏。省憂喜之共門兮，察吉凶之同域。皦皦著乎日月兮，何俗聖之暗燭。豈愒寵以冒災兮，將噬臍之不及。禍福之來甚速，勿謂天高可欺。若飄風不終朝兮，驟雨不終日。雷隆隆而輒息兮，火猶熾而速滅。觀雷觀火，其事易見。自夫物有盛衰兮，況人事之所極。奚貪婪於富貴兮，迄喪躬而危族。豐盈禍所栖兮，名譽怨所集。薰以芳而致燒兮，膏含肥而見焫。翠羽嫩而殃身兮，蚌含珠而擘裂。聖作典以濟時兮，驅蒸民而入甲。張仁義以爲綱兮，懷忠貞以矯俗。指尊選以誘世兮，疾身没而名滅。豈若師由、聃兮，執玄靜於中谷。納僊、禄古仙人名。於江淮兮，揖松、喬於華岳。升昆侖以散髮兮，踞弱水而濯足。朝發軔於流沙兮，夕翱翔於碣石。忽萬里而一頓兮，過列仙以托宿。役青要與承戈兮，舞馮夷以作樂。聽素女之清聲兮，觀宓妃之妙曲。茹芝英以禦餓兮，飲玉醴以解渴。排閶闔以窺天庭兮，騎騂驩以踟躕。載羨門與儷游兮，永覽周首八極。

亂曰：甘餌含毒難數嘗兮，麟而可羈近犬羊兮。鸞鳳高翔戾青雲兮，不挂網羅固足珍兮。斯、錯位極擢大戮兮，屈子慕清葬魚腹兮，伯姬曜名焚厥身兮，孤竹二子餓首山兮。斷迹屬鏤何足稱兮，辟斯數子智若淵兮。我異於此執《太玄》兮，蕩然肆志不拘攣兮。

解嘲哀帝時丁、傅、董賢用事，諸附離之者起家至二千石。時雄方草創《太玄》，有以自守，泊如也。人有嘲雄以玄之尚白，而雄解之，號曰《解嘲》。

客嘲揚子曰："吾聞上世之士，人綱人紀，不生則已，生則上尊人君，下榮父母，析人之珪，儋人之爵，懷人之符，分人之禄，紆青拖紫，朱丹其轂。今吾子幸得遭明盛之世，處不諱之朝，與群賢同行，歷金門上玉堂有日矣，曾不能畫一奇，出一策，上説人主，下談公卿，目如耀星，舌如電光，一從一衡，論者莫當，顧默而作《太玄》五千文，支葉扶疏，獨説數十萬言，深者入黄泉，高者出蒼天，大者含元氣，細者入無間，然而位不過侍郎，擢纔給事黄門。意者玄得無尚白乎？何爲官之拓落也？"揚子笑而應之曰："客徒欲朱丹吾轂，不知一跌將赤吾之族也！往者周綱解結，群鹿爭逸，離爲十二，合爲六七，四分五剖，并爲戰國。士無常君，國無定臣，得士者富，失士者貧，矯翼厲翮，恣意所存，故士或自盛以橐，或鑿坏以遁。是故騶衍以頡頏而取世資，孟軻雖連蹇，猶爲萬乘師。今大漢左東海，右渠搜，前番禺，後椒塗。東南一尉，西北一候。徽以糾墨，製以鑕鐵，散以禮樂，風以《詩》、《書》，曠以歲月，結以倚廬。天下之士，雷動雲合，魚鱗雜襲，咸營于八區，家家自以爲稷契，人人自以爲皋陶，戴縰垂纓而談者皆擬於阿衡，五尺童子羞比晏嬰與夷吾；當途者入青雲，失路者委溝渠，旦握權則爲卿相，夕失勢則爲匹夫；譬若江湖之雀，渤澥之島，乘雁集不爲之多，雙鳧飛不爲之少。昔三仁去而殷虚，二老歸而周熾，子胥死而吴亡，種、蠡存而越霸，五羖入而秦喜，樂毅出而燕懼，范睢以折摺而危穰侯，蔡澤以噤吟而笑唐舉。故當其有事也，非蕭、曹、子房、平、勃、樊、霍則不能安；當其亡事也，章句之徒相與坐而守之，亦無所患。故世亂則聖哲馳騖而不足，世治則庸夫高枕而有餘。夫上世之士，或解縛而相，或釋褐而傅；或倚夷門而笑，或横江潭而漁；或七十説而不遇，或立談而封侯；或枉千乘於陋巷，或擁篲而先驅。是以士頗得信其舌而奮其筆，窒隙蹈瑕而無所詘也。當今縣令不請士，郡守不迎師，群卿不揖客，將相不俯眉；言奇者見疑，行殊者得辟，是以欲談者卷舌而同聲，欲步者擬足而投迹。向使上世之士處乎今世，策非甲科，行非孝廉，舉非方正，獨可抗疏，時道是非，高得待詔，下觸聞罷，又安得青紫？且吾聞之，炎炎者滅，隆隆者絶。觀雷觀火，爲盈爲實。天收其聲，地藏其熱。高明之家，鬼瞰其室。攫拏者亡，默默者存；位極者宗危，自守者身全。是故知玄知默，守道之極；爰清爰静，游神之庭；惟寂惟漠，守德之宅。世異事變，人道不殊，彼我易時，未知如何。今子乃以鴟梟而笑鳳凰，執蝘蜓而嘲龜龍，不亦病乎！子之笑我玄之尚白，吾亦笑子病甚，不遇俞跗與扁鵲，悲夫！”客曰：“然則靡《玄》無所成名乎？范、蔡以下何必《玄》哉？”揚子曰：“范睢，魏之亡命也，折脅摺髂，免於徽索，翕肩蹈背，扶服入橐，激卬萬乘之主，介涇陽抵穰侯而代之，當也。蔡澤，山東之匹夫也，顩頤折頞，涕唾流沫，西揖强秦之相，搤其咽而亢其氣，附其背而奪其位，時也。天下已定，金革已平，都於雒陽，婁敬委輅脱挽，掉三寸之舌，[1]建不拔之策，舉中國徙之長安，適也。五帝垂典，三王傳禮，百世不易，叔孫通起於枹鼓之問，解甲投戈，遂作君臣之儀，得也。吕刑靡敝，秦法酷烈，聖漢權制，而蕭何造律，宜也。故有造蕭何之律於唐虞之世則性矣；有作叔孫通儀於夏殷之時則惑矣；有建婁敬之策於成周之世則繆矣；有談范、蔡之説於金、張、許、史之間則狂矣。蕭規曹隨，留侯畫策，陳平出奇，功若泰山，響若坻隤，雖其人之贍智哉，亦會其時之可爲也。故爲可爲於可爲之時，則從；爲不可爲於不可爲之時，則凶。夫藺生收功於章臺，四皓采榮於南山，公孫創業於金馬，驃騎發迹於祁連，司馬長卿竊貲於卓氏，東方朔割炙於細君。僕誠不能與此數子並，故默然獨守吾《太玄》。"

李安溪曰："《解嘲》云：'炎炎者滅，隆隆者絶。觀雷觀火，爲盈爲實。天收其聲，地藏其熱。高明之家，鬼瞰其室。'此段是全釋豐卦義。炎炎者，火也。隆隆者，雷也。當其炎炎隆隆以爲盈且實矣，然豐卦雷居上則是天收其聲，火居下則是地藏其熱，此其盛不可久而滅且絶之徵也。豐之義如此，故卦爻俱發日中之戒，至窮極則曰'豐其屋，蔀其家，窺其戸，闃其无人'，即揚子所謂'高明之家，鬼瞰其室'也。揚子變《易》辭象以成文，然自輔嗣以來未有知之者，故此卦之義至今不白也。"

何義門曰："詞古義深。子雲文如此篇，固退之所當退避，《進學解》不能及也。"　本東方之體而恢奇淵深過之。

---

① "寸"，原作"尺"，據景祐本《漢書·揚雄傳》改。

解難客有難《玄》太深，衆人之不好也，雄解之，號曰《解難》。

客難揚子曰："凡著書者，爲衆人之所好也，美味期乎合口，工聲調於比耳。今吾子乃抗辭幽説，閎意眇指，獨馳騁於有亡之際，而陶冶大爐，旁薄群生，歷覽者兹年矣，而殊不㾓。亶費精神於此，而煩學者於彼，譬畫者畫於無形，弦者放於無聲，殆不可乎？"揚子曰："俞。若夫閎言崇議，幽微之塗，蓋難與覽者同也。昔人有觀象於天，視度於地，察法於人者，天麗且彌，地普而深，昔人之辭，乃玉乃金。彼豈好爲艱難哉？勢不得已也。獨不見夫翠虯絳螭之將登乎天，必聳身於倉梧之淵。不階浮雲，翼疾風，虚舉而上升，則不能撠膠葛，騰九閎。日月之經，不千里則不能燭六合，耀八紘；泰山之高，不嶕嶢則不能浡滃雲而散歊烝。是以宓犧氏之作易也，綿絡天地，經以八卦，文王附六爻，孔子錯其象而彖其辭，然後發天地之臧，定萬物之基。典謨之篇，雅頌之聲，不温純深潤則不足以揚鴻烈而章緝熙。蓋胥靡爲宰，寂寞爲尸；大味必淡，大音必希；大語叫叫，大道低回。是以聲之眇者不可同於衆人之耳，形之美者不可棍於世俗之目，辭之衍者不可齊於庸人之聽。今夫弦者，高張急徽，追趨逐耆，則坐者不期而附矣；試爲之施咸池，揄六莖，發蕭韶，咏九成，則莫有和也。是故鍾期死，伯牙絶弦破琴而不肯與衆鼓；獿人亡，則匠石輟斤而不敢妄斫。師曠之調鍾，俟知音者之在後也；孔子作《春秋》，幾君子之前睹也。老聃有遺言，貴知我者希，此非其操與！"

反離騷史稱子雲怪屈原文過相如，至不容，作《離騷》，自投江而死，悲其文，讀之未嘗不流涕也。以爲君子得時則大行，不得時則龍蛇，遇不遇命也，何必湛身哉！乃作書，往往摭《離騷》文而反之，自𡶶山投諸江流，以弔屈原，名曰《反離騷》。

有周氏之蟬嫣兮，或鼻祖於汾隅，靈宗初諜伯僑兮，諜，譜也。言自伯僑以來可得而叙也。流于末之揚侯。雄系出有周，食采于揚。淑周楚之豐烈兮，超既離乎皇波，淑，善也。言其先祖去汾隅從巫山居，經河及江也。因江潭而淮記兮，欽弔楚之湘纍。淮，往也。記，書記，謂弔文也。諸不以罪死者曰纍。惟天軌之不辟兮，何純潔而離紛！天軌猶言天路。辟同闢。言天路不開，使純善貞潔之人遭此難也。紛纍以其淟涊兮，淟涊，穢濁也。暗纍以其繽紛。漢十世之陽朔兮，十世數高祖、吕后至成帝也。成帝八年乃稱陽朔。招搖紀于周正。招搖，斗杓星也。周正，十一月，言以此時弔屈原也。正皇天之清則兮，度后土之方貞。自漢十世以下乃雄自論己之所履行皆法乎天地也。圖纍承彼洪族兮，以下論屈原。又覽纍之昌辭。帶鉤矩而佩衡兮，履欃槍以爲綦。欃槍，妖星。綦，履下飾也。纍初貯厥麗服兮，麗服謂扈江離與辟芷紉秋蘭爲佩之類。何文肆而質䪞，音械。文肆谓"遠䪞""乘龍"等語。質䪞者謂世不用己而自沈也。資娵娃之珍髢兮，鬻九戎而索賴。娵娃，美女。九戎被髮，髢雖珍好，無所用也。原以高行仕楚，猶資美女之髢鬻于九戎而求其利，必不得也。鳳皇翔於蓬陼兮，豈駕鵝之能捷！捷，及也。騁驊騮以曲艱兮，曲艱，艱阻屈曲之地。驢騾連蹇而齊足。枳棘之榛榛兮，榛榛，棘刺銛利貌。猿貁擬而不敢下靈修，楚王。既信椒、蘭令尹子椒、子蘭。之唼佞兮，吾纍忽焉而不蚤睹？衿芰茄同荷。之綠衣兮，被芙蓉之朱裳。芳酷烈而莫聞兮，不如襞而幽之離房。閨中容競淖約兮,相態以麗佳。衆士競善,美女競容,競爲佳麗之態,似相傾也。知衆嫭之嫉妒兮,何必揚纍之蛾眉? 懿神龍之淵潛兮,俟慶雲而將,龍以潛待雲爲美,此譏屈原不能隱德,自取禍也。舉亡春風之被離兮,孰焉知龍之所處? 愍吾纍之衆芬兮,揚煒煒之芳苓,遭季夏之凝霜兮,羌夭悴而喪榮。横江湘以南汢兮,云走乎彼蒼吾,馳江潭之泛溢兮,將折衷乎重華。舒中情之煩或兮,恐重華之不纍與,陵陽侯之素波兮,豈吾纍之獨見許? 精瓊靡與秋菊兮,將以延夫天年;臨汨羅而自隕兮,《離騷》"精瓊靡以爲粻","餐秋菊之落英",將以延年,何以自投汨羅,速其夭年,豈不言行相反? 恐日薄於西山。解扶桑之總轡兮,縱令之遂奔馳,《離騷》:"折若木以拂日兮,聊消摇以相羊。"蓋欲留日緩行,何奈解轡縱之奔馳,迫于崦嵫耶? 鸞皇騰而不屬兮,豈獨飛廉與雲師! 已先縱轡奔馳,鸞皇雖迅速飛騰,尚不能及,何況飛廉、雲師行裝未具耶? 卷薜芷與若蕙兮,臨湘淵而投之;棍申椒與菌桂兮,赴江湖而漚之。《離騷》"貫薜荔之落蕊","雜杜蘅與芳芷",及申椒、菌桂,皆以自喻德行,今何爲自投江湘而喪此芬芳乎? 費椒稰以要神兮,又勤索彼瓊茅,違靈氛而不從兮,反湛身於江皋! 纍既攀夫傅説兮,奚不信而遂行?《離騷》:"説操築於傅巖兮,武丁用之而不疑。"雄既攀援傅説,何不信其所行,見用于世耶? 徒恐鷤䳏之將鳴兮,顧先百草爲不芳! 言原終以自沈,又何惜芳草而憂鷤䳏也。初纍棄彼虙妃兮,更思瑤臺逸女。《離騷》命豐隆求虙妃,又曰望瑶臺見佚女。此譏其執心不定也。抨雄鴆以作媒兮,何百離而曾不壹耦! 乘雲蜺之旖旎兮,望昆侖以樛流。猶周流也。覽四荒而顧懷兮,奚必云女彼高丘? 女,尼據反,仕也。高丘謂楚。既亡鸞車之幽藹兮,焉駕八龍之委蛇? 言既無鸞車,則不得雲駕八龍也。① 臨江瀕而掩涕兮，何有《九招》與《九歌》？此識其哀樂不相副也。夫聖哲之不遭兮，固時命之所有；雖增欷以於邑兮，吾恐靈修之不纍改。自古聖賢皆有不遇，屈原雖自嘆於邑，其如楚王終不改寤何？昔仲尼之去魯兮，婓婓遲遲而周邁。終回復於舊都兮，何必湘淵與濤瀨！言孔子尚遲遲去魯，屈原何獨不懷鄢郢而赴江湘也？溷漁父之餔歠兮，潔沐浴之振衣，棄由、聃之所珍兮，跖彭咸之所遺！

案：公文作于成帝改元陽朔，乃河平五年也。公時二十九歲，正大將軍王鳳專政，五侯驕奢，竝作威福，識者已知其有危劉氏之語。是時，公尚在蜀，未登仕版，然見天下荒荒，不能盡忠於朝，以抒國難。《反騷》之作，蓋以弔己，非弔屈原。自峪山投諸江，殆因懷才未試，捧轂無人，與屈子之放逐無異，故讀屈子之文而悲之，至於流涕。不然，何以遲至年四十始游京師哉！

---

① “雲”，景祐本《漢書・揚雄傳》顏師古注作“云”。

外編

江都陳本禮纂述　貴池劉世珩校刊

述玄　吴　陸績

績昔常見同郡鄒邠字伯岐與邑人書，嘆揚子雲所述《太玄》，連推求玄本，不能得也。鎮南將軍劉景升遣梁國成奇修好鄙州，奇將《玄經》自隨。時雖幅寫一通，年尚暗稚，甫學《書》、《毛詩》，王誼人事，未能深索玄道真，故不爲也。後數年，專精讀之，半歲間粗覺其意，於是草創注解，未能也。章陵宋仲子爲作解詁，後奇復銜命尋盟，仲子以所解付奇與安遠將軍彭城張子布，績得覽[①]焉。仲子之思慮，誠爲深篤，然玄道廣遠，淹廢歷載，師讀斷絶，難可一備，故往往有違本錯誤。績智意豈能弘裕？顧聖人有所不知，匹夫誤有所達，加緣先王詢於芻蕘之誼，故遂卒有所述，就以仲子解爲本，其合於道者，因仍其説，其失者，因釋而正之。所以不復爲一解，欲令學者瞻覽彼此，論其曲直，故合聯之爾。夫《玄》之大義，揲蓍之謂，而仲子失其旨歸。休咎之占，靡所取定，雖得文間義説，大體乖矣。《書》曰："若網在綱，有條而弗紊。"今綱不正，欲弗紊，不可得已。績不敢苟好著作以虚譽也，庶合道

① "覽"，原作"鑑"，據四庫本《太玄經》卷首改。

真，使《玄》不爲後世所尤而已。昔揚子雲述《玄經》而劉歆觀之，謂曰："雄空自苦，今學經者有禄利，然尚不能明《易》，又如《玄》何？吾恐後人用覆醬瓿。"雄笑而不應。雄卒，大司空王邑、納言嚴尤聞雄死，謂桓譚曰："子常稱揚雄書，豈能傳於後世乎？"[①]譚曰："必傳，顧君與譚不及見也。"班固贊序雄事曰："凡人貴遠賤近，親見揚雄禄位容貌不能動人，故輕其書。揚子雲之言，文誼至深，論不詭於聖人，若使遭遇時君，更閲賢智，爲所稱善，則必度越諸子矣。自雄之没，至今四十餘年，其《法言》大行，而《玄》終未顯。"又張平子與崔子玉書曰："乃者以朝駕明日披讀《太玄經》，知子雲特極陰陽之數也。以其滿泛故，故時人不務。此非特傳記之屬，心實與五經擬。漢家得二百歲卒乎？所以作興者之數，其道必顯一代，常然之符也。《玄》四百歲其興乎？竭己精思，以揆其義，更使人難論陰陽之事。足下累世窮道極微，子孫必命世不絶，且幅寫一通藏之，以待能者。"績論數君所云，知揚子雲《太玄》無疆也。歆云經將覆没，猶《法言》而今顯楊，歆之慮尋於是爲漏。固曰"《法言》大行，而《玄》終未顯"，固雖云終不必其廢，有愈于歆。譚云"必傳，顧譚與君不見也"，而《玄》果傳，譚所思過固遠矣。平子云："漢之四百其興乎？"漢元至今四百年矣，其道大顯，處期甚效厥迹迹速，其最復優乎！且以歆《暦譜》之隱奥，班固《漢書》之淵弘，桓譚《新論》之深遠，尚不能鏡照《玄經》廢興之數，況夫王邑、嚴尤之倫乎！覽平子書，令子玉深藏以待能者。子玉爲世大儒，平子嫌不能理，但令深

① "桓譚曰子常稱揚雄書豈能傳於後世乎"，原脱，據四庫本《太玄經》卷首補。

藏，益明《玄經》之爲乎驗。雖平子焯亮其道，處其熾興之期人之材意，相倍如此。雄嘆曰："師曠之調鐘，俟知音之在後；孔子作《春秋》，冀君子之將睹。"信哉斯言於是乎驗！雄受氣純和，韜真含道，通敏睿達，鈎深致遠，建立《玄經》，與聖人同趣，雖周公繇大《易》，孔子修《春秋》，不能是過。論其所述，終年不能盡其美也。考之古今，宜曰聖人。昔孔子在衰周之時，不見深識，或遭困苦，謂之佞人，列國智士稱之達者，不曰聖人，唯弟子中言其聖耳。逮至孟軻、孫卿之徒，及漢世賢人君子，咸並服德歸美，謂之聖人，用《春秋》以爲王法，故遂隆崇，莫有非毀。揚子雲亦生衰亂之世，雖不見用，智者識焉，桓譚之絶倫，稱曰聖人。其事與孔子相似，又述《玄經》。平子處其將興之期，果如其言。若玄道不應天合神，平子無以知其行數。若平子瞽言期應，不宜效驗如合符契也。作而應天，非聖如何！昔《詩》稱"母氏聖善"，《多方》曰"惟聖罔念作狂，惟狂克念作聖"，《洪範》曰"睿作聖"，孟軻謂"柳下惠作聖人"。由是言之，人之受性，聰明純淑，無所繫轄，順天道，履仁誼，因可謂之聖人，何常之有乎！世不達聖賢之數，謂聖人如鬼神而非人類，豈不遠哉！凡人賤近而貴遠，聞績所云，其笑必矣。冀值識者有以察焉。

解贊 晋　范望

贊曰：楊子雲處前漢之末，值王莽用事，身縶亂世，遜退無由，是以朝隱，官爵不徙。昔者文王屈抑而繫《易》，仲尼當衰周而述《春秋》，爲一代之法，以彰聖人之符。子雲志不申顯，於是覃思，耦《易》著《玄》。其道以陰陽爲本，比於庖犧之作，事異道同，福順禍逆，無有主名。桓譚謂之絶倫，張衡以擬五經，非諸子之疇也。自侯芭受業之後，希有相傳受者。乃到建安年中，故五業主事章陵宋衷、鬱林太守吴郡陸績各以淵通之才，窮核道真，爲十篇解釋，足以根其秘奥，無遺滯者已。然本經三卷雖有章句，辭尚婉妙，並宜訓解。且此書也淹廢歷久，傳寫文字或有脱謬。宋君創之於前，鬱林釋之於後。二注并集，或相錯雜，或相理致，文字猥重，頗爲繁多，於教者勞，於誦者倦。望以暗固，學不博識，昔在吴朝校書臺觀，後轉爲郎，讎講歷年，得因二君已成之業，爲作義注四萬餘言，寫在觀閣，亡其本末。今更通率爲注，因陸君爲本，録宋所長，捐除其短，并首一卷本經之上，散測一卷注文之中，訓理其義，以《測》爲據，合爲十卷十萬餘言。意思褊淺，猶懼不能發暢楊氏幽微之旨，裨闓後學未覺也。

讀荀　唐　韓愈

始吾讀孟軻書，然後知孔子之道尊，聖人之道易行，王易王，霸易霸也。以爲孔子之徒没，尊聖人者孟氏而已。晚得揚雄書，益尊信孟氏。因雄書而孟氏益尊，則雄者亦聖人之徒歟？聖人之道不傳於世，周之衰，好事者各以其説干時君，紛紛藉藉相亂，六經與百家之説錯雜，然老師大儒猶在。火於秦，黄老于漢，其存而醇者孟軻氏而止耳，揚雄氏而止耳。及得荀氏書，於是又知有荀氏者也。考其辭，時若不粹，要其歸，與孔子異者鮮矣，抑猶在軻、雄之間乎？孔子删《詩》、《書》，筆削《春秋》，合於道者著之，離於道者黜去之，故《詩》、《書》、《春秋》無疵。余欲削荀氏之不合者附於聖人之籍，亦孔子之志歟？孟氏醇乎醇者也，荀與揚大醇而小疵。孔子之道得孟氏而尊，孟氏之道得揚子而益尊，是揚子之書不無可取。大醇小疵，斷得定情，亦平允。伊川謂退之以大醇歸之，蓋韓子待人以恕，斯言得之矣。聖人之門傳道者雖游、夏尚不能無偏，況下此者乎？

答王深甫論揚雄書 宋 曾鞏

蒙疏示鞏，謂揚雄處王莽之際，合于箕子之明夷。夷甫以謂紂爲繼世，箕子乃同姓之臣，事與雄不同。又謂《美新》之文，恐箕子不爲也。又謂雄非有求于莽，特于義命有所未盡。鞏思之，恐皆不然。方紂之亂，微子、箕子、比干三子者，蓋皆諫而不從，則相與謀，以謂去之可也，任其難可也。各以其所守自獻于先王，不必同也。此見於《書》，三子之志也。三子之志，或去或任其難，乃人臣不易之大義，非同姓獨然者也。于是微子去之，比干諫而死，箕子諫而不從，至辱于囚奴。夫任其難者，箕子之志也。其諫而不從，至辱于囚奴，蓋盡其志矣。不如比干之死，所謂各以其所守自獻于先王，不必同也。當其辱于囚奴而就之，乃所謂明夷也。然而不去非懷禄也，不死非畏死也，辱于囚奴而就之，非無恥也。在我者，固彼之所不能易也。故曰“内難而能正其志”，又曰“箕子之正，明不可息也”。此箕子之事，見於《書》、《易》、《論語》，其説不同，而其終始可考者如此也。雄遭王莽之際，有所不得去，又不必死，辱于仕莽而就之，固所謂明夷也。然雄之言著于書，行著於史者，可得而考。不去非懷禄也，不死非畏死也，辱于仕莽而就之，非無恥也。在我者亦彼之所不能易也，故吾以謂與箕子合。吾之所謂與箕子合者如此，非謂合其事紂之初也。至於《美新》之文，則非可已而不已者也。若可已而不已，則鄉里自好者不爲，若雄者乎！且較其輕重，[1]辱于仕莽爲重矣。雄不得已而已，則於其輕者，其得已哉？箕子者至辱于囚奴而就之，則于《美新》安知其不爲？而爲之亦豈有累哉？"不曰堅乎，磨而不磷。不曰白乎，涅而不淄。"顧在我者如何耳。若此者，孔子所不能免，故于南子，非所欲見也；于陽虎，非所欲敬也。見所不見，敬所不敬，此《法言》所謂詘身所以伸道者也。然則非雄所以自見者歟？孟子有言曰："天下有道，小德役大德，小賢役大賢；天下無道，小役大，弱役強。二者皆天也，順天者存，逆天者亡。"而孔子之見南子，亦曰："予所否者，天厭之！天厭之！"則雄于義命，豈有不盡哉？又云：介甫以謂雄之仕，合于孔子無不可之義。夷甫以謂無不可者，聖人微妙之處，神而不可知者也。雄德不逮聖人，強學力行，而于義命有所未盡，故于仕莽之際，不能無差。又謂以《美新》考之，則投閣之事不可謂之無也。夫孔子所謂無不可者，則孟子所謂聖之時也。而孟子歷叙伯夷以降，終曰"乃所願，則學孔子"。雄亦爲《太玄賦》，稱夷齊之徒，而亦曰："我異于是，執《太玄》兮。蕩然肆志，不拘攣兮。"以二子之志，足以自知，而任己者如此，則無不可者，非二子之所不可學也。在我者不及二子，則宜有可有不可，以學孔子之無可無不可，然後爲善學孔子。此言有以痦學者，然不得施於雄也。前世之傳者，以謂伊尹以割烹要湯，孔子主癰疽、瘠環，孟子皆斷以爲非伊尹、孔子之事。蓋以理考之，知

① "乎且"，原作"其輕"，下第三句"其輕"則作"乎且"，當爲錯行而誤，據四庫本《元豐類藳》卷十六改。按：廣陵本亦誤。

其不然也。觀雄之所自立，故介甫以謂世傳其投閣者妄，豈不猶孟子之意哉？鞏自度學每有所進，則于雄書每有所得。介甫亦以爲然。則雄之言，不幾于測之而愈深，窮之而愈遠者乎？故于雄之事有所不通，必且求其意。況若雄處莽之際，考之于經而不繆，質之于聖人而無疑，固不待議論而後明者也。爲告夷甫，或以爲未盡，願更疏示。

書《揚雄傳》後　明　王世貞

自孟子殁而有荀卿氏，荀卿殁三百餘年而有揚雄氏。中間若董仲舒之正，毛、伏以下之專，於其經術若有補焉，而未有立言以維持道統者。揚雄氏始準《周易》而爲《太玄》，準《魯論》而爲《法言》。《法言》之所結撰，要在於尊周、孔，辨術治經，一時已稱述之，至昌黎氏而尊，涑水氏而信。涑水氏之於孟子不能信而獨信揚雄氏。揚雄氏之出處，其先亦未有訾之者，獨不能不微恨於《劇秦美新》。而紫陽氏之著《通鑑綱目》，直書之曰"莽大夫揚雄死"，蓋舉市國之褚淵、歷姓之馮道所不加者而加之于雄，是雄之名遂溷人之齒頰，而其身毋所容於聖門之藩籬矣。及考其傳而推之，則事不必盡然，而情亦有大可原者。當雄之游京師而給事黄門也，成帝之世與王莽、劉歆竝，哀帝之初復與董賢竝。莽、賢皆至三公，附貴勢，所薦引可立擢，而雄三世不徙官。及莽篡漢，劉歆輩皆用符命頌功德，而雄復不俟，以耆老久次轉大夫，則其不附王莽可知。然所以濡滯而不去者，以去則莽必恨之，恨之則必追而戮之。即不恨，必且召而有龔勝之事。雄見夫莽雖奸，然自唐虞以後所創有，未嘗稱干戈以翦劉氏之社稷，而身又不當捍圉之任。如是而死，孔門之所不載，而微箕之懿戚，尚且受封於周而謂之仁，是以浮沈待盡，以存五世一綫之息耳。至于《劇秦美新》，故不見本傳。即有之，亦投閣之後不得已，冀以瓦全。且所劇者秦耳，而不及漢。所美之新，美于秦耳，不美于漢也。不然，涑水氏能斥馮道、詆介甫，而獨雄是恕乎哉！紫陽氏之深意吾固已知之。即文中子之賢，尚議其僭、攻其瑕，而朱之統遂接孟子矣，何況區區一雄哉！

拙序撰自嘉慶甲戌，未暇檢閱諸家。今春偶讀《元豐類稿》、弇州《讀書後》，有辨子雲事，恰與鄙意合。竊怪古今爲子雲訟枉者往往不中肯綮，故未足以解小儒之惑而釋其疑，惟曾、王兩先生文，詳明曲盡，實已先獲我心，恐不知者以予爲剿拾其説也。夫子雲以一代大儒著書樂道，泊如自守，乃不以名節爲重，敢干大不韙於當時，雖愚者弗爲，況子雲耶。後儒既昧於讀《玄》，不知刺莽，又未喻作《州箴》十二、《官箴》十六以寓勤王之意，徒以不死仕莽責之，豈能服子雲之心於地下哉！爰録諸家論説於左，以俟後之君子質之。乙亥孟夏朔旦素村又識。

跋《漢書・揚雄傳》後　國朝　汪琬

吾吳楊莊簡公嘗參政於四川，作《郫縣揚子雲祠堂記》，歷引郫人簡氏、吉人胡氏之説，辨子雲未嘗仕莽。而胡氏説尤詳，大略謂《傳》言雄作符命、投閣、年七十一、天鳳五年卒。考雄至西京年四十餘，自成帝建始改元至天鳳五年，計五十年，以五十合四十餘，不將百年乎？則《傳》言七十一者恐誤。據桓譚《新語》，雄作《甘泉賦》，夢腸出，收而納之，明日遂卒。成帝祠甘泉在永始四年，謂雄卒是時，恐亦未然。就《法言》

考之，莽之號安漢公也，在平帝元始間，《法言》稱漢公且云漢興二百一十載，自高帝至平帝，正值其數，則雄年七十一卒，當在平帝末。雄仕歷成、哀、平，故稱三世不徙官。若復仕莽，又詎止三世哉！由是知雄決無爲莽大夫及投閣、美新之事。其説可謂辨而核矣，但班孟堅去子雲時已遠，其傳訛固宜。桓譚親見子雲，何以差謬乃爾？殆不可解也。莊簡又引《法言》曰：君子在治若鳳，在亂若鳳，何以故？曰：治則見，亂則隱。子雲之言如此，其無仕莽事可見云云。莊簡公諱成，嘉靖丙辰進士，累官太子少保，南京兵部尚書，有文集四卷，不行於世，予故表此記出之，以書《揚雄傳》後，俟再考云。

子雲生卒考 全祖望

《文選》李善注於《甘泉賦》引桓氏君山《新論》，謂揚子雲以成帝永始時待詔，賦甘泉始就，夢腸出，收而納之，次日卒。近日蜀儒者據此以爲子雲未嘗歷事諸朝，美新、投閣乃出自謗傷之口。相傳子雲甫歿，即有讎人私改其《法言》者。以此合之，足以湔雪千載沈屈。使其果核，亦正舊史之一大案矣。予謂《漢書》紀載誠不能無誤，若以子雲本集考之，有可疑者。子雲《解嘲》之作，其自序言當丁明、傅晏、董賢用事，諸附離之者或起家至二千石，而己方草創《太玄》，有以自守。客有嘲其玄之尚白者，故爲文解之。夫《太玄》爲子雲擬經之書，實與《法言》並稱眉目。倘如《新論》所云，則早死於十年之前，哀、平消長，何由得見？况甘泉待詔以還，朝廷有事，子雲輒預扈從。諸如《羽獵》、《長楊》、《河東》諸作，皇皇大文，皆有歲月可稽。且子雲雖滯下僚，然於國事頗得與聞，累朝奏對，歷歷具在。

若欲定子雲之死於永始，則著述亦寥寥矣。或曰是則然已，前輩汪堯峰固嘗辨之矣。但由成帝建始元年至王莽天鳳五年，春秋五十有餘，而其得見成帝已逾四十，則與本傳所謂七十一者顯然不符。不知子雲未嘗以建始至京也。其客大司馬王音門下乃在永始元、二之間，故不久即有承明之召。不然，安有二十載京華，姓氏通於天子，直至汾陰肆祀方得一薦之理？是所謂四十者，蓋從永始言之，其去天鳳正與《漢書》年數大略相合。堯峰既知《甘泉》妖夢之誣，而欲移子雲之死於平帝末，是强爲之辭者也。或又以谷永亦字子雲，欲以《美新》之文嫁之。不知谷死於王根之世，不及見禪代。或又以劉棻當之，然總莫之徵也。且李善所引《新論》，實前後不相應。其於《文賦》注中亦引此條，則但曰病而不曰卒，蓋一書之中業已矛盾，原未必《新論》之本文也。常熟錢尚書謂《新論》在明季尚有完書，惜無從得一見之。

讀《揚雄傳》 鍾惺

作文章以求名於後世，是極危不可必之事，讀桓譚"凡人賤近貴遠，親見楊子雲禄位容貌不能動人，故輕其書"數語，爲千古著作人寒心。雄《解嘲》篇云："深者入黄泉，高者出蒼天，大者含元氣，細者入無倫。"四句極力寫出《太玄》之妙。知後人決不能看到此，故代言之。此作者苦心也。然文章之傳，傳於精神。精神者，誠也。雄之傳蓋精神爲之。於何處得其精神？寂寞清淨是也。

史論 朱少文

予讀《綱目》，至書“莽大夫揚雄死”，未嘗不爲褚淵、沈約、馮道輩幸也。豈以雄爲賢耶？故特誅之耶？然既爲莽大夫矣，賢亦可知矣。而加於此不加於彼，何耶？但雄既心乎莽矣，又不能如淵、約、道輩取卿相而博封侯，何耶？考雄之游京師而給事黄門也，與王莽、劉歆比肩於成帝之世。哀帝之初，莽居三公，所引皆立至卿相，而雄復落落，一官三世不徙，何耶？及莽篡漢，劉歆輩皆以符命頌功德而侯。雄既有《劇秦美新》之文，而僅以耆老久次轉爲大夫，何耶？然《劇秦美新》之文，究本傳亦未之見，何也？然則雄亦徒有莽大夫之稱，而其實並未享莽一日之報。淵、約、道輩身享賣國之福，而死後復免賢者筆削之誅，雄其千古第一不幸者哉！

墨池準易堂記 宋 何涉

道昧於叔世而白於盛時，迹毁於無知而伸於有識，蓋其常爾。揚子雲歷漢哀、平、新莽際，號爲名儒，聲光馮馮，雖千百年亡輒衰貶。有宅一區，在錦官西郭隘巷，著書墨池存焉。後代追思其賢而不得見，立亭池端，歲時來游，明所以景行向慕。入魏、晋、李唐，其間興衰，如蠓薨薨，如蠅營營，侵侮歡譊之聲未窮，而氏姓俄變。獨子雲之宅巋然下據，不被廢撤，亦足以信其材度藝學爲世所仰也。王德數盡，中原潰喪。王建由草竊進攘蜀土，僭立稱號，用淫虐暴恣以成其一切，固不暇識揚子雲果何人也。宅與墨池垣入官界，爲倉庾地，至知祥、昶世及皇朝,仍而弗革。淳化甲午,李順寇始亂,放兵燒掠,隆隆積廪化作灰阜。賊平,主者因其地改創營塢,以休養卒徒。環堵儒宫,彌益污辱。慶曆丁亥,今相國集賢文公適爲是都尹,有中興寺僧懷信詣庭言狀,公嘆惋累日,命吏尋遺址,畫疆以還其舊。然屋已名龍女堂,池復堙塞洪涊。時方議疏葺,而公遽迫入覲,事用中寢。明歲戊子,提刑司田郎高侯惟幾乘間獨至,睹荒圮渺莽,咨嗟久之。且言:"子雲八十一首、十三篇逮他箴、頌,其辭義奥遠,山生澤浸,上與三代經訓相褾襮。士大夫不通其語,衆指以爲孤陋。用其道反絀其迹,如聳善救俗之風將墜地弗振何!"退諭賢僚名卿,斂俸餘以圖經構。知尹直樞密程公,學據壼宧,人推宗師,扶乘飆流,敦尚名義,聞而説,命取良材,克助其用。都人士逮田衣黄冠師,即平時叛吾教、訓佗説以自誇者,亦欣歡忘劬,來相是役。辨方審曲,率有意思。直北而堂曰"准易",繪子雲遺像,正位南向。諸公儀觀,列東西序。池心築台,置亭其上,曰"解嘲"。前距午際,軒楹對起,以須宴會,曰"吐鳳"。奇葩雜樹,移植交帶,垂茗森列,氣象藹藹。三月晦,凡土木黝堊之事畢成。君子謂高侯是舉也,扶既廢,補久闕,其激勸風旨,雖古人不過。矧夫資識端亮,學術雄富,若導積石,引長河,愈久愈洪,無枯涸慮。文章麗密,據法裁詖,若衣藻火,以退塗服。故舉動、建置皆可師。小子不文,承命恐悚,謹爲之記。時慶曆八年。

新修揚子雲草玄堂記 明 范涞

蜀自蠶叢立國,神明之胄輒有鴻裁。今所傳詩四章,質雅道真,實賨惟德,厥訓遠矣。故代有發藻闡竒,如王子淵、司馬長卿以下,疇非藝林赤幟哉!要之,譬文龍虎,各以詞勝,於道真無與焉。維時揚子雲氏深沈聖學,體撰契神,其《大人》、《長楊》諸賦,尚土苴一斑,勿論。論其大者,爲《法言》,又爲《太玄經》,三摹九据,悉根於性命天道,泄羲文周孔所未泄,即中原稷下群儒,瞠乎其後,猥雕蟲,能之乎!説者猶疵其擬《易》,殆淺之乎!口耳窺也。甚至以仕莽相蒙,投閣、美新,訛傳口實。舉天下之大不韙身自爲之,雖紫陽文公尚未暇呼暴其枉,矧瑣瑣者耶。不敏稽古證今,知子雲必不仕莽者,爲説有五:古者擬人必於其倫,揚子比孟、荀,所從來久矣。孟子何如人?竝駕推尊,則揚可知也。史稱郫縣大司空何君公、新繁太中大夫張公濡、中郎侯直孟皆以不附莽見殺。此三君者,子雲之臭味也。先後同時,州縣同地,而時論以名流領袖,但推子雲。仕莽之事,三君且不屑,謂子雲屑之乎?此以禮而知之。《法言》品藻漢興以來將相名臣,獨不及莽,時莽已專漢政,伊周自哆,乃簡帙一,卒愛於千金,是何落落也。恚丁、傅、董賢用事,托志於《解嘲》,知玄知默,惟寂惟寞,又屢斥公孫弘之容,而曰如詘道信身,雖天下不可爲。夫既以咳唾爲華袞,詎肯以出處爲溝壑,且素羞比於嬖寵,又豈失身於篡朝!此以其言而知之。子雲始爲郎,給事黄門,與莽、賢等相頡頏。夫夫者後皆爲三公,權傾人主,所薦莫不拔擢,而子雲曆成、哀、平,三世不徙官,薑桂之性,愈老愈烈,即反面事其所不屑,莽安肯信之!況莽篡逆時,諸文學以符命獲封者甚衆。即位之後,欲絶其原,以神前事,而豐子尋、歆子棻復有所獻,莽遂誅尋、棻,投諸四裔。子雲固同官於莽而素不附莽者也,若先時乘其大逆而傾身以殉,則可驟貴,加封爵之榮,若後時復美新,觸其厭諱,則莽必借之泄怒,以示天下，而有莽、尋之戮。兩者子雲無一焉。此以其行而知之。嘗讀子雲本傳，稱雄有大度，自守泊如，亹亹數千言，未言仕莽。讀贊謂其受莽官，作符命，投閣，年七十一，天鳳五年卒。考子雲赴京見成帝年已四十餘矣，自成帝建始改元，歲己丑，至莽篡位建國元年己巳，相去四十一年，建國至天鳳五年戊寅，又十年，則子雲近百歲，與七十一之數何其抵牾也。始建國元年遂仕莽，歲亦八十餘。子雲無耄耋壽，安能起白骨而肉之仕之乎？再考桓譚《新論》，[1]雄作《甘泉賦》一首，夢腸出，收而内之，明日遂卒。祠甘泉在成帝永始四年戊申，去莽篡位遠，即未必卒於永始，斷亦不出於平帝末年，蓋其歲正與七十餘者合也。乃云媚莽受爵，不大謬乎？此以歷年圖而知之。前代名家爲揚子忠臣者甚夥，其在蜀，疑以桑梓故，姑不引，若陸公績之《述玄》也，溯王邑、嚴尤、桓譚、張平子諸人所崇尚，而繼之曰雄受氣純和，韜真含道，建立《玄經》，雖周公繫大《易》，孔子修《春秋》，不能是過。考之古今，宜曰聖人。司馬君實之《法言注》也，力辨揚子安恬，非求媚而思富貴，贊美伊周，諷莽北面。曾子固《答王深甫之論雄書》也，比於箕子之明夷，又擬於孔子之堅白，惜其於雄之事有所不通，且求其意而未明辯事莽之非，殆抱遺憾，然尤有所互證者。大醇小疵則稱於韓退之。《玄經》首則美厥靈根，雖程叔子深有取焉。邵堯夫、王介甫亦每尊信其説，而叔子又謂閣百尺，未必能投，介甫直以投閣爲妄，皆可爲斷。案近世胡正甫、焦弱侯、劉元丙具有始末辯、美新辯，且曰揚雄、谷永字子雲，《劇秦美新》乃永文，非雄文，猶史載子我仕陳恒，孔子恥之，指爲

---

① “論”，原作“語”，誤。按：廣陵本亦誤。

宰予，而不知闞止亦字子我也。叙贊之詞，傳失其實，蓋孟堅早世，曹大家輩别有所聞，而附益之。不然，孟堅述雄書，極嘆子雲"文誼至深，論不詭於聖人，若使遭遇時君，更閲賢智，爲所稱善，則必度越諸子矣"，述事若此，叙贊若彼，不幾自矛盾乎？此又以漢唐宋諸儒之論核而知之。然則子雲之謗何以致此？世之憸壬立心稔毒者何限？盛名之下，借附滋多。夫人欲速其功者借伊尹，主嬖幸爲捷徑者借孔子。五威將軍班符命四十有八類，當時名高者所爲，安知不忌子雲之軋己也？而借之以自文，且依稀懿爍，炳炳麟麟，襲其毫吻。噫！險矣哉！不敏官豫章，嘗欲與友人著《古今平反録》一書，首白子雲，而力未逮。歲丙申，承乏參蜀藩，詢子雲故里，在署武擔山南。復閲舊志，宋慶曆間何涉記墨池有準易堂，繪子雲像，池心築臺，其上有解嘲亭，宴會之所，有吐鳳軒，今皆失其處。獨街旁碑石一片，鐫"墨池"二大字，乃耿中丞子健曩守郡時立者，字出米元章筆，點畫風致。而墨池遺迹溷於賈區，蕪穢潰污，寄足無地。因檄成都施令所學案籍求之。會左伯程公叔明已先下其議。施令遂商之華陽張令，旋共聞之郡守，協心力以應左伯。又請之蜀國主樂捐池北店十一架地，縱十一丈有奇，横二丈有奇。池左地縱丈同，横得二之一。居民業近池畔願售者給其值，亦得地十丈有奇。時觀察使沈公、大參董公、學憲王公、巡憲劉公、少參黄公、閫司徐公、淡公、游擊劉公各以薪鍰助，復有右伯劉公、觀察兼軍驛吴公以公事旋助亦如之，而一切經畫悉受成於左伯，督理於施令。構材必擇巨麗者，石理瓦甓必擇堅緻者。卜吉興事，抱坎面離。北爲草玄堂六楹，軨軒敞豁，黝堊絢采稱是。堂前爲平臺，臺前即墨池，浚闢逾於舊址，甃石以方之。池前爲西蜀子雲亭。堂後開隙地，植陰木納涼堂。左右爲庖，湢兩翼。兩翼之南爲碑亭二。又南各繞池爲欄砌，綿亘相望，可蒔雜卉奇葩。列文石，映清波，以憩以游，談學娱賓，無適而非適，錦城勝迹蔑有右之者。堂東爲儀門，外爲大門繚垣，盖覆完密，一周總計亭堂池地廣一百二十六尺，袤倍之。二門地袤六十餘尺，廣半之。垣圍共八十六丈四尺。工創於丁酉仲夏，竣於戊戌孟冬，所費緡以五百計。諸司道、前後二郡守、二邑令所助得二百餘緡，外皆左伯約己積羸以濟之，上不煩官帑，下爲貧民食其力。落成，諸公以遷擢行者六七人，獨左伯學憲偕不敏暨。兹歲繼至，右伯周公、觀察使王公、前郡守轉今巡憲陳公共登堂，融泄移日，徘徊弔古，聚散興思，各溢於題咏之外。酒酣耳熱，左伯復舉爵揖不敏："予每聞子憤揚氏覆盆，今有其地矣。表章先哲，範兹來許，監司者事也。請屬詞。"不敏愧無文，而夙昔私蓄欲借手以雪，又憶慶曆墨池記亭堂諸製皆當時樞密程公敦尚名義，取材辨方，乃致底績，歷今六百年，復鼎新於程左伯，聲應氣求，遠相符合，數豈偶然哉？爰述子雲本實并創構歲月著於篇，且使天下後世有抱道好修者知浮議不能掩其光，雖千載而下猶有知己，何損之有？而污衊高良自謂得計者知愈久愈干公論，何益之有？兹役也，其於世教人心庶萬一有補焉。

漢揚雄墓記　明　郭子章

予入郫，進諸生，問揚子雲亭。對曰："揚子故有亭，已改爲書院，祀揚子其中，已復改爲學宮，移揚子祀鄉賢，無復亭矣。"問揚裔。對曰："郫無後揚子者。"予曰："揚子五世俱獨傳一子，宜不蕃。今海内亦鮮揚姓者，微獨郫也。”問揚子墓。對曰：“在邑西二十里，蕪穢不治，里中兒牧其上，行道嗟憐。”予曰：“是即非侯芭所名玄冢者，疑衣冠葬也，不宜盡銷滅。”乃檄有司封之土，周遭樹以柏，下令禁樵牧。成都守耿子健暨郫令李某請題其墓石。予題之曰“漢揚法玄先生之墓”。子健手書之，付郫令勒之石。郫人而後乃今知死士壟貴矣。夫“法”何也？《法言》也。夫“玄”何也？《太玄》也。揚子著書繁富，如《反騷》、《廣騷》、《畔牢愁》、《甘泉》、《羽獵》等篇，至老而悔之，獨《法》與《玄》其大者。蔡中郎題太丘曰“文範”，顔延之題元亮曰“靖節”，皆其大也。嗟乎！世之訾揚子者訾其不死漢而臣莽。予師胡廬山先生爲揚子辯未仕莽累千言，顧亦未有確據。《美新》、“安漢”二篇，即揚子百喙無以自解。予謂《美新》不劇漢而劇秦，《法言》不曰“繼漢”而曰“安漢”，揚子之心蓋亦有不得已焉者。且古今國亡而死者度不死，無爲也，其不死者忍其死，將有爲也。殷亡矣，箕《範》未衍，箕子何以死？子糾亡矣，春秋未一匡，《四稱》、《八觀》諸書未就，管仲何以死？司馬遷辱矣，《史記》未竟，遷何以死？故曰死有重於泰山，又惡知《法言》、《太玄》二書不就於漢亡之後邪？又惡知揚子之不死不爲是邪？予因題揚子墓而系之“法”“玄”，明不死意也。嗟乎！李令伯嗤漢爲僞朝，予過彭山家，岳岳若封，譙周勸後主降魏，而千年一丘，坐据充國之堂，又何於揚子過之深邪，而不一翦其松區也。

漢書・子雲叙傳　漢　班固

淵哉若人！實好斯文。初擬相如，獻賦長門。輟而覃思，草《法》纂《玄》。斟酌六經,放《易》象《論》。潛於篇籍,以章厥身。

子雲像贊　宋　張俞

子雲潛真,與聖合神。龍隱其德,鳳耀其文。撰《法》著《玄》,統貫天人。道德之首,譚俑絕倫。

又(子雲像贊)　宋　宋祁

卓哉子雲,爲漢儒師。准《易》、《論語》,同聖是非。百家灃淫,我獨正聲。譎怪縮藏,孔道光明。歆也致訾,謂抵醬蒙。惟譚有言,必傳無窮。《劇秦》詭辭,恨死新時。曰漢中天,果不吾欺。

跋

陳本禮跋[1]

昔陸績述《玄》，謂周公繇大《易》，孔子修《春秋》，不能是過。其言似爲誇誕，然細核其當時情事，朝無骨鯁，士皆奸黨，故子雲憤筆而草《太玄》，蓋欲以天道正人心，借陰陽爲綱紀，引曆律作爰書也。後儒不悟其旨，輒譏其擬《易》僭經，遂使子雲一生苦曲幽忠莫白於世。間嘗披季漢《秦宓傳》，稱其泥蟠不滓，行參聖師，其峻節高風推重當時，則其不事莽也明矣。且更讀陶靖節詩曰："子雲性嗜酒，家貧無由得。時賴好事人，載醪祛所惑。觴來爲之盡，是諮無不塞。有時不肯言，豈不在伐國。仁者用其心，何嘗失顯默。"則知子雲於改革後殆絶口不言漢事矣。其校書天禄閣者，亦明哲保身之意也。"莽大夫"、"晋處士"皆朱子《綱目》特筆，然則靖節所取以爲儔類者，其人非歟？靖節不爲五斗而賦《歸來》，子雲校書天禄絶口不言漢事，迹不同而其志則一也。自漢以來，論説紛紜，總未有發明其心曲者，不意於詩傳中得此數語，真不啻起九原而骨肉之矣。秦、陶二公皆當世大儒，且去漢近，自必文

① 題目爲整理者加。

獻有徵,較之恃私議以逞空談者,必有異矣。嘉慶丁丑中元日邗江逸老素村禮自識,時年七十有九。

劉世珩跋①

陳先生注《太玄》,以伸子雲之志,又輯外編,於陸績《述玄》、范望《解贊》外,采唐韓愈、宋曾鞏、明王世貞、國朝汪琬、全祖望諸文以證意與古合。世珩校勘既成,又得宋《孫明復小集·辨揚子》一篇,其文曰:"千古諸儒咸稱子雲作《太玄》以準《易》,今考子雲之書,觀子雲之意,因見非準《易》而作也,蓋疾莽而作也。何哉?昔者哀平失道,賊莽亂常,包藏禍心,竊弄神器,違天咈人,莫甚於此。雖火德中否而天命未改,是以元元之心猶戴於漢。是時不知天命者争言符瑞,稱莽功德,以濟其惡,以苟富貴,若劉歆、甄豐之徒,皆位至上公。獨子雲恥從莽命,以聖王之道自守,故其位不過一大夫而已。子雲既能疾莽之篡逆,又懼來者蹈莽之迹,復肆惡於人上,乃上酌天時行運盈縮消長之數,下推人事進退存亡成敗之端,以作《太玄》,《玄》有三方、九州、二十七家、八十一部者,三公、九卿、二十七大夫、八十一元士之象也。玄,君象也。總而治之,起於牛宿之一度,終於斗宿之二十二度,而成八十一首、七百二十九贊、二萬六千二百四十四策,大明天人終始順逆之理,君臣上下去就之分,順之者吉,逆之者凶,以戒違天咈人與戕君盜國之者,疑。此子雲之本意也。孰謂準《易》而作哉?諸儒咸稱《太玄》準《易》者,蓋以易緯言卦起於

---

① 題目爲整理者加。

中孚，震離兑坎配於四方，其六十卦各主六日七分，以周一歲三百六十五日四分日之一，執此而言之也，殊不知易緯者陰陽家説，非聖人格言，若執此以爲《易》，則《易》之道泥矣。且《太玄》之於《易》，猶四體之一支也，何以謂之準《易》者乎？斯言蓋根於桓譚論《太玄》，曰是書也與大《易》準，班固謂雄以經莫大於《易》，故作《太玄》，使子雲被僭大《易》之名於千古，是不知子雲者也。”此篇尤與先生意合，謹附列於此。光緒壬寅五月貴池劉世珩識。①

① “識”，廣陵本作“跋”。